Avertissement légal

Les informations contenues dans ce livre et son contenu n'a pas été conçu pour remplacer ou prendre la place de toute forme de conseils médicaux ou professionnels; et ne vise pas à remplacer la nécessité d'une médicale, financière, juridique ou autre indépendant des conseils professionnels ou de services, qui peuvent être nécessaires. Le contenu et les informations dans ce livre ont été fournis à des fins éducatives et de divertissement seulement.

Le contenu et les informations contenues dans ce livre a été compilé à partir de sources jugées fiables, et sont exacts au meilleur de la connaissance de l'auteur, l'information et la croyance. Cependant, l'auteur ne peut pas garantir l'exactitude et la validité et ne peut être tenu responsable des erreurs et / ou omissions. En outre, des modifications sont apportées périodiquement à ce livre comme et en cas de besoin. Le cas échéant et / ou nécessaire, vous devez consulter un professionnel (y compris mais sans s'y limiter à votre médecin, avocat, conseiller financier ou tout autre conseiller professionnel) avant d'utiliser l'un des remèdes proposés, des techniques ou des informations dans ce livre.

Lors de l'utilisation du contenu et des informations contenues dans ce livre, vous engagez à protéger l'auteur de tous dommages, coûts et dépenses, y compris les frais juridiques pouvant résulter de l'application de l'une des informations fournies par ce livre. Cette constatation vaut pour toute perte, dommage ou préjudice causé par l'utilisation et l'application, que ce soit directement ou indirectement, de tout conseil ou information présentée, que ce soit pour rupture de contrat, d'un délit, d'une négligence, des blessures corporelles, l'intention criminelle ou de toute autre cause d'action.

Vous acceptez d'accepter tous les risques de l'utilisation des informations présentées dans ce livre.

Vous acceptez que, en continuant à lire ce livre, le cas échéant et / ou nécessaire, vous devrez consulter un professionnel (y compris mais sans s'y limiter à votre médecin, avocat ou conseiller financier ou tout autre

LA BIBLE MASCULINE ALPHA [4 EN 1]

Cessez les habitudes destructrices, arrêtez de mendier et soulevez le chef dormant en vous [Alpha Male Bible, French Edition]

Filippe Blair

conseiller au besoin) avant d'utiliser l'un des remèdes proposés, techniques ou informations contenues dans ce livre.

Tabla de contenido

GESTION DE LA COLÈRE

EMPATHIE PSYCHIQUE

TROP DE RÉFLEXION

STIMULATION DU NERF VAGUE

Gestion de la Colère

Chassez la colère en 3 étapes simples. La méthode pas à pas qui permet d'éliminer la colère de 43.219 Américains [Anger Management, French Edition]

Filippe Blair

Tabla de contenido

Introducción

Pleine conscience, une meilleure pratique conçue presque 2.600 il y a quelques années dans le nord de l'Inde, est un outil essentiel pour étudier la colère en tant que composante de toute notre expérience émotionnelle. En termes simples, la pleine conscience est une façon de diriger l'attention sur une expérience et, ce faisant, développer une distance de nonjudgmental comme séparé de vous. Bouddha et ceux qui ont enseigné la pleine conscience au cours des millénaires suivants ont constaté que la colère et ses émotions celles qui sont liées considérées comme indésirables ou sont négatifs en fait partie intégrante de l'expérience humaine et mérite également notre attention et d'enquête. Il a constaté que si nous tournons vers ces émotions plutôt que de courir loin d'eux, si nous accordons une attention consciente sur eux avec une attitude de bienveillance, ce mouvement semble contraire à l'intuition va mettre un terme à nos souffrances. Dans ce cas,

Ainsi, nous développons un plan pour cette émotion puissante connue comme la colère, la question directrice centrale devient: Comment pouvons-nous transformer notre regard vers la colère et d'autres émotions fortes sans être emporté par eux et leurs pensées accompagnent, les sentiments et les sensations du corps? Ce livre est conçu pour révéler la réponse à cette question.

Alors que nous marchons ensemble à travers ce processus, vous apprendrez les compétences de la pleine conscience de base et plus avancés. Comme nous avançons, les compétences initiales de remarquer simplement votre expérience vous aider à obtenir un certain soulagement immédiat des symptômes, si vos symptômes sont le ressentiment, la dépression, l'anxiété ou d'autres problèmes liés à la colère. Vous serez également à jeter les bases d'une stratégie de gestion de la colère à long terme qui est unique à votre situation. Cela sera facilité en ayant une variété de stratégies à choisir, à commencer par compter simplement votre chemin à travers un moment de méditation sur l'auto-compassion et la bonté. Que vos symptômes sont des épisodes de rage, la colère à vous-même, une incapacité à sentir votre propre colère, ou quoi que ce soit entre les deux, et les compétences dans ce livre vous aidera.

Chapitre 1

Principes de base de la colère

Je me plais à penser de la colère comme une émotion subjective, même si elle est quelque chose que nous ressentons tous en tant qu'êtres humains. La colère peut être une émotion universelle, mais il est aussi subjective et unique à chaque individu. Ce que vous met en colère ne peut pas faire une autre personne en colère. C'est une chose au sujet de la colère, que beaucoup de gens ne parviennent pas à comprendre.

Comment la colère l'homme d'expérience est très différente, avec des degrés divers d'intensité, la durée et la fréquence. Le seuil de la colère de chaque personne varie aussi, y compris la façon dont ils sont confortables avec des sentiments de colère. Certaines personnes sont dans un état constant de la colère, tandis que d'autres ont rarement en colère à moins qu'ils sont profondément provoquèrent.

La colère comme une émotion peut aller de gêne légère à la colère de l'extrême ou la rage. Selon le dictionnaire, la colère est « un fort sentiment de mécontentement ou d'hostilité. » De cette définition, vous pouvez déjà dire que la colère est quelque chose que vous ressentez quand quelque chose ne se produit pas comme vous le souhaitez.

Bien que vous pouvez envisager la colère une émotion non désirée, il est en fait très naturel. Je l'ai rencontré tant de gens qui pensent la colère est une émotion abominable, qu'ils ne doivent jamais être pris l'expression ou l'expérience. Cela est compréhensible, compte tenu de la façon dont la société et le monde en général vue colère.

Cependant, les experts de la colère décrivent en grande partie cette émotion comme une émotion fondamentale et naturelle qui existe pour promouvoir et assurer la survie humaine, évolution au fil des années de développement humain. La colère est une émotion destinée à vous protéger du danger perçu, mal, ou mal.

Il y a tellement de choses que les gens de base ne comprennent pas de la colère, et cette incapacité à comprendre les carburants de colère les nombreux idée fausse de la colère ont. Pour en savoir pleinement la gestion de la colère, il est important d'abord de comprendre la colère comme une émotion. Ceci est une exigence de base pour la gestion de la colère parce que, comme je le dis toujours, il n'y a aucun moyen que vous pouvez contrôler quelque chose que vous ne comprenez pas.

Tout d'abord, vous devez comprendre que la colère est une émotion de base. Selon les psychologues, les émotions de base sont les émotions qui sont universellement reconnus et associés à certaines expressions du visage.

En dehors de la colère, les autres émotions de base sont la peur, la joie, la tristesse, le mépris, et la surprise. Une chose commune à toutes ces émotions est qu'ils ont des expressions faciales spécifiques qui sont reconnues avec eux. Quand une personne est en colère, vous pouvez généralement dire de leur expression faciale.

Une autre chose au sujet de colère et d'autres émotions de base est qu'ils viennent généralement avec des réponses comportementales spécifiques. Cependant, ils peuvent également déclencher d'autres expressions en plus des expressions faciales universellement reconnues, les réponses physiologiques et comportementales.

La colère est une émotion aussi largement méconnue, ce qui est souvent confondue avec l'agression. Même si vous pensez que la colère est une émotion malsaine, il est, en fait, en bonne santé et très différent de l'agression ou de violence. La colère devient agressif ou violent, selon la façon dont vous réagissez.

Je vais parler plus sur ce que nous progressons dans le livre, mais une différence de garder à l'esprit de la colère et l'agressivité est que l'agression vient habituellement avec l'intention de quelqu'un de mal ou quelque chose tandis que la colère est une émotion que vous ressentez lorsque vous êtes mal traité.

Contrairement à ce que vous pouvez penser, comme beaucoup d'autres, la colère est pas une émotion en soi mauvais ou négatif. La croyance que la colère est une mauvaise émotion est une idée fausse générale la plupart des gens ont de la colère. Cependant, la colère est une émotion normale; il est précieux et essentiel à la survie humaine.

Vous pouvez également exprimer la colère de différentes manières, selon votre choix et de la réaction à la colère. L'une des nombreuses raisons pour lesquelles la plupart des gens confondent l'agressivité et la colère parce qu'ils croient la colère ne peut être exprimé agressif ou violent. Cependant, vous pouvez exprimer la colère dans une variété de façons saines et non agressifs.

FAQ ANGER (Foire aux questions)

Dans la quête pour comprendre la colère, il y a certaines questions fréquemment posées que les gens posent aux experts de la colère. Connaître les réponses à ces questions vous donne un aperçu plus ouvert à la fois la colère et la gestion de la colère. Je vais vous parler de ces questions et apporter des réponses appropriées afin d'aider à mieux comprendre vous cette émotion et la grande idée fausse à ce sujet.

Pourquoi est-ce que je suis en colère?

Ceci est l'une des questions les plus fréquemment posées au sujet de la colère. Oui, pourquoi vous êtes en colère? Naturellement, vous ressentez la colère lorsque vous percevez une mauvaise ou d'une situation injuste. Les gens se mettent en colère quand ils sentent qu'ils ont été traités injustement, ou une situation est injuste pour eux.

En fait, étant dans une situation désagréable encore plus la colère des aggrave parce que plus vous pensez à l'ensemble de la situation unjustness, le plus en colère qu'il vous fait.

Quand dois-je me mets en colère?

Plusieurs facteurs influent sur la situation qui déclenche une colère de l'individu, mais une chose, qui détermine la plupart du temps quand vous êtes en colère, est votre interprétation d'une situation induisant la colère. L'interprétation que vous donnez à une situation détermine aussi l'intensité et la durée de votre colère.

Est la colère problématique?

La colère peut être problématique ou non, selon votre interprétation d'une situation et la réaction qu'elle suscite. Pas toute la colère est problématique.

Il existe plusieurs types de colère qui sont véritablement visant à résoudre un problème ou répare une injustice.

La colère, en fait, sert une force de motivation pour faire face à l'injustice. La colère ne pose aucun problème, car il est une émotion naturelle signifiait pour vous alerter au danger et à vous motiver à répondre. La seule chose qui détermine si la colère devient problématique est la réponse ou non que vous donnez à l'émotion.

Est la colère mauvaise?

Je vais parler plus sur la perception « badness » de la colère, mais en soi, la colère est pas une mauvaise émotion. Vous pouvez même dire qu'il n'y a rien comme une bonne ou mauvaise émotion. Les émotions sont des réponses corporelles naturelles; ils ne peuvent pas être mauvais ou bien en eux-mêmes.

Lorsque vous rencontrez la colère, il est parce que vous êtes censé faire l'expérience, non pas parce que vous êtes une mauvaise personne, ou la colère est un mauvais sentiment.

Comment puis-je savoir si j'ai un problème de colère?

Comme une émotion universellement connu, tout le monde se sent en colère de temps en temps. Les gens éprouvent habituellement la colère sans conséquences graves ou dommageables. La meilleure façon pour vous de juger si vous avez un problème de colère est d'évaluer la gravité des conséquences de votre colère.

Par exemple, si vous finissez par briser toujours une propriété ou agresser physiquement quelqu'un quand vous êtes en colère, cela signifie que vous avez un problème de colère à gérer.

Outre les questions ci-dessus, il y a d'autres questions fréquemment posées au sujet de la colère, et que vous continuez à lire, vous trouverez vos réponses à toutes les questions que vous avez sur la colère et la gestion de la colère.

la colère Comprendre comme une réaction émotionnelle et physiologique

Comme toutes les émotions primaires, la colère est vécue dans le corps et l'esprit. Quand la colère est vécue à l'esprit, il est un état émotionnel. Quand il est connu dans le corps, il est un état physiologique.

La colère est toujours vécu à la fois comme un état émotionnel et physiologique. Mais, sous sa forme légère, la colère est généralement plus d'une réponse émotionnelle d'une réponse physiologique. Lorsque vous ressentez une légère irritation de quelqu'un accidentellement répandre l'eau sur vous, il ne peut pas déclencher la série d'événements physiologiques associés à la colère, car il est à l'esprit.

La série de réactions physiologiques et physiques qui se produisent lorsque vous êtes en colère se produit généralement lorsque la colère est plus intense que la normale.

Les émotions commencent dans la partie du cerveau connue sous le nom amygdale. L'amygdale a la responsabilité d'identifier les menaces possibles auxquelles il vous alerte afin que vous puissiez prendre des mesures immédiates pour vous protéger contre la menace ou un danger perçu.

Votre amygdale est si efficace à son travail qu'il vous pousse instantanément à réagir avant même que votre cortex-à-dire, la partie de votre cerveau responsable de la pensée et de jugement est en mesure d'évaluer la situation et d'initier une réaction raisonnable. La chose est, lorsque votre amygdale active la réponse « combat ou fuite », il remplace toutes les autres réactions ou réponses dans votre corps.

En d'autres termes, votre cerveau est programmé d'une manière qui vous pousse à réagir à une situation avant même d'envisager la pertinence de votre action. Voilà pourquoi les experts suggèrent souvent que la clé de la gestion de la colère est d'apprendre à impulsions de commande.

Comme une réaction émotionnelle, la colère est souvent non identifiable. Cependant, dans l'état physiologique, la colère est souvent très sensible, avec peu ou pas de contrôle sur les réponses. Même si vous êtes assez bon pour contrôler l'affichage de la colère, il est presque impossible (sinon totalement impossible) pour vous de contrôler les réactions physiologiques qui se produisent lorsque vous êtes en colère.

Depuis de nombreuses années, les experts ont étudié la physiologie de la colère afin de comprendre pleinement la colère. Dans l'ensemble, ils sont venus à la conclusion que la personne à être le plus touché par la colère est toujours la personne qui vit cette colère.

Cela signifie que lorsque vous êtes en colère, et hors de contrôle, vous causent plus de mal à vous-même que l'objet de votre colère.

Sur la route, que vous commencez à ressentir de la colère, vous vous sentez les muscles de votre corps commencent à se crisper. Au cours de cette période, il y a quelque chose dans votre cerveau. Certains produits chimiques de neurotransmetteurs appelés catécholamines est d'être libéré dans votre corps, ce qui entraîne une explosion d'énergie, qui peut durer plusieurs minutes avant qu'il ne disparaisse.

Cette explosion d'énergie que vous ressentez à ce moment est ce qui alimente l'impulsion en colère commune qui vous pousse à prendre des mesures immédiates visant à vous protéger. En même temps, vous sentez que votre augmentation de la fréquence cardiaque, votre Accélère la pression artérielle et votre respiration en se accélère le rythme.

Vous pouvez également sentir votre visage rougir comme l'augmentation du flux sanguin dans vos mouvements membres, vous préparer à une éventuelle action physique. Votre attention devient complètement concentré sur la cible de votre colère, et que vous êtes incapable de payer l'esprit à rien d'autre.

Avec effet immédiat, dans ce même moment, le cerveau libère plus de neurotransmetteurs et hormones (adrénaline, noradrénaline, etc.). Cela déclenche un état d'excitation, ce qui signifie que votre corps est maintenant prêt à se battre.

La libération de l'adrénaline et de la noradrénaline, couplé avec le fait que vous avez agi avant votre permis de penser le cortex, est ce qui rend votre colère rage hors de contrôle. Mais, avec votre cortex préfrontal, vous pouvez apprendre à garder vos émotions sous contrôle.

Tout comme l'amygdale est responsable des émotions, le cortex préfrontal est également en charge du jugement. Le cortex préfrontal gauche permet de rationaliser les réactions émotionnelles en éteignant vos émotions quand ils deviennent trop intenses.

Par conséquent, pour prendre le contrôle de votre colère, vous devez apprendre à donner votre supériorité sur le cortex préfrontal l'amygdale de sorte que vous pouvez arrêter de réagir avant de penser sérieusement à une situation.

Tout comme il y a une phase de réaction physiologique de votre colère, vous aussi l'expérience d'une réduction progressive du vent lorsque la situation le ou diminue, la cible de votre colère n'est plus dans votre environnement. Cependant, il est généralement difficile pour l'état physiologique de la colère à se calmer même après que la cible ne soit plus à vue.

L'état d'excitation provoquée par la libération d'adrénaline lorsque vous êtes en colère dure pendant des heures et parfois tous les jours, en fonction de l'intensité de la situation, ce qui a déclenché la colère. Sans surprise, ce qui réduit le seuil de la colère, ce qui rend plus facile pour vous de se fâcher par la suite.

Au cours de la période où vous avez votre phase de vent vers le bas, vous êtes plus susceptible de se mettre en colère en réponse à une irritation triviale et des problèmes bénins qui habituellement ne vous dérange pas tant que ça. Cet état continu de l'excitation qui vous laisse aussi dans un état qui rend impossible de se rappeler clairement les détails de l'événement qui vous a fait en colère.

Sur la base de la recherche, a été confirmée excitation très cruciale pour la mémoire et le rappel; vous en avez besoin pour se souvenir efficace. Mais, l'excitation améliore la mémoire et la performance que lorsqu'il est à un niveau modéré.

Lorsque l'excitation dépasse le niveau optimal requis pour la concentration, la mémoire et la performance, il rend votre cerveau incapable de former de nouveaux souvenirs. La colère est une des émotions qui induisent normalement des niveaux élevés d'excitation, ce qui pourrait aller au-delà du niveau approprié. Cela affecte votre concentration et réduit votre capacité à se souvenir correctement les détails de vos explosions en colère.

Le cycle du stress, l'anxiété et la colère

Il existe une relation entre le stress, l'anxiété et la colère, que vous ne pouvez pas être au courant. Parfois, la cause de la colère d'une personne est en fait rien d'autre que le stress ou l'anxiété. Si vous êtes familier avec la psychologie positive, vous avez appris que le stress souvent conduit à l'anxiété et vice versa.

Le stress et l'anxiété conduisent aussi à la colère, dans de nombreux cas. Fait intéressant, la colère a également été liée à l'anxiété et le stress chez certaines personnes. Ce point pourquoi j'appelle ce chapitre « Le cycle ». Il n'y a sans doute rien de mieux pour décrire la relation entre les trois.

L'anxiété et le stress jouent un rôle majeur dans la colère, et ils sont aussi deux des plus déclencheurs de la colère commune. Une personne qui est dans un état perpétuellement stressant ou anxieux si plus enclin à la colère que les gens qui ne sont pas.

L'une des nombreuses raisons pour lesquelles il y a beaucoup de négativité voler autour du monde est de nos jours parce qu'il ya beaucoup de facteurs de stress maintenant que nous avions dans le passé. La technologie et les médias sociaux, aussi novateurs sont, sont des facteurs de stress majeurs pour beaucoup de gens sans méfiance.

La colère, l'anxiété et le stress sont tous les états émotionnels qui sont déclenchés lorsque le cerveau soupçonne une situation potentiellement dangereuse et active la réponse « combat ou fuite », donc cela peut être la raison pour laquelle tous les trois sont si étroitement liés.

Nous avons tous le stress et l'anxiété de l'expérience parce qu'ils sont des émotions humaines naturelles. Cependant, il y a une différence entre le stress et l'anxiété. Le stress est la réponse du corps à une menace perçue dans l'environnement. Par exemple, vous pouvez stresser parce que vous travaillez dur, et vous n'êtes pas obtenir suffisamment de sommeil.

Dans une telle situation, votre corps a déclenché le stress car il est perçu comme une menace pour le corps, en raison de vous ne dormez pas que vous devriez. D'autre part, l'anxiété est considérée comme une réponse au stress. Ainsi, l'anxiété est déclenchée lorsque la réponse au stress est à l'activation.

Disons que vous avez un examen à venir, et vous avez travaillé vraiment dur, rester jusqu'à la fin juste pour lire. En d'autres termes, vous sacrifiez votre sommeil pour passer votre examen. Bien entendu, la fatigue sera réglée dans puisque vous n'êtes pas dormir assez, et votre corps est dans un état de stress.

Comment l'anxiété viendrait? Vous pouvez devenir inquiet au sujet de votre examen et commencer à avoir des doutes sur votre capacité à passer l'examen en raison du stress que vous ressentez. Vous savez peut-être pas, mais l'État a souligné que vous êtes est ce que l'on invite des doutes sur la possibilité de vous faire passer l'examen.

Dans un état comme celui-ci, il est assez facile à la colère de déclenchement puisque nous avons déjà dit que les deux stress et l'anxiété conduit à la colère. Lorsque vous êtes stressé et inquiet au sujet de votre sentiment examen à venir, vous pouvez commencer à être irrité, ennuyé, ou complètement en colère à chaque légère irritation qui vient votre chemin. Vous pouvez crier à vos frères et sœurs pour venir dans votre chambre pendant que vous lisez.

Dans l'exemple ci-dessus, vous avez permis à vos sentiments de stress et d'anxiété Transcender dans un état de colère.

Quelque chose la plupart des gens ne savent pas est aussi qu'il ya des moments où vous n'êtes pas réellement en colère, mais vous agissez en colère. C'est quand la colère devient une émotion secondaire, comme disent les experts. Parfois, ce n'est pas la colère que vous êtes réellement sentir, mais vous masquez la vraie émotion, ce qui pourrait être l'anxiété de colère.

L'anxiété est souvent associée à la peur, l'inquiétude ou le doute. Mais, les experts ont dit qu'il est aussi commun pour l'anxiété d'être accompagné par des sentiments de colère, souvent subtile et sous-jacente. En général, la colère n'est pas considérée comme un symptôme d'anxiété.

Cela est dû au fait qu'ils sont considérés comme deux réactions émotionnelles différentes. Mais, les experts estiment que les deux émotions peuvent se chevaucher, car ils ont des caractéristiques cognitives et biologiques communes.

La raison pour laquelle vous ne parviennent pas à identifier l'anxiété comme l'émotion sous-jacente derrière votre colère est que la colère est une réaction émotionnelle instantanée, quelque chose que vous sentez immédiatement quand il y a un déclencheur.

L'anxiété se transforme en colère quand une personne est incapable de répondre à la cause de l'anxiété directement. Vous pouvez couvrirez votre anxiété avec colère parce que vous trouvez la cause trop pénible à l'adresse directement. Ainsi, vous projeter l'émotion que la colère à la place.

Il y a de nombreuses situations où l'anxiété peut se transformer en colère, surtout quand il est en relation avec un trouble anxieux. Par exemple, une personne ayant un trouble obsessionnel-compulsif (TOC) peut se mettre en colère lorsque leur routine ritualiste est interrompu par quelqu'un d'autre. L'anxiété est reconnu comme l'émotion primaire derrière le TOC comme un trouble.

La peur a été identifiée comme l'émotion cachée derrière la colère dans tant de gens, et comme je l'ai déjà souligné, l'anxiété est une émotion associée à la peur et l'inquiétude.

Plusieurs fois, la gestion de la colère est pris en même temps que le stress / gestion de l'anxiété parce qu'il n'y a aucun moyen d'un individu peut apprendre à la colère de contrôle sans réduire l'abondance des facteurs de stress dans leur vie d'abord.

L'anxiété, le stress et la colère partagent une relation que vous arriverez à mieux comprendre que je parle des facteurs que la colère de l'impact et la vérité derrière la colère comme une émotion secondaire.

Chapitre 2

Les causes de la colère

Les facteurs qui causent et déclencher la colère

En raison de sa spontanéité, il est généralement difficile d'identifier le déclencheur ou la cause de la colère. Il peut même vous sembler comme votre colère sort de nulle part. Cela est dû au niveau de l'intensité avec laquelle la colère des surfaces toujours; cette éradiquée la cause ou déclencheur et vous laisse perplexes.

En règle générale, vous êtes souvent avec la conséquence de votre colère ou les dommages qui a été fait sans aucune connaissance de ce qui a conduit à la colère en premier lieu. Ce genre de problème est un motif récurrent, en particulier avec les personnes qui ont un problème de gestion de la colère.

J'ai vu des cas où une personne a un épisode de colère explosive, et l'instant suivant, ils ne me souviens pas même pourquoi ils ont explosé en premier lieu. Parfois, ils reconnaissent la cause seulement après l'explosion a déjà eu lieu, et ils se sentent plein de remords à cause du résultat.

Il est assez facile pour que cela devienne un cycle ou un motif. La plupart du temps, quelque chose vous arrive en colère; vous réagissez de façon explosive, se calmer après un certain temps, votre réaction en colère regret de la situation, puis répéter encore dans une autre situation. Ce qui fait pire est que vous ne faites aucun effort pour apprendre la cause de votre colère, si vous restez seulement dans cette tendance inquiétante.

Pour apprendre la gestion de la colère avec succès, il est absolument important de connaître les facteurs qui pourraient être la cause de votre colère. Il est impossible de gérer quelque chose si vous ne savez même pas la source de cette chose.

Vous ne pouvez pas apprendre à contrôler votre colère si vous n'identifiez pas et l'adresse de la cause de la colère. Par exemple, si votre colère est induite par le stress, mais vous ne parviennent pas à répondre aux facteurs de stress dans votre vie, il sera assez difficile pour vous de contrôler la colère même si vous allez pour la gestion de la colère. Tant que les facteurs de stress existent, vous continuerez à vous retrouver se mettre en colère pour les raisons les plus ridicules.

En règle générale, la colère est causée par des personnes, des situations et des circonstances que vous vous trouvez, que ce soit intentionnellement ou non. De ces trois, la cause la plus fréquente de la colère sont les gens (en particulier ceux que vous partagez des relations personnelles avec). Vos partenaires, les enfants, les amis et les membres de la famille sont quelques-unes de ces personnes qui peuvent vous agacer en permanence ou vous mettre en colère.

Cela est compréhensible parce que votre famille, les amis et les enfants sont généralement ceux que vous avez vos relations avec les plus proches.

Sur la route, il y a plusieurs facteurs qui pourraient être le déclencheur ou la cause de votre colère en dehors des personnes ou des situations. Si vous êtes quelqu'un qui est constamment en colère, peu importe la façon dont la situation est trivial, il ne peut pas être parce que quelqu'un est toujours faire quelque chose pour vous embêter ou la situation provoque habituellement.

Dans de nombreux cas, la raison de votre colère peut être quelque chose de complètement différent de ce que vous pensez. Ces raisons sont généralement quelque chose que vous ne pouvez pas penser même capable de vous riling vers le haut.

Par exemple, si vous arrivez à la maison du travail un jour fatiguant et vous vous sentez quelque chose que vous frapper comme vous entrez dans la maison. En entrant dans la salle, vous trouvez qu'il est votre ancien enfant de 10 ans qui a jeté la chose que vous a frappé. Si vous criez à l'enfant parce que vous avez été touché, diriez-vous que c'est vraiment parce que votre enfant a jeté quelque chose à vous?

Bien sûr, il peut sembler la cause de votre colère est que vous avez été touché par quelque chose que votre enfant a jeté. Après tout, comment auriez-vous mis en colère et a crié à l'enfant si cela ne se produisait? Cependant, la véritable raison de votre colère est le fait que vous avez eu une journée fatigante au travail.

Le stress que vous ressentez du travail est ce que vous avez besoin d'une sortie pour laisser sortir, et vous avez choisi de faire que l'occasion de laisser le stress. Si vous rentrer à la maison, l'esprit libre, énergique et heureux, vous évidemment pas l'esprit que quelque chose a été jeté à vous. En fait, vous pouvez même ramasser l'enfant dans vos bras et jouer un peu avant de poursuivre à l'intérieur.

Donc, il y a parfois certains facteurs déclenchants votre colère sous votre insu. Ci-dessous, je vais parler de l'identification et certains des facteurs qui pourraient causer ou déclencher votre colère.

Enfance et de l'éducation

Comment une personne réagit à la colère ou fait face à des sentiments de colère est largement influencée par le genre de l'enfance et de l'éducation qu'ils avaient. Il y a des cas où la raison derrière la colère d'une personne en grandissant est en ce qu'ils ont appris tout en grandissant.

En grandissant, beaucoup de gens apprennent de la colère d'une manière qui le rend difficile et parfois impossible de gérer comme un adulte. Comme un enfant, vous avez peut-être grandi dans un environnement où la colère est habituellement agi violemment ou de manière agressive. Alors, vous grandissez avec la mentalité que c'est la bonne façon de montrer votre colère.

Avec un état d'esprit comme celui-ci, vous pouvez vous retrouver dans l'incapacité de comprendre et de gérer votre colère. Alors, vous êtes en colère à la moindre des choses. Vous pouvez être en colère parce que quelqu'un a fait quelque chose que vous ne aimez pas, même si vous auriez pu les approché et a parlé de tout ce qu'ils ont fait. Vous pouvez également avoir un épisode de crises de colère lorsque vous vous trouvez dans une situation que vous ne aimez pas.

Une autre façon votre enfance ou l'éducation peuvent influencer votre réponse à la colère est si vous avez grandi avec la conviction que la colère est réprimant la bonne façon de « exprimer » il. Beaucoup de gens ont été élevés à croire qu'ils ne sont jamais de se plaindre quand ils se sentent lésés ou traités injustement. Ils ont également été punis chaque fois qu'ils ont exprimé leur colère comme des enfants.

Si vous avez été élevé comme ça, le résultat est que vous finissez par apprendre à réprimer votre colère, qui devient plus tard un problème majeur à l'âge adulte, ce qui vous réagissez de façon inappropriée à des situations inconfortables. Vous pouvez également transformer votre colère vers l'intérieur sur vous-même si vous sentez que vous ne devriez pas libérer votre extérieur de la colère.

Comme un enfant, vous avez peut-être grandi en regardant vos parents et autres adultes concernés dans votre acte de vie hors de contrôle quand ils sont en colère. Cela peut vous avoir appris à voir la colère comme quelque chose qui est tout à fait effrayant et destructeur.

Soit deux choses peuvent se produire; vous pouvez devenir peur de la colère comme une émotion et avoir peur d'exprimer votre colère. Cela signifie que même quand quelque chose arrive vraiment provocante, vous bouteille la colère sans exprimer ce que vous ressentez.

D'autre part, vous pouvez apprendre ce comportement et commencer à agir aussi comme les adultes que vous avez vus grandir. Dans l'éventualité où vous devenez peur de se mettre en colère, il est possible que les sentiments de colère peuvent refaire surface dans des situations qui sont sans aucun rapport.

Par exemple, si vous grandissez dans une famille où se battent toujours vos parents et de faire, vous pouvez grandir penser à cela comme un comportement normal et commencer à présenter des comportements similaires dans vos relations, que ce soit consciemment ou inconsciemment. Vous pouvez vous sentir mal à l'aise si vous et votre partenaire ne vous battez pas dans l'espace d'une semaine avec la conviction que quelque chose ne va pas.

Expériences passées

Parfois, la raison pour laquelle vous êtes tellement en colère peut être à cause de certaines choses que vous avez vécu dans le passé. Si vous avez été dans des situations que vous faites en colère dans le passé, mais il fallait supprimer cette colère alors parce qu'il n'y avait aucun moyen de l'exprimer en toute sécurité, vous pouvez toujours allaitez ces sentiments de colère sans que vous le sachiez cela.

Trauma, la violence et l'intimidation sont quelques-unes des expériences horribles qui pourraient mettre une personne dans un état perpétuel de colère. La recherche a montré que les personnes qui intimident les autres sont généralement ceux qui ont également été victimes d'intimidation par d'autres.

Si vous êtes un employeur et que vous êtes agressif envers vos travailleurs-à-dire, vous les intimider, il pourrait être parce que vous étiez victime d'intimidation par des personnes dans un collège ou une école secondaire en grandissant. La plupart des gens qui intimident les autres sur les médias sociaux sont ceux qui sont effectivement victimes d'intimidation par d'autres dans la réalité.

Les personnes qui ont été physiquement, verbalement, émotionnellement ou sexuellement abusés dans le passé peuvent être en colère à cause de la douleur qu'ils ressentent d'être maltraités. Si une personne a été abusée sexuellement par une personne du sexe opposé, cette personne pourrait être particulièrement agressif et en colère contre tout le monde du sexe opposé.

Le traumatisme est aussi une autre expérience qui peut être la cause de la colère. Les expériences traumatisantes ont généralement des effets durables sur une personne, même quand ils pensent qu'ils ont évolué à partir de l'expérience. Les souvenirs de traumatismes passés peuvent conduire à des sentiments d'anxiété, de frustration et de désespoir, ce qui peut déclencher des épisodes en colère.

Les expériences passées vous mettre dans une situation où vous trouverez certaines situations particulièrement difficiles, et cela vous laisse enclin à se mettre en colère. Parfois, vos sentiments actuels de colère ne sont pas le produit de quelque situation que vous êtes actuellement. Au contraire, ils sont liés à des expériences passées. Ce que cela signifie est que la situation que vous êtes actuellement en reflète quelque chose de votre passé.

Pour faire face à la colère, vous devez d'abord prendre conscience de l'expérience particulière du passé, qui sert de la cause sous-jacente de la colère.

circonstances actuelles

Il y a aussi des moments où le facteur déclenchant votre colère est la situation actuelle vous vous trouvez. Si vous avez beaucoup de choses dans votre vie actuelle, vous pouvez vous retrouver plus enclin à la colère que vous avez jamais été. Vous pouvez également être en colère contre les choses totalement étrangers.

Beaucoup de gens se facilement en colère parce qu'ils sont dans une situation qui les met en colère, mais ils ne se sentent pas assez courageux pour remédier à la situation ou de résoudre directement.

look Let un exemple. Si votre patron au travail est particulièrement difficile et agressif envers vous, cela va sûrement vous mettre en colère. Mais, depuis qu'il est votre patron, vous ne pouvez pas être assez audacieux pour aborder la question avec lui.

Cela signifie qu'il faut mettre en bouteille la colère. Mais la chose au sujet de la colère est qu'il ne peut pas être réprimées longtemps. Ainsi, vous pouvez tourner la colère envers vos collègues de travail ou vos enfants à la maison. Quelque chose d'aussi trivial que votre enfant déversant de l'eau sur le sol peut déclencher des sentiments de colère.

Dans ce cas, votre situation au travail est ce qui fait que vous en colère, mais vous ne vous sentez pas comme vous pouvez réellement y répondre parce que vous ne voulez pas perdre votre travail. Cela vous fait de rediriger la colère à vos collègues ou les pauvres enfants à la maison.

Impuissance ou Impuissance

Ceci est un élément déclencheur de la colère commune, en particulier chez les hommes. Vous pourriez recevoir plus en colère que d'habitude parce que vous êtes dans une situation qui se sent complètement hors de votre contrôle, et vous vous sentez impuissant. Cet exemple de votre patron au travail vient à l'esprit dans cette situation.

Impuissance est souvent associée à un sentiment d'impuissance et une perte de contrôle sur les événements dans une vie. Les gens aiment se sentir en contrôle, ils se mettent en colère quand une situation qui ne relève pas de leur contrôle vient jouer.

Si vous avez des problèmes avec votre santé ou vous êtes dans une relation abusive que vous sentez que vous ne pouvez pas sortir, vous pouvez vous sentir intensément en colère à cause de l'impuissance que vous êtes dans cette situation.

La clé ici est toujours pour vous rappeler que certaines choses seront soit à l'intérieur ou à l'extérieur de votre contrôle. Mais, il y a des situations où vous êtes complètement dans le contrôle; il est tout simplement qu'il vous reste à exercer ce contrôle.

Le stress et l'anxiété

L'Association anxiété et la dépression a publié des données qui montrent que plus de 40 millions d'adultes américains souffrent d'anxiété, ce qui est presque une somme exorbitante de 18 pour cent de la population totale des États-Unis.

Comme je l'ai déjà expliqué, la colère, le stress et l'anxiété sont trois conditions étroitement tricotés. Les gens qui souffrent de troubles liés à l'anxiété ont souvent accablantes et les réactions hors de contrôle. Ils finissent généralement exprimer leur stress et de frustration sous la forme de colère.

Souvent, tendirent et des situations incertaines peuvent rendre une personne en colère en raison de la pression qu'ils quittent sur l'épaule et le cerveau.

Douleur

La dernière cause commune de la colère, que vous devez savoir, est la douleur. En général, une émotion écrasante, vient la douleur souvent de situations douloureuses. Elle est également associée à des difficultés et la perte.

Les sentiments de douleur peuvent résulter de la mort d'un être cher, un animal de compagnie, ou un ami. Il peut aussi être induite par des situations professionnelles et liées à la carrière comme la perte de votre emploi.

Lorsque la douleur vous submerge, il peut rapidement se transformer en colère. Cette colère survient souvent à la suite de la frustration et d'injustice ressenti par la personne endeuillée. Par exemple, si vous perdez votre conjoint, en train de penser à l'avenir vous deux vous envisagiez pourrait laisser se sentir frustré, fait du tort, et en colère contre la cruauté et l'injustice de votre situation.

Votre colère peut être particulièrement dirigée vers les gens pour ne pas être en mesure de comprendre comment vous vous sentez vraiment ou sympathiser avec votre situation et la souffrance.

En dehors de ceux que nous venons de vérifier sortir ensemble, il y a plusieurs autres choses qui peuvent être votre colère avec déclenchent vous être inconscient pour eux. Dans un autre chapitre, je vais vous expliquer comment vous pouvez identifier et reconnaître vos déclencheurs de la colère afin de contrôler votre colère.

Chapitre 3

Effets de la colère

Les émotions jouent un rôle majeur dans le souci de la façon dont nous pensons et comportons. Ils sont des états mentaux associés au système nerveux. Les émotions que nous ressentons dans notre vie quotidienne influencent les décisions que nous prenons pour nous et nos familles. Ils ont un grand impact sur nos vies, car ils peuvent nous construire ou nous briser selon la façon dont nous percevons leurs sentiments. Voici les principaux types d'émotions et de la façon dont ils construisent nos vies en nous construisant ou en rupture.

Peur

La peur est une émotion puissante vécue par tous les humains. Il nous avertit de la présence d'un danger dans nos environnements. Il implique des réactions chimiques qui affectent notre cerveau lorsque nous nous heurtons dans certaines situations. Les gens ont différents types de craintes au sujet des personnalités. D'autres craintes sont causées par un traumatisme, des expériences passées, ou les craintes de quelque chose d'autre, comme la perte de contrôle.

Il est tout à fait difficile de comprendre ce qui est la peur. Cependant, les effets de celui-ci sont tout à fait évident dans nos vies. Beaucoup de gens affirment que la peur est le plus grand chemin aux côtés les plus sombres. Elle conduit à la colère, ce qui nous conduit à la haine et éventuellement à des souffrances. pour eux pour réussir certains des plus grands dirigeants du monde, comme Barack Obama, a dû faire disparaître leurs craintes. Ils ont défié toutes les chances de la peur, ont pris tout le courage, et à la fin de celui-ci, tous ont atteint leurs rêves et objectifs.

La peur des ruines personnes. Il a tué les jeunes ambitions, les relations détruites, les entreprises ont détruit tués religions, négociations détruites et des vies à tuer. Il est de notre devoir de comprendre nos peurs et trouver des moyens sur la façon dont nous pouvons les affronter et de les réduire. Cependant, la peur peut aussi nous aider à construire nos vies en nous aidant à échapper à des dangers à venir. La peur nous aide à comprendre les chances de tous les dangers à venir, nous défendre d'eux un avantage pour nous.

Bonheur

Être heureux est non seulement un sentiment de se sentir bien. Diverses recherches ont montré que le bonheur ne nous fait pas seulement sentir bien, mais nous rend aussi plus sain, plus agréable à nous-mêmes et d'autres personnes, et être plus productifs dans nos activités quotidiennes. Par conséquent, tout le monde a besoin de se sentir l'émotion du bonheur de vivre une vie confortable.

Vivre une vie heureuse n'est pas difficile. Il ne signifie pas nier les émotions négatives ou de tenter de bonheur faux par être joyeux en tout temps. En tant qu'êtres humains, il est courant pour nous de ressentir des émotions négatives de colère, les frustrations, la tristesse, entre autres émotions négatives. Cependant, le bonheur nous aide à faire face à ces mauvais moments à vivre ensemble la meilleure vie possible.

Selon les recherches de l'Université de Warwick, les gens heureux sont plus productifs par rapport à leurs pairs. De la recherche, les gens heureux sont 11% plus productifs. Le bonheur nous permet aussi d'éviter certaines des maladies de style de vie comme des dépressions, ce qui est une maladie mortelle de premier plan dans l'environnement actuel. Cependant, l'émotion excessive de bonheur pourrait avoir des conséquences négatives. Il peut entraîner un excès de confiance, ce qui nous rend moins attentif et créatif dans nos activités quotidiennes. Ces aspects négatifs de l'émotion du bonheur détruisent nos vies en nous briser et nous faire sentir démotivés.

L'amour

L'amour est l'émotion du cœur. Il est une bonne émotion. Parfois nous fait faire des choses folles qui nous aident à construire nos vies, mais dans d'autres cas, il peut nous faire faire des choses que nous ne sommes pas fiers et en conséquence, finissent par briser nos vies. Tout le monde veut être aimé ou être amoureux. C'est une émotion de compassion et de plénitude que nous recevons de nos belles petits. L'amour pour soi-même est aussi un facteur crucial. Elle conduit à l'acceptation de nous-mêmes, malgré notre infériorité.

émotion L'amour joue un rôle important dans notre vie, à la fois positivement et négativement. Il a un impact majeur sur nos systèmes de santé. De précédentes recherches, chaque fois que vous exprimez votre amour à quelqu'un, le cerveau libère la sérotonine, une hormone qui joue un rôle majeur dans l'amélioration de nos systèmes de santé. L'amour crée aussi des liens plus étroits avec nos amis et familles, ce qui crée des relations plus solides, renforçant ainsi grandement notre vie.

L'amour peut aussi casser grandement notre vie. À l'heure actuelle, il est une cause majeure de suicides chez les jeunes générations du sentiment de ne pas être aimé et ne pas vous accepter. Elle contribue à des dépressions entre les individus, qui se traduit par un stress personnel, les problèmes psychologiques et les maladies mentales. A partir des points ci-dessus, l'émotion de l'amour ne doit pas être un lit de roses. Soyez toujours prudent avec le cœur des autres en ce qui concerne l'amour que vous offrez, car il les affecte grandement par la construction ou la rupture positivement ou négativement leur vie.

Colère

La colère est une émotion puissante caractérisée par des sentiments d'antagonisme, l'hostilité, la frustration et l'agitation envers les autres. Il joue un rôle majeur dans la gestion en vol. Les sentiments de l'émotion de la colère sont facilement visibles d'un individu. Par exemple, on peut afficher l'émotion par fronçant les sourcils, en parlant avec une position forte, les cris, les réponses physiologiques tels que la transpiration et virant au rouge ou à travers des comportements agressifs tels que lancer des objets.

La plupart des gens perçoivent la colère comme une émotion négative qui ruine que les relations et briser nos vies. Cependant, la colère a des éléments positifs dans nos vies. Il est constructif car il nous aide à clarifier les questions non clair avec nous dans une situation. Il peut aussi nous inciter à trouver des solutions aux problèmes qui sont nous dérangent à.

Cependant, la colère excessive est nuisible à notre vie quotidienne, en particulier quand il est exprimé d'une manière qui sont nocifs et dangereux pour la vie des autres. De nombreux cas de décès et de blessures permanentes sont enregistrées quotidiennement en raison de la colère incontrôlée. Les effets de l'émotion de la colère ont aussi se propager aux maladies cardiaques et le diabète entre autres maladies dangereuses. Il est, par conséquent, notre rôle en tant qu'êtres humains à venir avec des méthodes stratégiques pour faire face à notre colère pour contrôler les effets néfastes de l'émotion de la colère.

Fierté

Quand on pense aux péchés mortels, l'orgueil est sans doute l'un d'entre eux. Cependant, la fierté est pas aussi mauvais que les gens pensent. Parfois, la fierté nous aide à construire nos vies et aussi d'améliorer la vie des autres. Il est naturel pour une personne de se sentir l'émotion.

La réalisation de certains buts et objectifs tend à nous faire sentir fiers de nos propres efforts. Il est de la fierté que nous nous sentons motivés et le désir d'atteindre plus de buts, qui nous aident à bâtir nos vies. D'autre part, l'émotion a conduit à la chute de nombreuses personnes, familles et dynasties. Fierté sont généralement arrogants et ne suivent pas les instructions mises de côté. Il y a même un dicton la fierté vient avant une chute.

Culpabilité

Le sentiment de culpabilité dans une boîte individuelle porter préjudice à une personne. Il nous fait éviter d'autres personnes en raison de la crainte que nous les fait du tort, ce qui est nécessaire. Certaines personnes sont déclenchées pour se punir pour les péchés qu'ils n'ont pas commis. Il abaisse l'estime de soi quand nous essayons de comprendre comment les autres nous perçoit du parti qui se traduit par le stress et la dépression éventuellement. Il est donc bon pour s'ouvrir à l'autre partie et demander pardon plutôt que de garder l'émotion nuisible.

D'autre part, l'émotion nous aide à façonner notre vie de plusieurs façons. Il nous aide à construire notre personnalité envers la vie. Si vous avez fait du tort à quelqu'un, le sentiment de culpabilité vous punit telle que l'on va essayer d'éviter de commettre un péché semblable vers un autre person.it vous aide également à atteindre nos objectifs. Nos décisions ne plaisent pas à tous les individus. Nous devons devenir plus fort et d'apprendre comment faire face à des sentiments de culpabilité. Cependant, il est toujours juste de faire ce qui est à vous juste et acceptable pour éviter de se sentir coupable.

Tristesse

La tristesse est une émotion que toutes les personnes éprouvent de temps à autre. Son caractérisée par des sentiments de déception, le chagrin, le désespoir et les humeurs humidifiées. Elle est exprimée en différentes méthodes et les plus courants étant ceux en pleurs, d'autres, le retrait de la tranquillité, et le moral bas. Il est normal de se sentir triste. Cependant, la tristesse excessive détruit nos vies, car il conduit à un stress, ce qui est la mère de nombreuses dépressions. La tristesse est aussi une émotion importante qui vous aide à construire votre vie. Quand nous sommes tristes, nous avons tendance à se éloigner du facteur contribuant à la tristesse, ce qui pourrait être un danger imminent.

Les émotions que nous percevons ont des répercussions claires sur nos activités quotidiennes. Il devient donc notre rôle à les contrôler pour veiller à ce qu'ils construisent nos vies et de les détruire. Il faut aussi être prudent avec d'autres émotions des gens puisque, en quelque sorte, il pourrait les affecter négativement.

Comment les émotions vous aider à survivre et à prospérer

Les émotions guident votre vie de nombreuses façons. La plupart d'entre vous ne comprennent pas les émotions de mesure conduisent vos pensées et vos comportements. Ils affectent votre vie grâce à un million de façons, que ce soit positivement ou négativement. Selon les recherches récentes, l'intelligence émotionnelle est plus important que le quotient intellectuel car elle prévoit plus de 54% de la variation de la réussite, la qualité de la santé de la vie et les relations. Ils jouent un rôle important pour vous aider à survivre et à prospérer, comme le montrent les paragraphes ci-dessous.

Aide Renforcer les liens

En comprenant vos émotions, comment les gérer, et de les exprimer, vous pouvez construire des relations plus solides avec vos amis. Ceci est parce que vous êtes en mesure d'exprimer vos sentiments positivement à l'autre partie. Les émotions aussi vous aider à communiquer efficacement sans crainte à la fois au travail et dans la vie personnelle, ce qui contribue à établir des relations solides avec d'autres personnes. Il faut essayer de comprendre les émotions des autres personnes. Cela aide à éviter de les blesser, qui détruit de manière significative les relations. Sans relations solides, le succès devient difficile à réaliser. entrepreneurs leaders mondiaux et les dirigeants associent leur succès à des relations saines qui émanent de la compréhension des émotions de leurs clients. Pour vous survivre et prospérer dans le monde moderne, il est donc essentiel de comprendre le rôle des émotions.

Ils influent sur la prise de décision

Les émotions sont au cours de la racine de vos décisions quotidiennes. Ils affectent non seulement la nature de la décision, mais aussi la vitesse à laquelle vous prenez la décision. Prenons, par exemple, l'émotion de la colère. Elle conduit à l'impatience dans la plupart des gens, ce qui aboutit à la prise de décision irréfléchie. Dans d'autres cas, si vous êtes excité, on est plus susceptible de prendre des décisions rapides, sans tenir compte de leurs implications, ce qui pourrait être dangereux. Lorsque peur, les choix que vous faites pourrait être assombri par l'incertitude et peut-être de mauvaises décisions.

Les décisions que vous prenez tous les jours déterminent le succès de votre vie. Prenons, par exemple, dans une négociation; si la décision que vous prenez est affectée par la peur de l'émotion, le résultat sera mauvais. Ceci est opposé à si, au cours de la négociation, il y avait de l'émotion du bonheur. Les résultats sont positifs, et les parties finissent par faire des relations durables avec les avantages pour les deux parties. Il est donc essentiel d'appliquer l'intelligence émotionnelle avant de prendre toute décision pour la réussite de votre vie.

Ils améliorent votre santé

Il y a de nombreux avantages physiques associés à votre bien-être émotionnel. Prenons, par exemple, l'émotion de tomber dans l'amour conduit à la détente et le contentement et aussi stimule la croissance de nouvelles cellules du cerveau, ce qui améliore la capacité de votre mémoire. recherches antérieures ont montré que l'expression des émotions de bonheur par le rire stimule non seulement vos humeurs, mais augmente également l'espérance de vie. Les émotions positives aussi vous aider à réduire les risques de maladies liées contredisant les émotions comme la dépression et l'hypertension artérielle, qui sont quelques-unes des principales sources de la mort. Il est, par conséquent, devient vital pour les gens à prendre soin de leurs émotions pour augmenter leurs chances de survie et l'épanouissement dans la vie.

Ils vous motivera à prendre des mesures

Face à une situation, les émotions vous aider à prendre des mesures. Prenons un exemple lorsque vous êtes sur le point de passer un examen, on pourrait se sentir beaucoup d'anxiété comme Tom qu'ils passeront l'examen et comment cela affectera la note finale. Il est de l'émotion que l'on est obligé d'étudier difficile à passer, ce qui mène à la réussite. Il faut toujours considérer prendre des mesures positives à l'égard des émotions pour vous de vivre une vie réussie et confortable.

Émotions vous aider à éviter le danger

Selon naturaliste Charles Darwin, les émotions sont considérées comme des adaptations qui permettent aux humains de survivre et de se reproduire. Ils servent un rôle d'adaptation en vous motiver à agir rapidement et de prendre des mesures rapides pour augmenter vos chances de survie et de succès. Un bon exemple est lorsque vous rencontrez la peur en raison d'un danger à venir comme un animal dangereux ou une menace possible. Vous êtes plus susceptible de libérer de la menace en cours d'exécution, ce qui augmente vos chances de survie. Quand en colère, vous êtes plus susceptible de faire face à la source de l'irritation qui augmente le taux de votre survie.

Ils vous aident à comprendre les autres

La vie sans amis pourrait être très ennuyeux et avec beaucoup de problèmes. Vous avez besoin de l'aide d'un de vos amis car personne ne peut survivre indépendamment. Les émotions vous aider à comprendre les gens qui vous interagissez avec sur une base quotidienne, qui joue un rôle important dans la détermination des chances de votre succès. En comprenant d'autres personnes, vous en apprendre davantage sur leurs faiblesses, et par conséquent, lors de l'interaction et de traiter avec eux, vous évitez les situations qui les blesser. En comprenant d'autres personnes, vous pouvez répondre de façon appropriée et établir des relations solides et mutuelles avec des amis, familles et proches. Cela conduit à votre succès et vous aide aussi à prospérer dans des situations difficiles.

améliorer la compréhension

Vos émotions agissent comme un moyen de communication à la société. Lorsque vous interagissez, il est toujours bon d'exprimer vos émotions pour les aider à comprendre mieux vous. Par exemple, la langue et les signaux de quelqu'un comme l'expression du visage et les mouvements corps aide à d'autres vous comprendre plus. Prenons un exemple lorsque vous malade exprimez votre douleur grâce à des émotions telles que la tristesse, qui informe vos amis que vous avez besoin des services d'un médecin. Ceci est un aspect important qui augmente vos chances de survie et de succès. Sans émotions, la vie serait beaucoup plus difficile de prospérer et de réussir.

Ils vous construisez comme un leader fort

grands leaders mondiaux et entrepreneurs sont connus pour avoir un trait commun est qu'ils comprennent les émotions des autres. Les opinions aide non seulement de comprendre les autres un individu à influencer les autres, mais aussi, il est un outil qui aide à les inspirer. Il devient donc possible de construire la confiance entre vos employés et de développer le travail d'équipe entre les menant à la réussite de vos organisations. En tant que leader, il est donc fondamental pour vous d'apprendre les émotions de vos pairs et collègues de travail.

Ils vous aident à présenter des excuses si faux

Beaucoup de gens ne comprennent pas l'importance de présenter des excuses quand défectueux. Lorsque vos émotions mal de la culpabilité envers la marque de partie concernée vous présenter des excuses. En se excusant, vous pouvez rétablir votre dignité à ceux que vous blessez; il vous aide à réparer la relation brisée avec vos amis et aide aussi à laisser d'autres personnes savent que vous n'êtes pas fier de vos actions, mais au contraire, vous êtes sincèrement désolé pour vos actions. Il est de vos émotions que vous présenter des excuses. Les excuses sont un excellent catalyseur pour votre succès dans la vie par la restauration des esclavages et des familles éclatées.

Ils vous aident à faire face à des situations difficiles de la vie

Vos émotions vous aider à faire face à des situations de vie difficiles. Quand une situation comme la mort frappe un de vos proches, l'émotion de tristesse et de la colère tombe sur vous. Les émotions que vous faire exprimer vos réponses grâce à des méthodes telles que pousser les autres loin, pleurer ou même vous blâmer pour les situations difficiles. Selon la recherche, l'expression de vos émotions par des pleurs vous aide à obtenir soulagé, et finalement, au fil du temps, vous pouvez prospérer retour dans la vie.

Ils stimuler votre créativité

Les émotions sont généralement liées à vos pensées. Lorsque dans une situation difficile, vos émotions déclenchent votre cerveau à prendre des mesures rapides pour contrer la situation. Prenons un exemple quand il est attaqué par un animal dangereux; l'émotion de la peur déclenche le cerveau pour rechercher toute arme qui tue l'animal. Aussi, lorsque dans une interview, l'émotion de l'anxiété pour obtenir les motive d'emploi que vous réfléchissiez difficile pour vous d'acquérir les postes. Dans de nombreuses situations, la créativité de vos émotions conduit à votre succès dans le lieu de travail et aussi à votre domicile avec vos familles.

Ils vous aider à accepter et apprécier Yourselves

Lorsque vous atteignez vos objectifs et objectifs dans la vie, les émotions de joie, le bonheur, la fierté ont tendance à vous submerger. Les émotions vous aident à apprécier vous plus du travail bien fait. Reconnaître vous qui vous motive à faire de plus en plus, ce qui entraîne le succès dans la vie. Sans auto-satisfaction, il devient difficile pour les autres vous apprécient ou vous recommander à d'autres personnes qui vous ont aidé beaucoup.

D'après les paragraphes ci-dessus, il est évident que les émotions jouent un rôle crucial dans votre réussite. Ils influencent grandement la façon dont vous interagissez avec les autres et déterminer la façon dont vous évoluerez sur les lieux de travail et vos maisons. Il devient donc essentiel de bien contrôler vos émotions afin de ne pas affecter négativement les autres, ce qui peut entraîner votre chute.

Chapitre 4

avoir le contrôle

La colère est une émotion très puissante avec des conséquences négatives à la fois sur la personne qui lui fait face et les gens autour. Lorsque vous êtes enclin à elle, les gens seront éloignés de vous, car ils ne savent pas ce que votre prochaine réaction. Cependant, la mise en bouteille de votre colère est également une tragédie en attendant que vous finirez par faire sauter après avoir atteint le pic de vos frustrations. Par conséquent, la manière idéale pour gérer la colère est de ne pas l'ignorer, mais pour y faire face. Les personnes atteintes de fréquents accès de colère finissent souvent par le regretter à la fin de la journée parce que, dans la plupart des cas, ils prennent les choses hors de proportion.

Lorsque vous êtes émotionnellement intelligent, il est plus facile pour vous de comprendre ou de reconnaître des émotions différentes. Par la suite, vous pouvez utiliser les informations que vous comprenez pour prendre une décision. Ceci est une compétence qui aide grandement à faire face à la colère. Il vous aide également à comprendre que vous devez choisir vos batailles plutôt que de prendre chacun d'entre eux au sérieux.

Il est possible pour vous de se fâcher tout simplement parce que vous avez mal compris une situation. Vous n'êtes pas au courant de tous les cas qui se déroule et peut penser qu'un scénario particulier est injuste et non seulement. Cela a souvent conduit à une explosion de colère en raison de la vue d'une situation injuste qui n'a pas été traitée de la bonne manière. Parfois, il peut être sage d'éviter certaines personnes ou situations qui ont tendance à obtenir votre colère monter à chaque fois. Cela ne veut pas dire que votre colère ne se justifie pas. Oui, vous pourriez avoir raison de se fâcher, mais vous avez besoin d'évaluer les conséquences de votre colère.

Chaque situation a différentes méthodes possibles pour y faire face. Vous devez considérer chacun d'eux attentivement avant d'agir sur la mauvaise décision. Prenons un exemple d'un environnement de lieu de bureau, où vous avez un collègue se souvent sur vos nerfs. Peut-être qu'il ou elle laisse tomber la saleté sur le sol sans soins et est souvent irrespectueux lorsqu'ils sont confrontés. Ici, il y a plusieurs façons de faire face à la situation. Un moyen sûr serait de se démarquer et de remédier à la situation haut et fort dans le bureau, l'appelant ou ses noms. De toute évidence, il y a une possibilité que cela pourrait fonctionner en votre faveur, mais, est-ce la bonne façon d'aller sur la question? Qui sait ce que serait la réaction et que ce serait devenir laid dans peu de temps? Être une personne émotionnellement intelligente, vous choisir de régler la question à l'amiable plutôt que d'aller tête à la confrontation. Outre, vous serez en mesure de contrôler vos émotions dans la chaleur du moment afin que vous ne disposez pas d'une explosion. Normalement, cela est un défi surtout quand vous êtes plein de rage et se sentir dérangé, mais il arrive un moment où vous devez peser des situations.

Juste le même feu de manière peut être utile et destructrice, est donc la colère. Certaines situations dans la vie peuvent vous obliger à mettre en valeur votre colère alors que certains peuvent avoir besoin de vous pour se détendre et contrôler vos émotions. Par exemple, quand vous voyez votre enfant victime d'intimidation dans les rues, ou toute autre personne pour cette question, une action rapide est nécessaire. C'est là que vous devez avoir une colère positive qui est pas fixée sur la destruction, mais plutôt de rendre l'aide à la victime.

Chapitre 5

Comment la communication peut vous faire mieux

En ce qui concerne la communication avec les autres, nous pouvons appliquer le même principe de premier plan avec une attitude type qui comprend également la curiosité, l'ouverture, et en supposant un montant raisonnable de l'écart d'acquisition. La communication qui implique des problèmes de colère est souvent une question de la résolution des conflits. Tout comme la colère, le conflit a une mauvaise réputation en raison de la façon dont il peut sembler destructrice. La vérité est que le conflit est encore plus naturelle et abondante que la colère elle-même. Le conflit est une partie de notre moment à moment, l'expérience. Nous sommes constamment dans un état de conflit qui a besoin de résolution. Donc, à venir à la communication avec les autres dans l'esprit de la pleine conscience, la bonté et la résolution des conflits peut aller un long chemin non seulement la colère désescalade mais même pour arrêter la réaction de colère de se produire en premier lieu.

Écoute

L'écoute est un élément clé de la communication et l'écoute est mindfully un outil efficace pour une meilleure communication. Pleine conscience a été défini par Kabat-Zinn Jon et d'autres enseignants que la sensibilisation du moment présent sans jugement. Cela a des applications étendues dans le domaine de l'écoute.

L'écoute sans jugement ou l'attente est un art et une compétence qui peut être appris. Dans une série de séances de formation que je l'ai fait, nous avons utilisé une activité où nous avons les participants forment des cercles concentriques, l'un dans l'autre, avec chaque personne face à un autre dans le cercle opposé. Nous demandons alors leur des questions à réponse un à la fois. L'instruction que nous donnons aux auditeurs est de ne pas donner des commentaires, verbale ou non verbale. Ne pas hocher la tête en accord ou dire « Je sais ce que tu veux dire »; essayez de ne pas donner trop ou l'une de votre réaction à ce que la personne dit. Ce n'est pas une façon naturelle que nous avons tendance à communiquer, mais il peut avoir de grands résultats comme un exercice. Il nous permet de voir que, parfois, lorsque nous nous insérons avec une déclaration de notre propre,

Cela nous montre que notre écoute doit être plus, eh bien, écoute. Combien de fois, quand quelqu'un parle, nous sommes occupés à formuler notre opinion et la réponse à ce que l'autre dit? Quand nous sommes dans ce mode, nous ne sommes certainement pas dans l'instant. Au moins, nous sommes à l'avenir, alors que nous planifions nos futurs paroles de sagesse en réponse. Wise écoute écoute profondément la personne devant nous et en leur donnant le temps et l'espace pour s'expliquer. Tout cela est essentiel dans la gestion de la colère. Un aspect énorme de la colère et des conflits est un malentendu. Lorsque nous ne l'écoute pas profondément, il y a une plus grande chance d'incompréhension.

Assurance

Un autre élément clé de la communication est notre capacité à faire preuve d'assurance. Lorsque vous êtes assertive, vous vous comportez avec confiance et dire ce que vous voulez ou croire d'une manière directe. Comment pouvons-nous faire preuve d'assurance sans être agressif?

la pleine conscience peut adroite vous aider à devenir autoritaire plutôt que agressif. Agressivité décrit la majorité des états d'esprit et de l'action que l'on pourrait définir comme la colère. Les gens deviennent agressifs quand il semble y avoir aucune autre façon de résoudre un problème ou définir une limite. L'une des principales raisons que les gens deviennent agressifs est qu'ils ne possèdent pas les compétences de l'affirmation de soi pour les aider à obtenir leurs besoins satisfaits. Donc, l'affirmation de soi est l'antidote à l'agression. Beaucoup de gens ont du mal à noter la différence.

L'affirmation de soi est l'acte d'esprit sage. L'esprit rationnel et le travail de l'esprit émotionnel ensemble pour déterminer les besoins raisonnables et faire des déclarations et prendre des mesures pour obtenir les besoins satisfaits. L'agression est composée uniquement de l'esprit émotionnel et les états du corps. L'agression ne peut pas entendre la voix de la raison parce qu'il est noyé par la réaction de lutte ou de fuite. Une fois que nous développons l'affirmation de soi, l'agressivité devient inutile. Assertivité travaille avec nos attitudes de bonté, de curiosité et d'ouverture pour nous aider à obtenir nos besoins satisfaits sans agression entrer dans le champ. Et par conséquent, nous obtenons nos besoins satisfaits plutôt que de subir les conséquences de l'agression.

Chapitre 6

Comprendre vos émotions

émotions de base est née en réponse aux défis écologiques, chaque sentiment correspondant à un circuit neurologique distinct et dédié. Juste d'être câblé, les émotions de base sont innée et universelle, automatique, rapide et souvent déclenché pour fournir une valeur de survie. Le sentiment sous-jacent est pas la même chose comme une émotion complexe qui varie fortement d'un individu à; ce type d'opinion ne peut être attribuée aux enfants et aux animaux. Il est parce qu'il est une compilation des émotions de base et surtout un mélange de ceux de base. émotions primaires sont généralement comparés aux programmes, et ils peuvent être ouverts au conditionnement culturel. Voici quelques-unes des émotions de base applicables dans notre vie.

- **Tristesse:** Cette émotion primaire est catégorisé sous émotion négative. Il est souvent considéré comme le contraire du bonheur, même si cela ne s'applique pas nécessairement dans toutes les situations ou les circonstances. Etant donné que c'est une émotion unique, la tristesse peut être la perte ou l'échec invoqué ou une réponse psychologique en fonction du sujet. La tristesse est, par conséquent, caractérisé par de multiples sensations, telles que l'impuissance, de désespoir, de perte, de douleur et de déception.

- **Excitation:** Être excité a été nommé comme « l'émotion pure. » En effet, il est un sentiment ou d'une situation généralement plein d'activité, la joie, l'euphorie ou la perturbation même. L'émotion est appelé pur car il n'a pas d'objet de but précis. Avec enthousiasme, il n'y a pas de réaction précise aussi. Ce qui est sûr cependant, est que le sentiment provoque l'activité depuis une personne se sent quelque chose doit être fait.

- **Colère:** Il est généralement un état émotionnel intense qui est principalement associée à la réponse à une action ou même une pensée. Il pourrait impliquer une forte réponse inconfortable et hostile à la provocation, la douleur, ou la menace. Quelqu'un connaît la colère aura également des effets physiques sur un individu, comme une augmentation du rythme cardiaque, la pression artérielle hérissés. Il est le sentiment prédominant behaviorally, cognitivement et physiologiquement.

- **Peur:** Il est souvent une émotion causée par la menace de danger, la douleur, ou mal. Avec la peur, le danger est imminent et n'est pas dirigée vers un objet ou d'une situation présentant un danger réel. La réaction qui est la peur est involontaire, même quand il semble déraisonnable. Dans la plupart des cas, un individu ou un animal éprouvera la peur de l'une ou l'autre soit connu ou inconnu par l'imagination de l'expérience.

- **Joie:** Le sentiment de joie extrême, la joie, le bien-être ou la satisfaction est souvent décrit comme la joie. L'émotion de joie n'est pas conseillé nécessairement par quelque chose qui se passe de positif; plutôt, il pourrait être l'exultation de l'esprit et découlant simplement une attitude du cœur ou de l'esprit. Il est un sentiment généralisé qui vient du plus profond.

- **Surprise:** La surprise peut être à la fois un négatif ou une émotion positive. Il implique un sens généralement infligé par une autre partie autre que vous, et soit l'étonnement, l'émerveillement ou l'étonnement est généralement celui de réponse est le plus susceptible d'émettre. En général, il est une émotion inattendue et soudaine pourrait être, selon les circonstances. Surprise a le pouvoir de débloquer d'autres émotions telles que la colère, la joie ou même la peur.

- **Mépris:** Le mépris est une émotion généralement acquise lorsque vous regardez vers le bas sur les autres, et surtout il implique le jugement des partis secondaires et pourrait facilement être fondée sur la culture, les normes, la morale, la classe, et même, dans certains cas, la religion d'une autre personne peut déclencher l'émotion mépris. L'autre personne est généralement perçu comme étant moins en quelque sorte le mépris personne sentiment considère comme important. Finalement, la personne qui vit le mépris crée une distance relationnelle entre eux et la partie ou les parties concernées. De cette façon, l'émotion apporte avec elle le plaisir et la supériorité de la personne sentir.

- **Culpabilité:** Se sentant regrettable, responsable d'une infraction soit en existence ou la non-existence. Pendant ce temps, une personne croit qu'ils ont compromis leurs propres normes ou ont violé les normes morales qu'ils avaient précédemment fixés. Il est une expérience cognitive qui est étroitement lié à se sentir désolé ou plein de remords. La culpabilité peut être soit un sentiment de manque de faire quelque chose ou faire quelque chose d'un individu n'est pas censé faire. L'émotion de culpabilité peut également être anticipés et évités dans certains cas.

- **La honte:** L'émotion de la honte souvent appelé comme un sentiment moral ou social qui est discret et pourrait obliger une personne à cacher ou à nier l'action ou un acte qui provoque l'émotion. Poussé par la conscience, c'est une émotion qui engendre un état affectif où l'on éprouve un conflit d'avoir fait quelque chose que l'on croit ou est fait de croire qu'ils ne devraient pas faire et vice-versa. Les effets négatifs de l'émotion pourraient être les motivations de retrait, les sentiments de détresse, d'impuissance, de dévalorisation et la méfiance.

- **Dégoûter:** Cette émotion est sous les sentiments négatifs et une sensation se référant à quelque chose révoltante et pourrait être offenser en loin. L'émotion est associée à l'aversion ou de désapprobation et est souvent suivie d'un sentiment écoeurant de dégoût ou des nausées. L'environnement autour ou expérience pourrait provoquer le dégoût et peuvent être suivis par des expressions physiques, le nez plissé, yeux plissés, les sourcils baissés entre autres réflexes musculaires en fonction de la situation.

Chapitre 7

En utilisant la colère Constructive

Aussi frustrant que des situations chargées d'émotion ou des images mentales du passé peut être, ils peuvent être très productifs. Il est très difficile parce que si vous êtes victime d'abus dans le passé, vous ne pouvez pas aider mais obtenir émotionnel, et il est un tour de montagnes russes négatif.

Vous devez essayer de faire changer les choses. Selon la façon dont la mémoire traumatique peut être, il faudrait plus de temps, mais il peut être fait. Vous pouvez changer les choses il est donc ce qui aurait été des expériences négatives maintenant et les souvenirs négatifs peuvent donner quelque chose de productif.

Vous pouvez choisir d'apprendre

L'apprentissage est un choix, et ce choix nous oblige à canaliser notre attention. Nous devons réorienter nos efforts d'obtenir même, se sentir misérable, se sentant moins d'une personne à choisir d'en tirer des leçons. Que pouvez-vous apprendre de déclencheurs négatifs ou des expériences? Eh bien, voici une courte liste. C'est pas la liste complète, mais il y a beaucoup de choses ici. Vous pouvez en apprendre les éléments suivants:

Qu'est-ce que vous Déclencheurs

Choses les plus évidentes que vous pouvez apprendre de vos expériences quotidiennes en essayant, ainsi que vos souvenirs difficiles, sont vos déclencheurs. Qu'est-ce que vous déclenche exactement? Est-ce une image mentale? Est-il certain ces mots? Est-ce que les choses doivent se combiner de telle façon pour vous de devenir émotionnellement déclenché? Faites attention à ceux-ci parce que plus de détails que vous avez, plus il est facile pour vous de déballer vos déclencheurs.

Je ne dis pas que vous prendrez automatiquement leur piqûre, mais vous pouvez certainement les faire un peu émoussée afin qu'ils ne se déchirent pas en vous. Finalement, il peut devenir si rond et si léger qu'ils ne contribuent guère à aucun dommage. Cependant, pour que cela se produise, il faut être clair quant à ce que vous déclenche exactement.

Comment votre Emotional Rollercoaster Play Out Plus précisément?

La montagne russe émotionnelle je l'ai décrit dans un chapitre précédent est réel, mais il joue de différentes manières pour différentes personnes. Encore une fois, cela vient avec le territoire parce que nous avons tous des expériences différentes. Nous venons de différents horizons. Nous avons différentes origines, différentes enfances, toutes ces différences, bien sûr, ajouter jusqu'à un peu.

Alors, se concentrer sur ce qui rend votre particulier tour de montagnes russes émotionnelles personnelles. Comment ça se jouer? Que se passe avant, pendant et après? Comment vous pouvez Perturber votre Rollercoaster

Maintenant que vous avez une idée de la façon dont autrement stimuli neutres vous prenez assez clair à partir du monde conduit à vous dire les mauvaises choses, penser les choses que vous blesser ou de vous stressent ou fait faire des choses qui font pire, l'étape suivante consiste à comment sortir des montagnes russes.

Comment pouvez-vous perturber? Avez-vous besoin de respirer? Avez-vous besoin de se détourner? Avez-vous besoin de se concentrer sur une autre série de faits? Croyez-vous penser à une autre mémoire peut perturber? Peu importe, vous devez jeter ces choses.

Il est un peu comme jeter les pâtes contre le mur. Plusieurs fois, beaucoup des choses vont rebondir, mais si vous continuez à le faire, quelque chose collera. Alors, demandez-vous comment puis-je perturber mon Emotional Rollercoaster personnel? Vous n'êtes pas condamné à monter. Il ne doit pas continuer à jouer la même triste encore et encore.

Les bonnes nouvelles est que plus vous essayez de descendre les montagnes russes, plus de succès que vous serez. Ce qui est important est que vous avez essayé. Il ne peut pas travailler les premières fois, mais vous continuez à le faire. Encore une fois, il est comme jeter des spaghettis sur le mur. Finalement, vous serez en mesure de le perturber.

Prenez conscience de votre Emotional Attention Span

Et si je vous disais que le plus humiliant, dégradant, la mémoire écrasante ne clignote ses émotions intenses pendant une période de temps assez court? Maintenant, ne vous méprenez pas. Je comprends que lorsque vous passez par ces souvenirs que le flash dans votre esprit, il se sent comme toujours. Croyez-moi, je sais exactement avec vous parlez parce que ce qui est arrivé à moi.

Cela ne prend pas loin du fait que ces émotions intenses ne durent pas pour toujours; sinon, vous allez fou. C'est la quantité de ressources qu'ils prennent. C'est ainsi que ce sont stressants pour vos facultés mentales et émotionnelles.

En choisissant de prendre conscience de combien de temps vous êtes engagé par des émotions négatives, vous vous donner de l'espoir. Vous réalisez rapidement que vos états d'esprit négatifs parce que vous avez été déclenchée par une mémoire ou quelque chose qui vient d'avoir lieu ne durera pas éternellement. Est-ce pas de bonnes nouvelles?

Il est un peu comme regarder ce nuage vraiment sombre devant. Bien sûr, il va être mesurable dans ce nuage parce qu'il pleut, mais ça va passer. En fait, si vous regardez le ciel pendant les orages, les nuages sont en fait le déplacement très vite. En se concentrant sur la durée de votre attention émotionnelle, vous vous permettez d'être plus optimiste car à l'intérieur profond vers le bas, vous savez ce n'est pas permanent. Cela s'apaiser. Aussi intense et cru que cela puisse se sentir en ce moment, ma colère va souffler sur.

Les faits tels qu'ils sont

Une autre chose que vous pouvez apprendre des moments de colère intense sont les faits de ce que vous déclencher. Vous pouvez réellement faire attention à ce qui est arrivé. Ceci est une grosse affaire parce que souvent les gens paient simplement l'attention sur deux faits et tout est supposé autre. Ils remplissent juste dans le reste de l'image.

Lorsque vous vous concentrez sur les faits, vous rendrez vite compte que ce n'est pas aussi noir et blanc que vous le pensez. Tout comme il est facile pour vous de s'énerver par certaines parties, d'autres faits pourraient pointer vers d'autres conclusions. Vous me sentirais mieux si vous avez pris ces faits et RAN avec eux.

Les faits que vous les percevez

Une autre chose que vous pouvez apprendre comment perçoit votre esprit des choses. Vous commencez à regarder l'association entre certains faits et vos conclusions. Si vous continuez à répéter ce assez de temps, vous auriez probablement commencer à rire de vous-même. On dirait: « Oh, eh bien, voilà comment je pense. Parlez de faire empirer les choses pour moi-même. Je ne vais pas le faire à nouveau « .

Vous devez vous permettre d'atteindre ce niveau. Au lieu de vous appeler, « Oh, je suis un idiot pour penser que. Oh, je suis un perdant total « . Non, vous venez de dire: « D'accord, voilà comment je l'habitude de faire les choses, et il conduit à un mauvais endroit. Maintenant, je sais et je suis conscient que ces faits ne doivent pas conduire à la fin du monde. Je n'ai pas de faire une grosse affaire sur eux. Je n'ai pas aller à la fin profonde « .

Vous pouvez apprendre à coller à vos valeurs

Enfin, vous pouvez apprendre à coller à vos valeurs, peu importe votre état émotionnel. Ceci est probablement la meilleure leçon que vous pouvez apprendre. Des gens vraiment chic sont capables de maintenir leur dignité malgré le feu et l'explosion émotionnelle qui fait rage en eux. Il est pas facile, mais une fois que vous choisissez d'apprendre des situations qui vous déclenchent normalement, vous serez en mesure d'obtenir un contrôle interne, et cela, bien sûr, se produit lorsque vous agissez sur l'engagement.

Boostez votre personnelle Gestion de la colère Cycle d'apprentissage en procédant comme suit:

S'il vous plaît comprendre que la liste des choses que je viens de décrire ci-dessus est difficile à apprendre parce que c'est beaucoup de choses à garder la trace. Faciliter les choses sur vous-même en procédant comme suit:

Tout d'abord, vous devez tenir un journal. Vous ne devez pas être un romancier. Vous ne devez pas écrire des passages très longs. Il suffit de garder une trace de vos émotions. Gardez une trace de ce qui est arrivé et comment vous ont répondu. Se concentrer sur les faits. Essayez de lister les choses que vous pourriez tirer de la situation.

Ensuite, suivre vos progrès. Encore une fois, cela est plus facile à faire si vous gardez un journal. Ce serait formidable si vous savez que, après quelques mois, il en faut beaucoup pour vous déclencher. En fait, le moment où vous devenez conscient de cela, les choses deviennent plus faciles parce que vous pouvez tirer l'espoir et la confiance que. Vous rendrez vite compte que vous n'avez pas assumer le pire. Vous ne devez pas le contrôle émotionnel lose. Vous l'avez en vous pour répondre à vos valeurs les plus élevées.

Enfin, lorsque vous lisez votre journal et vous comparez où vous êtes maintenant avec où vous avez commencé, vous ne pouvez pas aider mais se sentent plein d'espoir. Vraiment. Vous finissez par vous encourager parce que vous réalisez que vous êtes venu. Vous ne pouvez pas être dans une situation parfaite, et vous serez toujours certainement loin d'être parfait, mais vous êtes tellement mieux que quand vous avez commencé.

Vous devez tenir un journal. Il ne doit pas être un journal physique. Il ne doit pas être un livre ou d'un planificateur, vous pouvez feuilleter. Il peut être un document électronique simple pour vous garder sur votre téléphone mobile ou une tablette ou un ordinateur portable.

Peu importe, vous devez trouver un moyen d'enregistrer votre voyage, suivre vos progrès et vous inspirez constamment. Vous devez vous encourager parce que vous êtes engagé dans quelque chose de très grand et profond. La plupart des gens sont incapables de le faire parce qu'ils ne se donnent pas la chance de le faire.

Vous faites quelque chose de grand parce que si vous êtes en mesure d'apprivoiser et redirigez votre colère, le monde ouvre à vous. Il ne doit plus consister en une déception après l'autre ou l'un après l'autre occasion manquée.

Contrôle émotionnel et la maîtrise de soi, en général, peut conduire à un plus grand succès dans tous les domaines. Je parle de tous les domaines de votre vie. Obtenez cette revue va et commencer à se concentrer sur les leçons que vous apprenez.

Chapitre 8

Comment prévenir la colère dans l'avenir

la colère La compréhension est une étape importante vers la résolution de vos problèmes de colère et les difficultés. Nous sommes tous enclins à la colère chaque fois dans un certain temps. Vous vous rendrez compte la plupart des individus sont incapables de prévenir les problèmes de colère juste parce que les gens auront du mal à prendre leur temps pour comprendre la colère. Même l'évaluation simple d'un événement provoqué par la colère se révèle difficile à la plupart des gens, donc perdre la bataille pour gérer la colère et la rage.

Dans le cas où vous avez évalué l'intensité de votre colère, de multiples occurrences de réactions en colère, il est essentiel que vous venez avec des conseils et des stratégies de prévention des explosions de colère et de rage. Cela peut être conseillé par un test de gestion de la colère ou d'un programme de gestion de la colère. En adaptant les façons dont vous n'êtes pas enclin à la colère des confrontations orientées et des réactions, vous risquez de profiter beaucoup dans la vie. la colère incontrôlées prendra un péage sur votre santé et vos relations résultant dans un style de vie malsain. En prenant des stratégies et des conseils pour la gestion de la colère, cela ne veut pas dire que vous ne serez jamais en colère. Dans tous les cas, la colère est un sentiment sain, mais la nécessité de le gérer est positivement vital.

Les meilleures stratégies et des conseils pour prévenir la colère sont basées sur des interventions de gestion cognitivo-comportementales. Ces mesures impliquent de changer la façon de penser et de se comporter. La notion derrière la gestion cognitivo-comportementale est que vos pensées, les sentiments et les comportements sont étroitement liés et connectés. Ces stratégies aident pensées ou des sentiments renvoi négatifs qui pourraient alimenter votre colère. Voici quelques conseils et des stratégies qui viennent un long chemin dans la prévention de la colère.

Identifier les éléments déclencheurs de la colère

La colère des déclencheurs sont des actions, des actes ou des événements qui déclenchent des émotions en colère en vous et sont susceptibles d'élever une réponse qui pourrait causer des destructions et des dommages. Événements de la vie sur la façon dont l'impact des déclencheurs de la colère choisissent de surface. Ils pourraient être profondément ancrées dans le temps et les événements précédents. Disons que vous aviez une enfance difficile à interagir avec vos pairs, car ils feraient un fan de la façon dont vous étiez mince, allant même avant de vous taquiner et baptisera vos noms. Vous serez sensible à ce que les gens disent au sujet de votre corps une fois que vous êtes un adulte, et dans un cas, un collègue va de l'avant à commenter la forme de votre corps ou cadre de la même manière, vous serez déclenchez réagir et se défendre.

Faire le point de ces déclencheurs simples vous donnera une idée plus précise sur les causes profondes de votre colère. Si le trafic vous déclenche vos émotions et les bars de la normale et la façon dont vous allez sur votre entreprise en raison de la colère, il est également important de noter que. Vous pourriez même trouver des activités simples et autodestructrices pour vous laisser dorloter pendant la circulation comme lire un livre, écouter des livres audio éducatifs, ou même d'appliquer le maquillage pour passer le temps. Quelle que soit la circonstance est que vous jeux off et vous empêche de perdre votre sang-froid seul ou autour d'autres, d'identifier c'est la première étape vers une bonne gestion de la colère.

Apprendre Comment Exprimez-vous

La plupart un moment où vous êtes en colère et plein de ressentiment, vous souvent le blâme sur une personne ou d'un événement. Cela provoque plus la colère étant donné que ce n'est pas votre « faute ». En apprenant à exprimer ce que vous ressentez une situation dans une manière calme et recueillie, vous êtes en mesure de laisser l'autre partie à comprendre où vous venez et leur contribution à votre colère et ce qui aurait été fait ou dit différemment. Vous êtes en mesure de prendre votre temps entre la parole et bien vous exprimer. Ceci, par rapport à l'explosion évidente qui est facile à se livrer à qu'un simple et sobre parler va très loin dans la résolution de la situation.

Il est clair que sortir pour exprimer vos sentiments montre l'examen des autres parties, mais vous, de cette façon, vous ne serez pas blesser les autres ou essayer de les contrôler. Par exemple, un cas où vos collègues manipulent une personne nouvellement recrutée sur votre lieu de travail en donnant le nouveau venu plus de travail, ainsi que l'utilisation menaçant les moyens de le faire lui ou de faire quelque chose, vous êtes libre de se mettre en colère et faire face à la situation . Toutefois, si vous criez à eux et attendre à ce qu'ils changent leur comportement, qui pourrait causer plus de problèmes et même aggraver la situation. En mettant votre pied vers le bas calmement et exprimer votre préoccupation sur la question, le mauvais comportement est susceptible de cesser d'où une forte probabilité de succès.

Prendre le temps

Il est recommandé que vous arrêtez tout ce qui cause des sentiments de colère et de prendre une profonde inspiration pour vous écouter. Prendre le temps n'est pas un signe de faiblesse; en fait, il montre la force lors de la manipulation d'une circonstance qui pourrait conduire à l'indignation et les sentiments de colère incontrôlable. Si vous décidez de chanter un mantra, compter de un à dix, ou même une série de respirations profondes pour vous calmer pendant le temps, il est important que vous briser le processus de colère. Les quelques instants de silence et de concentration à votre processus de pensée aidera à gérer vos pensées et sentiments.

Compétences de relaxation pratique

Différentes personnes ont différentes façons de se détendre. Il est fortement recommandé que vous adoptez des compétences de relaxation pour supprimer toute contrainte se produisant qui pourrait conduire à la colère ou de déclencher un événement malheureux. La colère vous donne une poussée d'énergie, et la meilleure solution, dans ce cas, est engagé dans l'activité physique. En déplaçant votre corps, vous améliorez votre très tolérance à la frustration. Dans le cas où vous sentez que votre colère escalade, vous pouvez aller une marche rapide ou courir pour aider à détendre votre esprit et votre corps en mouvement. Vous pourriez également se livrer à l'exercice et la pratique en interne comme en prenant des poses de yoga pour en déduire le sentiment.

revues écrit sur la situation actuelle favorisera également la détente et garder votre esprit d'hébergement des pensées et des sentiments négatifs susceptibles de la colère de carburant. Ces pratiques de relaxation peuvent être choisies en fonction de préférence, car une méthode pourrait fonctionner pour vous et ne parviennent pas à fournir la même détente pour quelqu'un d'autre.

Chercher de l'aide

Une fois que vous vous apprêtez à gérer votre colère, il n'est pas un processus facile; ni est-il une promenade dans le parc. Vous serez confronté à des défis qui parfois pourraient vous amener à résulter d'une explosion ou même reprendre les tendances antérieures de la colère. Demander de l'aide d'un membre de la famille ou un ami proche, même vous aider à évaluer ce que vous traversez et comment reprendre avec succès votre plan de gestion de la colère. En outre, revisitant un expert ne signifie pas que vous avez perdu la bataille de la lutte contre les émotions de colère incontrôlable, mais cela pourrait se renforcer ce que vous avez déjà commencé. En tant qu'individu, suivi de vos panneaux d'avertissement afin de savoir quand demander des moyens d'aide que vous êtes fidèle à vous-même et donc vous motiver à la presse avec le changement.

Mettre la pensée dans votre discours

Chaque fois que vous devez répondre à un peuple individuels ou multiples sur une question si cruciale ou non, il est important de prendre votre temps et mettre une certaine pensée dans ce que vous allez dire. Par exemple, si vous avez choisi d'adresse membres de la famille sur une question importante, ne pas oublier chaque individu vient d'une autre école de pensée et de la perception est relative. Si vous arrive de déclencher des sentiments de colère ou pensées en eux, certains d'entre eux pourraient choisir de répéter, et dans un tel cas, vous serez enclin à réagir avec colère. En outre, écouter les autres parties disposées à répondre à une question réduit les chances de dire ou de faire des choses regrettables, et le résultat final sera une meilleure compréhension et la résolution des problèmes.

Concentre-toi sur la solution

Au lieu d'habitation sur la question qui a causé votre colère, il est conseillé que vous déviez votre esprit et les pensées à la solution. Par exemple, si votre enfant a l'habitude de mettre les restes dans l'évier, par conséquent, vous forçant à continuer à payer le plombier pour débloquer les tuyaux, hurlant à lui chaque fois que cela arrive ne vous causer plus de colère qui pourrait conduire à abusive comportement, trouver une solution serait le meilleur coup. Vous voudrez peut-être de les former sur la façon de verser des portions pour eux-mêmes pour finir la nourriture ou acheter l'enfant un bac important qui convient sa taille et est également accessible pour eux. Il est essentiel que vous gardez à l'esprit crier et d'appeler les nomme également avoir un effet négatif sur votre enfant.

Investir dans le contenu positif

Que ce soit le genre de musique que vous écoutez, les livres que vous choisissez de lire, des films ou des émissions de télévision que vous investissez votre temps et d'énergie, il fait partie de la stratégie positive et le contenu utile acquérir. Contenu a une façon de déclencher des pensées et des sentiments, et il est à vous pour vous assurer qu'il ne vous envoie pas à un endroit sombre qui pourrait déclencher la colère et des comportements qui pourraient entraîner des sentiments tristes. Tout comme l'expression « vous êtes ce que vous mangez », vous êtes aussi le contenu que vous nourrissez et choisissez de consommer à tout moment. Contenu a le pouvoir d'évoquer des émotions d'éveil élevé comme la joie et la peur. La colère est une émotion haute excitation aussi, et tout en consommant le contenu; il pourrait surface sans le savoir, par conséquent, ce qui conduit à la rage.

Se rendant compte sentiments sous votre colère

La colère a été prouvé être une réaction utilisé pour se protéger de montrer des émotions douloureuses telles que l'embarras, la déception et la tristesse. La plupart des gens luxuriants sans tenir compte des sentiments sous-jacents. Quand quelqu'un dit quelque chose blessante et humiliante, vous pourriez précipiter une réponse en colère pour masquer immédiatement l'embarras qu'il a causé vous ou même déception. En disant comme il est au sujet, et par cela, je veux dire étiquetant comme il est, vous serez en mesure de prendre des mesures appropriées, même si cela signifie dire à la personne du mauvais. Juste en disant: « Tu me as vraiment gêné par me appeler un cochon devant mes enfants » la personne en question saura exactement comment vous avez ressenti à ce sujet très passe. Mais en fouettant dehors et probablement frapper la porte derrière vous, la personne saura exactement comment vous vous sentez.

Développer de bonnes aptitudes à l'écoute

Dans certains cas, la colère peut être causée par un manque de compréhension de ce qui a été dit et pourquoi il a été dit. Dans le cadre de l'amélioration de la communication, l'écoute vous donne une chance de traiter ce que vous entendez, et, dans ce cas, vous êtes en mesure de répondre de façon appropriée avec un point de vue sobre. Que ce soit une conversation entre vous et votre conjoint ou avec votre patron, en leur donnant l'espace pour s'exprimer entre aide de conversation dans la prévention de la colère ou de toute chance d'un malentendu. Vous serez en mesure de comprendre la question, et même si vous devez prendre le temps pour répondre, écoute joue un grand rôle dans le contrôle des sentiments de colère.

Chapitre 9

Les croyances au sujet The Angry Black Man

Beaucoup d'hommes noirs depuis l'esclavage sont familiers avec les nuages de l'adversité qui les alourdissent. Certains sont auto-infligées et, tout en vivant dans un monde du mal, attendez-vous quoi que ce soit, comme un certain nombre d'hommes sont injustement traités. Blancs et policiers en Amérique tuent les hommes noirs à tort. Trois frères, Jackson, Wiley et Ronnie (Kwame Ajonu) Bridgman ont été condamnés et envoyés en prison pour assassiner. Quarante ans plus tard, leur condamnation a été annulée.

Y at-il un moyen de sortir du désordre dans lequel tant d'hommes noirs se retrouvent piégés? Où peuvent-ils obtenir de l'aide? Qui est prêt à écouter dans un monde moderne, en évolution rapide où beaucoup de gens n'ont pas le temps d'associer à un autre? La réalisation des objectifs, activités ambitieux, faire de l'argent, et l'acquisition de choses est plus important que d'avoir un intérêt dans la vie des gens.

L'éducation, que ce soit professionnel ou académique, est un moyen de sortir de la pagaille pour certaines personnes. Il y a des gens qui croient qu'il est un sursis temporaire du gros problème. La colère reste dans le cœur de beaucoup d'hommes noirs, quel que soit leur statut. Chacun a eu des circonstances malheureuses qui ont laissé une empreinte sur leurs âmes.

Combien de personnes permettent difficultés à une ouverture d'espoir pour les inciter à réaliser de grandes choses dans la vie? Le défi pour chaque personne est de ne pas laisser les difficultés à percer la psyché mentale. Cela peut les porter vers le bas comme ils demeurent sur des difficultés par jour tout au long de la journée. Ceux qui sont touchés le besoin de se déplacer avec leur vie. Utilisez vos talents et capacités pour bénir les personnes qui sont dans votre chemin.

Quand un homme prend en charge sa vie au milieu des rudes épreuves, même ses ennemis une pause et de prendre connaissance d'une telle personne qui est victorieux tout en se réjouissant dans l'adversité. Au cours de l'intensité des difficultés, certains hommes trouvent leur but dans la vie. Au moment de l'un, ils déterminent dans leur cœur d'utiliser leurs talents positivement. Famille leur devient plus significative pour qu'ils rejettent toute forme de mentalité négative. Les hommes dans cet état d'esprit ne hésitent pas à faire amende honorable avec les gens qui ils ont porté préjudice. A la fin de leur voyage, si elles sont cohérentes tout en ayant un œil sur la marque, ils gagneront la prospérité et la bonne santé.

La chose au sujet de la colère - il est souvent très nette. La colère est pas une émotion que vous pouvez cacher toute votre vie. À un moment donné, la colère incontrôlée vous affectera. Nous est-il une émotion ASK qui est plus mal compris que la colère? Beaucoup de gens croient que la tenue dans cette émotion est mauvais pour vous - il construit uniquement sur la pression d'exprimer et le moment où il choisit de sortir, il le fera de manière inattendue. la colère prolongée et bustes subites sont malsaines pour vous. Cette émotion est très forte et elle tend à éveiller le système nerveux. En fait, elle produit des effets dans le corps entier. Malheureusement, la colère Eats loin à vos organes vitaux, plus le système cardio-vasculaire. Il affecte votre intestin et le système nerveux détourne. Il affecte aussi votre capacité à penser clairement. Par ailleurs, la colère sans surveillance tend à se développer dans le corps.

Tout simplement parce que la suppression de la colère est mauvaise ne signifie pas que toutes les formes d'expression sont bonnes. Vous n'êtes pas nécessairement mieux par l'expression - Vous pourriez détruire les choses et les gens autour de vous. La colère ne disparaît pas toujours juste aller parce qu'une personne a déchaîné il - Non. Exprimant la colère n'offre pas toujours une catharsis. En outre, la colère de ventilation, que ce soit en paroles ou des actions ne rend pas plus facile à gérer. Souvent, la ventilation inappropriée ne fait qu'accroître l'intensité de nos sentiments. La colère peut être considérée comme auto-suffisante - il se nourrit de lui-même et se multiplie. De plus, lorsque nous utilisons l'agression d'exprimer sa colère, nous apportons des dommages irréversibles à nous-mêmes et les gens autour de nous.

La majorité d'entre nous ont un défi à gérer leur colère et d'autres émotions négatives intenses. Fait intéressant, la colère est une des émotions que les hommes considèrent comme « acceptable » à l'affichage. La société a enseigné aux hommes qu'il est faux de montrer la faiblesse et tous les problèmes difficiles peuvent être résolus par la violence. En bout de ligne, un homme ne doit pas accepter facilement la défaite. Plus intéressant, les hommes ne prennent pas toujours la colère bien quand quelqu'un d'autre affiche vers eux.

Bien que les hommes sont autorisés par la société pour afficher leur colère, les femmes ne sont pas. Dans la plupart des cultures, les femmes sont obligées de cacher leur colère. En fait, ils deviennent si bons à cacher leur colère; il devient une partie naturelle d'entre eux. Tout simplement parce que la colère est si forte et négative lorsqu'elle est exprimée de manière irrationnelle, beaucoup de gens craignent, par conséquent, créer des tabous sur l'écran ouvert de la colère. Peut-être que vous pouvez rappeler un moment au cours de votre enfance quand quelqu'un (peut-être vous ou une autre personne) tente d'exprimer leur colère en martelant le sol autour de la maison alors que quelqu'un leur a ordonné de cesser d'être enfantin.

Peut-être que vous pouvez vous rappeler quelqu'un qui a essayé de partager ses sentiments / ses de colère avec maman et à la place, il / elle se conserve. La triste réalité est, dans de telles conditions défavorables, personne ne apprend comment exprimer ou gérer la colère de façon appropriée. Tout ce que nous apprenons est de savoir comment cacher, supprimer ou ignorer la colère, et dans les cas extrêmes, on le jette sur une autre personne. C'est le même stade où nous apprenons à blâmer quelqu'un d'autre pour nos sentiments.

Des études ont révélé que si une personne est en mesure d'identifier et d'émotions de l'étiquette d'une manière correcte, et aussi parler d'eux d'une manière avant droit au point de se sentir compris; il est plus facile pour lui / elle de faire des sentiments négatifs dissipent. Par conséquent, le Susciter psychologique qui se produisent de tels sentiments disparaissent également de façon spectaculaire.

Toutefois, lorsque la société est incapable de regarder la colère de manière constructive ainsi la jugeant totalement inacceptable, les gens restent dans un état d'excitation émotionnelle parce qu'ils ne peuvent pas étiqueter ce qu'ils ressentent comme la colère. Nous devenons incapables de faire attention aux choses qui se passent autour de nous. De plus, nous ne pouvons pas exprimer de manière constructive la colère.

Le refus nous rend incapables de comprendre et réguler notre comportement parce que nous rester concentré sur l'état émotionnel intérieur. En fait, nous avons tendance à l'expérience de l'excitation physique excessive dans des situations où les émotions négatives sont impliqués. Cependant, à cause des tabous, nous ne montrons pas de signes extérieurs de colère ou d'une réponse émotionnelle négative. Imaginez à quel point la confusion qui est un ami ou un conjoint. Il est aussi source de confusion pour nous.

Dans certains cas, cependant, nous éprouvons un sentiment de soulagement après l'ouverture et le partage avec quelqu'un de notre colère et de sa cause. Les psychologues disent que ce genre de soulagement intense est connu parce que, au lieu de ventilation ou de nous exprimer de façon non constructive, nous reconnaissons les circonstances qui ont conduit à notre état émotionnel et travailler de manière constructive en vue de trouver une solution.

Et que les points de positivité à l'égard des avantages de la colère. Il agit comme un facteur de motivation pour nous de changer. La colère nous encourage à parler des choses qui nous tracasse et trouver des solutions.

Mais le bien et le mal de colère est dans la façon dont nous nous exprimons. Comme la colère nous pousse à l'action sur les choses bouleversantes, elle aussi nous pousse à réagir de manière excessive. La première chose que nous devons nous assurer est que nous prolongeons notre fusible de colère - nous ne devons pas réagir à chaque petite chose de dérangeant - au contraire, nous pouvons penser que notre voie à une solution viable.

Certaines des façons dont vous pouvez utiliser pour rallonger votre fusible de la colère comprennent;

Prenez trois respirations profondes.

Au niveau le plus élémentaire, la colère se accumule la tension dans le corps. Respirer profondément et exhalant contribuera à apaiser les tensions et réduire par conséquent votre colère.

Changer votre environnement

La colère peut être un piège et plus vous restez dans une situation qui vous contrarie, plus vous êtes susceptible d'agir sur irrationnellement. Ainsi, le plus rapide et le plus efficace de vous découpler de la source permanente de colère est à pied. Au moins une pause de cinq minutes de la scène et obtenir un peu d'air frais. Si vous êtes coincé dans le trafic, faire une évasion mentale en chantant en haut de vos poumons ou de mettre la radio.

Connaître la cause de votre colère.

En utilisant le journal de la colère, traquer les événements, les choses et les gens que la colère de déclenchement. Normalement, la colère est un masque pour nos peurs les plus profondes. Par conséquent, regarder au-delà de la surface - ce profond et peurs cachées vous font juste en colère maintenant.

Lâchez ce que vous ne pouvez pas contrôler.

Comme vous cherchez des façons de gérer votre colère, sachez que la seule chose que vous êtes réellement capable de changer vous-même. Il n'est pas sur vous de contrôler la façon dont les gens agissent d'autres, mais comment vous réagissez à eux est tout à fait votre choix. Se mettre en colère ne résout pas la situation et, en fait, il vous fera sentir encore plus mal. Si quelqu'un garde déclenche votre colère, marcher loin d'eux. Si la marche est loin pas une solution plausible, brainstorming pour d'autres possibilités.

exprimes tes sentiments

Comme vous partagez comment vous vous sentez, assurez-vous d'utiliser un ton mesuré et penser d'abord. Utilisez les bons mots qui ne sont pas émotionnellement chargés. Assurez-vous que vous communiquez de manière non conflictuelle mais ferme. Déclarez que vous êtes en colère, expliquer votre raison et essayer de trouver une solution.

Soit prudent

Exprimant comment vous vous sentez d'une manière constructive et appropriée est une bonne chose. Cependant, vous devez regarder pour des situations dangereuses. Par exemple, si vous avez un partenaire jaloux ou abusif, le partage d'éviter avec lui / elle. Au lieu de cela, ta ventilation ami ou une personne de confiance. Vous trouverez peut-être une solution à votre problème d'une manière que vous ne l'imaginiez.

Soyez sûr d'exprimer vos sentiments et éviter l'agression

Assertivité vous oblige à parler d'une manière non-violente mais efficace. Parfois, vous devrez peut-être répéter votre réponse avant de le livrer à l'autre personne.

Faire des déclarations positives

Vous pourriez avoir à internaliser certaines déclarations positives que vous chantez pour vous lorsqu'il est en colère. Ces déclarations serviront de rappel que vous êtes responsable de votre propre comportement. Dire les déclarations à vous aussi vous acheter un certain temps pour réfléchir avant d'agir. Ils vous protègent des réactions épidermiques. Par exemple, vous pouvez dire: « Je peux prendre soin de mes besoins. » « Les besoins des autres sont aussi importants que le mien. » « Je suis capable de faire de bons choix. »

Peu importe si vous exprimer ou réprimer la colère, cette émotion peut vous rendre malade.

la colère incontrôlées est une émotion qui a des effets physiques indésirables. Quand nous sommes en colère, notre corps libèrent normalement des hormones de cortisol et d'adrénaline. Ce sont les mêmes hormones libérées lorsque nous subissons un stress. Lorsque ces hormones sont libérées, notre pression pouls, le sang, les taux de respiration et la température du corps peut augmenter, et dans les cas extrêmes, à des niveaux potentiellement dangereux. Les réactions chimiques et hormonales qui ont lieu quand nous sommes stressés sont conçus pour nous donner la puissance instantanée et un regain d'énergie pour permettre à la mode de combat ou vol. Cela signifie que l'esprit et le corps sont activés pour courir ou se défendre du danger.

Cependant, les personnes ayant des problèmes de gestion de la colère (se souvent en colère) peuvent tomber malades à cause des réactions physiques non réglementées. Tout comme le stress non géré à gauche, la colère aussi peut rendre une personne malade. En fait, notre corps n'ont pas la capacité de gérer des niveaux excessifs de cortisol et d'adrénaline, surtout si ces hormones et de produits chimiques sont constamment libérés. Certains des problèmes qui peuvent se produire en raison de la colère régulière se produisant sur de longues périodes comprennent;

- Les problèmes de sommeil

- Problèmes dermatologiques
- Problèmes avec la digestion,
- Douleurs plus dans le dos et la tête,
- Le seuil de la douleur réduite,
- Une pression artérielle élevée qui pourrait conduire à un arrêt cardiaque et accident vasculaire cérébral
- immunité altérée,

La colère peut aussi conduire à des problèmes psychologiques, y compris;

- La dépression
- Alcoolisme
- Automutilation
- Abus de substance
- Troubles de l'alimentation
- Réduction de la confiance en soi

Certaines des choses clés que vous devez noter à propos de la colère être malsain pour vous;

la colère chronique augmentera vos chances d'obtenir un accident vasculaire cérébral ou une crise cardiaque. Il sera également affaiblir votre système immunitaire de.

Les meilleures façons de faire face à la colère comprennent immédiatement prendre des respirations profondes et la marche loin.

À long terme, la colère peut être géré en identifiant ses déclencheurs, en changeant vos réactions et demander de l'aide professionnelle.

La colère peut être bon quand il est exprimé d'une manière saine et adressée rapidement. En fait, dans certaines circonstances, la colère peut aider à penser rationnellement. Cependant, la colère malsaine va faire des ravages dans votre corps et aussi pour les gens autour de vous. Lorsque vous maintenez la colère pour de longues périodes, il va exploser dans une rage pleine. Si y ont des épisodes malsains de colère ou sont sujettes à perdre votre colère tout aussi souvent, ci-dessous quelques-unes des raisons pour lesquelles vous devriez apprendre la gestion de la colère.

explosions de colère mettre votre coeur en danger.

Les recherches ont révélé que des explosions de colère affectent la santé cardiaque d'une personne. Comment? En fait, dans les deux premières heures après une explosion, vos chances d'obtenir une crise cardiaque double. Cette recherche a été jugée plus vrai chez les hommes. La colère est dommageable physiquement.

Si vous ne parvenez pas à exprimer la colère d'une manière appropriée, il devient un poison de calme dans le corps. Peu à peu, la colère réprimées va exploser et pourrait vous conduire à une mort précoce. Les chercheurs ont constaté que les gens qui sont plus enclins à la colère (et que la colère fait partie de leur personnalité) sont à un risque plus élevé de maladie coronarienne par rapport à ceux qui sont moins en colère.

Pour protéger votre ticker (coeur), il est important d'identifier et de répondre à vos émotions et plus encore la colère avant de sortir du contrôle. En fait, tout excès est toxique. Cependant, il est important de noter que la colère constructive n'est pas associée à des maladies cardiaques.

la colère implique que constructive dont vous parlez directement à la personne qui vous contrarie et l'identification d'une solution. Il est le genre de colère qui vous rend plus rationnelle.

La colère augmente vos chances d'obtenir un coup.

Si vous avez un défi de contrôler la colère et vous gardez prendre à des gens pour toute autre chose, méfiez-vous. Une étude a révélé que les personnes ayant des problèmes de gestion de la colère sont trois fois plus grand risque d'avoir un accident vasculaire cérébral. Comment? tu peux demander. Pendant les deux heures qui suivent une explosion de colère, il y a des chances d'obtenir un caillot de sang dans votre cerveau et des saignements dans le cerveau à la mort. Pour ceux qui ont un anévrisme dans une ou plusieurs des artères du cerveau, il y a une plus grande chance six fois de rompre après une explosion.

Les bonnes nouvelles sont que l'on peut apprendre à contrôler ces explosions. Tout d'abord, identifier vos déclencheurs, puis apprendre comment modifier vos réponses. Au lieu de laisser le contrôle de votre colère vous, faites quelques exercices, changer votre environnement, utiliser les compétences de communication assertive, apprendre d'autres compétences de gestion de la colère pour rester en charge.

La colère affaiblit votre système immunitaire de

Si vous êtes en colère tout le temps, vous avez sans doute remarqué que vous tombez malade souvent. L'état confus de votre corps qui se produit lorsque vous êtes en colère avec les interfère niveaux de l'immunoglobuline anticorps A. Ce sont les cellules du corps première ligne de défense contre les maladies et les problèmes de colère les baisser pendant au moins six heures après une explosion. Si vous êtes habituellement en colère et garder de perdre le contrôle, protéger votre système immunitaire grâce à plusieurs stratégies d'adaptation, y compris la résolution efficace des problèmes, la communication assertive, grâce à la restructuration et de l'humour. Vous avez besoin de sortir de la mentalité noir et blanc et être plus ouvert aux opinions des autres. Rappelez-vous que d'accord avec l'opinion d'une autre personne ne vous fait pas perdre. Laisser une autre personne a sa / son chemin ne vous rend pas faible. D'une manière ou d'une autre,

problèmes de colère font une personne anxieuse.

Le manque de contrôle vous fait inquiet si vous ne pouvez pas remarquer. La colère et l'anxiété vont de pair. Une étude menée en 2012 a révélé que la colère peut aggraver les symptômes du trouble d'anxiété généralisée. Cette condition se caractérise par une inquiétude incontrôlable et excessive qui interrompt la vie normale d'une personne. Les personnes atteintes de GAD ont été trouvés à des niveaux plus élevés de colère et aussi l'hostilité. Cette colère a été la plupart du temps intériorisé et non exprimée contribuant ainsi davantage à la gravité du problème d'anxiété.

La colère a également été liée à la dépression.

La colère, l'agressivité et la dépression sont reliés. Selon de nombreuses études, ces trois états sont reliés entre eux en particulier chez les hommes. La plupart des gens souffrant de dépression ont la colère passive - qui est une forme de colère par laquelle une personne rumine sur la question à la main, mais l'action prend à peine. Le plus gros problème avec ce genre de colère est qu'il tire la personne plus profondément dans le cycle de la dépression. Les psychologues conseillent que quand on est aux prises avec la dépression, il devrait être occupé afin d'éviter de trop penser à des choses.

Toute activité qui obtient est conseillé votre esprit la colère des choses de brassage. Impliquez-vous dans le vélo, le golf, la peinture, le chant, ou toute autre chose qui attire votre esprit loin de la colère. Ces activités ont tendance à remplir votre esprit et d'en tirer pour le moment présent. Il n'y a plus de place pour vous de brasser la colère une fois que votre esprit est occupé par d'autres choses.

La colère peut nuire à vos poumons.

Si vous pensiez que le tabagisme est la seule mauvaise pratique qui pourrait nuire à vos poumons, voici quelques nouvelles. Être perpétuellement en colère peut nuire à vos poumons. La colère mène à l'hostilité qui à son tour affecte la capacité de vos poumons. Une recherche menée par des scientifiques de l'Université de Harvard sur huit ans sur la colère et ses effets constaté que les gens avec colère chronique et des taux élevés d'hostilité avaient une capacité pulmonaire plus faible par rapport aux autres. Les hommes avec la note de l'hostilité la plus élevée avaient une capacité pulmonaire plus faible., Ils étaient par conséquent à risque de développer des problèmes respiratoires. Les scientifiques ont émis l'hypothèse qu'une augmentation des hormones de stress associée à des sentiments de colère crée dans les voies respiratoires des inflammations.

La vie de la colère.

Comme dit le proverbe, les gens heureux vivent plus longtemps. Le stress est directement relié à la santé générale. Le stress et la colère interférer avec votre vie. Une recherche menée par l'Université du Michigan a révélé que les personnes qui se sont agrippés colère depuis longtemps ont une durée de vie plus courte que ceux qui expriment leurs sentiments de manière constructive.

Si vous êtes une personne qui est mal à l'aise d'exprimer ses émotions, la pratique comment partager vos sentiments de façon constructive. Si vous travaillez sur votre propre ne semble pas fonctionner, demander de l'aide d'un thérapeute. Une saine expression de la colère est en fait très bénéfique. Si une personne porte atteinte à vos droits que vous avez toutes les raisons de leur dire qu'ils ont tort. Assurez-vous de dire aux gens exactement comment vous vous sentez et ce que vous avez besoin d'une manière ferme et respectueuse.

Chapitre 10

Tout à propos Emotions

Les sentiments et les émotions sont étroitement reliés entre eux, qui n'a pas besoin d'être discuté. Ce qui est intégré dans ces concepts, qui comparaisons entre eux? Les tentatives visant à établir une distinction entre les concepts de « sentiment » et « émotion » ont été faites depuis longtemps. Même W. McDougall a écrit que les termes « émotion » et « sentiments » sont acceptés avec une grande incertitude et de confusion, ce qui correspond à l'incertitude et de la diversité d'opinions sur la base, les conditions d'apparition, et les fonctions des processus dans lesquels ces termes se rapportent . Les érudits modernes qui considèrent les comparaisons des sentiments et des émotions peuvent être divisés en quatre groupes. Le premier groupe identifie des sentiments et des émotions ou donne le sentiment la même définition que d'autres psychologues donnent des émotions; la seconde est d'avis que les sentiments sont un type d'émotion (phénomènes émotionnels); le troisième groupe définit comme un sentiment concept générique qui combine différents types d'émotions comme des formes d'éprouver des sentiments (émotions, affects, les humeurs, les passions, et son propre sentiment); le quatrième - sentiments et émotions Délimite.

Tout cela conduit au fait qu'il n'y a pas seulement une confusion terminologique, mais aussi une confusion continue dans la description d'un phénomène particulier.

Les sentiments sont comme les émotions. V. Wundt, la distinction entre les éléments objectifs et subjectifs de la sensation, l'ancien désigné comme un simple sentiment, et celui-ci comme de simples sentiments. Cependant, les caractéristiques de ce dernier indiquent que nous parlons d'expériences émotionnelles, des émotions, pas de sentiments. Malgré cela, les expériences émotionnelles ont commencé à être désignés comme des sentiments, en les divisant en simples (ci-dessous) et complexe (ci-dessus). Pour de nombreux psychologues, le concept de « émotions » et « sentiments » sont synonymes.

Parfois, ils parlent d'émotions en situation, en essayant de cette façon de les séparer des émotions plus élevées, appelées sentiments. Ceci est probablement inutile parce que les émotions sont toujours la situation. Souvent, les émotions sont appelés sentiments, et vice versa, les sentiments sont appelés émotions même par les scientifiques qui, en principe, la distinction entre eux.

Dans un manuel américain, W. Quinn dit: « Les émotions sont au monde, connu comme la satisfaction ou l'insatisfaction des besoins l'attitude subjective d'une personne. Ces sentiments peuvent être agréables, désagréables et mixtes. Les gens éprouvent rarement pures émotions » et d'autres. Le P. allemand Kutter psychanalyste utilise dans le sens le plus large du mot « sentiment », y compris de se référer aux émotions.

OM Leontyev considère le sentiment d'une sous-classe spéciale des phénomènes émotionnels. Il distingue les sentiments des émotions par leur nature objective, qui se pose à la suite d'une généralisation spécifique des émotions associées à un objet spécifique. L'émergence de sentiments objectifs exprime la formation de relations affectives stables, une sorte de « constantes émotionnelles » entre une personne et un objet.

Dans les émotions des PO RUDYK comprennent les humeurs, affects, et inférieure et des sentiments plus élevés. Ci-dessous, les sentiments sont la satisfaction ou l'insatisfaction des besoins naturels, ainsi que des sentiments (sentiments) associée au bien-être (fatigue, léthargie, etc.). sentiments plus élevés surviennent dans le cadre de la satisfaction ou l'insatisfaction des besoins sociaux d'une personne.

Le scientifique a fait la distinction la plus nette entre les émotions et les sentiments. Il note que l'émotion est la situation, à savoir, exprime une attitude estimée à la situation existante ou future possible, ainsi que de ses activités dans la situation. Les sentiments ont un caractère (objet) « objective » clairement exprimé. Les sentiments sont une attitude émotionnelle constante. Essential et commentaires AN Leont'ev, que l'émotion et les sentiments ne coïncident pas toujours et même se contredisent (par exemple, un homme très aimé dans une certaine situation peut provoquer une émotion qui passe de mécontentement, la colère même).

Dans la littérature sur ce sujet, nous observons l'image opposée. Ils ont seulement la section « Les sentiments », qui parle de diverses formes d'éprouver des sentiments - humeurs, les émotions, les passions, et affecte, même leurs propres sentiments.

Cette opinion est partagée par GO Fortunato, qui classe les émotions comme un ton sensuel, les processus émotionnels et conditions (émotions en fait), affecte l'humeur, qui sert à exprimer les sentiments d'une personne. Si vous adhérez à cette définition, il faut reconnaître que les émotions n'existent pas sans sentiments. Ainsi, le sentiment, du point de vue des auteurs ci-dessus, est un concept générique pour les émotions.

OG Maklakow, compte tenu des sentiments comme l'un des types d'états émotionnels, les suit comme différencie:

Les émotions, en règle générale, ont le caractère d'une réaction d'orientation; qui est, ils véhiculent des informations primaires sur un ou l'excès de manque rien; par conséquent, ils sont souvent vagues et insuffisamment réalisé (par exemple, un vague sentiment de quoi). Les sentiments, au contraire, sont principalement objectifs et précis. Un tel phénomène comme « sentiment incompréhensible » parle de l'incertitude des sentiments, et l'auteur considère comme un processus de transition des sensations émotionnelles à des sentiments.

Les émotions sont plus associés aux processus biologiques et des sentiments - avec la sphère sociale.

Les émotions sont plus liés à la sphère de l'inconscient, et les sentiments sont représentés au maximum dans notre conscience.

Les émotions ne sont souvent pas une certaine manifestation extérieure, mais les sentiments font. Les émotions sont à court terme, et le sentiment est à long terme, ce qui reflète une attitude constante vers des objets spécifiques. Souvent, un sentiment est compris comme une généralisation spécifique des émotions vécues par une personne. Il peut vraiment arriver, mais seulement comme un cas isolé.

Les sentiments sont exprimés par certaines émotions, en fonction de la situation dans laquelle l'objet apparaît, à laquelle une certaine personne éprouve un sentiment. Par exemple, une mère, aimer son enfant, de faire l'expérience des émotions différentes au cours de sa séance d'examen, selon ce que sera le résultat des examens.

Quand l'enfant va à l'examen, la mère se sentira l'anxiété, et quand elle a fait état d'un examen avec succès, il est la joie, et si elle échoue, elle sera déçu, frustré, en colère. Ceci et des exemples similaires montrent que les émotions et les sentiments ne sont pas les mêmes. Par conséquent, il n'y a pas de correspondance directe entre les sentiments et les émotions: l'émotion elle-même peut exprimer des sentiments différents, et le même sentiment peut être exprimé dans différentes émotions.

Les sentiments comme une attitude émotionnelle stable par rapport à un objet significatif (attitude émotionnelle). Selon certains chercheurs, l'utilisation scientifique du terme « sentiments » devrait être limité aux cas d'une personne exprimant son positive ou négative, qui est, l'attitude évaluative à tout objet. Les sentiments sont l'attitude interne d'une personne expérimentée dans diverses formes de ce qui se passe dans sa vie, ce qu'elle sait ou fait « .

Une relation subjective a trois aspects qui composent son contenu ou de la structure: évaluative, expressif (émotionnel), et motivant.

L'aspect évaluatif de l'attitude est liée à se comparer et d'autres avec certains modèles, normes de comportement, et déterminer le niveau de réalisation.

Selon l'évaluation (bon-mauvais, bon-mauvais, bon-mauvais, honnête malhonnête, etc.) une personne a une certaine attitude au sujet de l'interaction (respect ou méprisant - à une personne, responsable ou irresponsable - à son travail, formation, etc.).

L'aspect expressif de l'attitude est associée à une personne qui vit son attitude à l'attitude de l'objet, en ce qui concerne l'évaluation des émotions. Par exemple, l'évaluation de son insolvabilité d'une personne détermine non seulement une attitude négative envers lui-même, mais aussi une expérience difficile dans cette relation.

L'aspect incitatif de l'attitude est exprimée, par exemple, dans les trains et les intérêts, qui se manifeste dans le désir de maîtriser l'objet que vous souhaitez, entrer en contact avec la personne qui est aimé, de se livrer à des activités que vous aimez.

Ces trois aspects de la relation ne sont pas dissociées de l'autre, bien que dans différents types de relations peuvent être exprimées à des degrés divers. La question se pose: y at-il toutes sortes de relations subjectives avec des sentiments (qui est, des relations affectives), ou faire des sentiments représentent leur classe spéciale? La réponse semble évidente: par définition, les relations subjectives sont biaisées, contiennent une composante émotionnelle; Par conséquent, ils sont tous les sentiments.

Cependant, le patron peut traiter le bien subordonné en tant que spécialiste, l'apprécier, compte tenu de son importance pour l'efficacité de la production qu'il contrôle, mais il ne peut éprouver des sentiments émotionnels pour lui, d'être complètement indifférent. Par conséquent, les relations subjectives sont possibles où la composante émotionnelle est absent. De là, les sentiments peuvent être considérés que cette attitude envers qui ou quoi, où l'indifférence de la personne se révèle être.

Contrairement à des émotions associées à des situations spécifiques qui se révèlent être « ici et maintenant », des sentiments dans les objets de la réalité réelle et imaginaire se distinguent par des objets qui ont une signification stable de motivation pour une personne. Cela signifie que la différence des émotions, qui reflètent les expériences à court terme, le sentiment est de longue durée et peuvent rester pour la vie.

Il est également important que les sentiments que des formations stables peuvent être à la fois à l'air libre et potentiel, sous forme cachée). Durée et secret est un état de caractérisation des attitudes psychologiques. Par conséquent, une longue et caché attitude positive ou négative envers quelqu'un ou ce qui est une attitude émotionnelle, un programme de réponse émotionnelle à un objet spécifique lorsqu'elle est perçue et présentée dans certaines situations de la vie.

Les sentiments ne sont pas reflétées de façon continue dans les émotions et à ce moment ne peut pas apparaître dans une expérience concrète spécifique. Par conséquent, la comparaison entre l'émotion et le sentiment est le même que la relation entre les motifs (« ici et maintenant ») et les attitudes de motivation, qui sont stockés et mis à jour à plusieurs reprises lors de l'apparition de situations qui sont adéquates pour eux. Par conséquent, contrairement aux émotions, qui ont une nature à court terme de la réaction à une situation, les sentiments expriment la relation à long terme d'une personne à un objet.

Ce même sentiment peut être exprimé par diverses émotions, en fonction de la situation dans laquelle l'objet tombe, qui a connu en ce qui concerne les sentiments. De plus, l'émotion elle-même peut « servir » avec un sentiment différent. Par exemple, vous pouvez vous réjouir de la réussite de votre bien-aimé et l'échec de la personne que vous détestez. La passion est généralement attribuée à des sentiments, mais ce n'est pas un type de sentiment, mais le degré de son expression. Vous pouvez l'amour avec passion, mais vous pouvez la haine avec passion.

Tout cela indique que la stabilité est pas toujours inhérente à des relations affectives - les relations particulièrement instables des enfants. Au cours d'une heure de jeu ensemble, les enfants peuvent se quereller et de faire la paix à plusieurs reprises. Chez les adultes, certaines relations émotionnelles peuvent être tout à fait stable, l'acquisition de formes de la rigidité des attitudes, des opinions conservatrices, ou d'exprimer la position fondamentale d'une personne.

Dans chaque personne dans le processus de son développement, un multi-niveaux complexe et multidimensionnel, et système dynamique des relations subjectives est formé. Plus le nombre d'objets dont une personne exprime son attitude, le plus large de ce système, le plus riche de la personnalité elle-même, plus, dans l'expression de E. Erickson, « le rayon des relations importantes. »

La diversité des relations ou la mesquinerie est étroitement liée à une autre caractéristique - la dérivabilité des relations. Par exemple, les élèves de l'école primaire sont généralement satisfaits de la leçon d'un certain sujet et ses différents aspects: les relations avec l'enseignant, le résultat obtenu, les conditions dans lesquelles les cours ont lieu, etc.

Leurs relations subjectives apparaissent souvent sous l'influence des événements aléatoires (j'ai aimé la première leçon, par conséquent, il est intéressant d'étudier ce sujet en général). Cette attitude positive généralisée indique le plus probablement l'immaturité des jeunes étudiants comme des individus, l'incapacité dans leurs évaluations de séparer un facteur d'un autre. Pour eux, la discipline peut être intéressant parce qu'ils aiment l'enseignant qui l'enseigne, ou vice-versa, l'enseignant, ne l'aiment parce qu'il est pas intéressant dans la leçon.

La généralisation des relations affectives survient lorsqu'une personne généralise les impressions émotionnelles et connaissances et est guidé par eux dans l'expression de son attitude à quoi. Par exemple, une attitude positive d'une personne envers l'éducation physique sera généralisée et stable, et la nécessité de participer à l'éducation physique deviendra sa conviction si elle comprend le rôle de toutes les activités d'éducation physique pour son développement et les apprécie régulièrement.

Subjectivité est caractéristique des sentiments puisque les mêmes phénomènes peuvent avoir des significations différentes pour différentes personnes. En outre, un certain nombre de sensations sont caractérisés par leur liaison; c'est le contenu profondément personnelle des expériences, leur secret. Lorsque vous partagez ces sentiments intimes avec un être cher, cela signifie qu'il ya une conversation cœur à cœur.

Les experts parlent aussi de la profondeur des sentiments, qui est associée à la stabilité et la force des sentiments.

Les sentiments reflètent l'essence sociale d'une personne et peut atteindre un grand degré de généralisation (l'amour de la patrie, la haine de l'ennemi, etc.).

Sur la base sur laquelle la sphère des phénomènes sociaux devient l'objet de sentiments plus élevés, ils sont divisés (par exemple, P. Rudik) en trois groupes: moraux, intellectuels et esthétiques;

La morale se réfère à un sentiment qu'une personne éprouve dans le cadre de la réalisation de conformité ou d'incohérence de son comportement avec les exigences de la morale publique. Ils reflètent un degré différent de l'attachement à certaines personnes, la nécessité de communiquer avec eux, leur attitude envers eux.

Les sentiments moraux positifs incluent un sentiment de bonne volonté, la pitié, la tendresse, la sympathie, l'amitié, la camaraderie, le collectivisme, le patriotisme, le devoir, etc. Les sentiments moraux négatifs comprennent un sens de l'individualisme, l'égoïsme, la haine, l'envie, la colère, la haine, la méchanceté, etc.

Intellectuelle sont des sentiments associés à l'activité cognitive d'une personne: la curiosité, la curiosité, la surprise, la joie dans la résolution d'un problème, un sentiment de clarté ou de surprise, un sentiment de confiance, le doute.

Dans cette liste, il est clair que nous parlons plus sur les émotions cognitives ou intellectuelles que sur les sentiments.

Esthétique fait référence à des sentiments associés à éprouver du plaisir ou de mécontentement, en raison de la beauté ou la laideur des objets perçus, ou des phénomènes naturels ou des œuvres d'art, ou des personnes, ainsi que leurs actions et actions.

Ceci est une bonne compréhension de la beauté, l'harmonie, sublime, tragique et comique. De tels sentiments sont réalisés à travers les émotions qui vont en intensité légère excitation à une profonde inquiétude, les émotions du plaisir de plaisir esthétique.

KK Platonov met également en évidence des sentiments pratiques, qui comprennent l'intérêt, l'ennui, la joie, le tourment de la créativité, la satisfaction à la réalisation d'un objectif; sensation de fatigue agréable, le dévouement, l'excitation.

Compte tenu de cette situation, il faut aborder l'évaluation des types de sentiments, qui seront discutés plus tard.

À l'heure actuelle, un grand nombre d'œuvres ont fait leur apparition sur les émotions et les sentiments, en particulier dans la littérature différente psychologique. Cependant, nous avons encore besoin de comprendre ce que les émotions impliquent. James « Qu'est-ce qu'une émotion? »

Cela demeure pertinent pour les psychologues et physiologistes. Au cours des décennies récentes, il y a eu une tendance à une étude empirique des réactions émotionnelles individuelles sans tentatives d'une compréhension théorique d'entre eux, et parfois même à un rejet fondamental de cette.

Ainsi, B. Rime écrit que l'état actuel de l'étude des émotions est dispersée la connaissance, ne convient pas pour résoudre les problèmes spécifiques. Les théories actuelles des émotions concernent principalement que des aspects particuliers du problème.

Sur la base on croit que les difficultés qui se posent lors de l'étude de ce problème s'explique principalement par le fait que les émotions sont considérées sans les différencier clairement diverses sous-classes qui diffèrent à la fois génétiquement et fonctionnellement.

Il est tout à fait évident que, par exemple, une explosion soudaine de colère a une autre nature que, disons, un sentiment d'amour pour la mère patrie, et qu'ils ne forment pas continuum. Différentes théories sont le plus souvent incompatibles entre eux et embrouiller le lecteur parce que chaque auteur tente de définir des concepts et des phénomènes pertinents à leur manière, un peu plus évidentes que d'autres. En outre, les termes « touchent », « émotion », « Les sentiments » sont souvent utilisés de façon interchangeable, ce qui ne correspond pas à la notion de clarté des affects. "En outre, les qualités morales, l'estime de soi, les sentiments sont souvent pris pour des sentiments.

Malgré un grand nombre de publications sur les problèmes d'émotions, même dans les monographies des solides et des manuels pour les psychologues, de nombreux aspects de la sphère émotionnelle humaine, qui sont d'une grande importance pratique pour la pédagogie, la psychologie du travail et du sport, ne touchent même pas. En conséquence, le problème des émotions et des sentiments ne se présente pas au mieux.

Une question logique se pose, quelle est la composante sur la base duquel les émotions et les sentiments surgissent et manifeste? Un tel composant, à mon avis, est l'expérience.

De nombreux auteurs émotions associées avec des expériences parce que les émotions sont l'un des plus importants aspects des processus mentaux qui caractérisent l'expérience d'une personne de la réalité. Les émotions sont une expression intégrale de la tonalité altérée de l'activité neuropsychiques, qui se reflète dans tous les aspects du psychisme et le corps humain.

En outre, les émotions peuvent être considérées comme seules formes spécifiques de sentiments qui identifient les expériences et les attitudes. Par conséquent, les émotions sont des processus mentaux dont les expériences contenu, l'attitude d'une personne à certains phénomènes de la réalité qui l'entoure.

Il peut également être vu dans une autre perspective que les expériences élémentaires découlant d'une personne sous l'influence de l'état général du corps et le processus de la satisfaction des besoins réels. Malgré les différents points de vue que les psychologues utilisent pour définir les émotions, leur essence est soit en un seul mot - expériences ou deux - expériences de relations.

, Plus souvent si les émotions sont définies comme les expériences d'une personne à ce moment de son attitude à l'égard de quelque chose ou à qui (à une situation existante ou future, à d'autres personnes, à lui-même, etc.). Cependant, les définitions qui donnent l'expérience sont formelles et controversées. Par exemple LS Vygotsky défini des expériences comme une unité intégrale particulière de la conscience; KK Platonov - comme le plus simple de tous est un phénomène subjectif, comme une forme mentale d'affichage, qui est l'un des trois attributs de la conscience; F.Є. Vasilyuk est comme tout état coloré avec émotion et le phénomène de la réalité qui est représenté directement dans son esprit et est pour lui un événement de sa propre vie. En même temps, cet auteur estime qu'il est possible d'utiliser dans le titre de son livre le concept d ' « expérience » dans le sens de « l'expérience,

Et cela, à son tour, embrouille davantage la compréhension de l'essence de ce terme. RS Nemtsov estime que l'expérience est des sentiments qui sont accompagnés d'émotions. MI Dyachenko et LO Kandibovich définit expériences en tant que l'état émotionnel significatif en raison d'un événement objectif important ou des souvenirs d'épisodes d'une vie antérieure.

LM Le Wecker d'expérience est une réflexion directe par le sujet lui-même de ses propres états et non le reflet des propriétés et des relations d'objets d'émotion externes. La dernière est la connaissance.

Nous croyons que les expériences sont un médium spécial intérieur avec un potentiel différent psycho-dynamique et un signe qui détermine l'efficacité du fonctionnement de tous les sous-systèmes de la psyché.

Ainsi, l'émotion est l'expérience d'une personne de la valeur de la situation ou effective des objets et des phénomènes du passé, présent ou futur. Leur potentiel psycho-énergétique, contrairement aux sentiments, résultant, peut augmenter rapidement, puis tout aussi facilement entrer dans une autre psychique. Alors que le sentiment de l'expérience d'une personne est essentielle à la signification des objets et des phénomènes. Les sentiments se développent progressivement. Leur potentiel psycho-énergétique, à la différence des émotions, est dans la psyché pendant un temps relativement long et même toute leur vie (patriotisme, l'amitié, l'amour, la fierté, la dignité, la jalousie, etc.). Les sentiments - c'est un tel psychique interne qui est constamment présent dans la psyché humaine, directement et indirectement, affecte son comportement et l'activité. En fait, les expériences sont la base de toute émotion et le sentiment.

Chapitre 11

Le pardon

Le pardon agit comme un baume apaisant sur les plaies ouvertes, émotionnelles; cela est vrai pour vous pardonner et d'autres. Si vous tenez à une rancune contre quelqu'un, vous ne vous brûler dans le processus.

Chaque fois que vous pensez de la façon dont quelqu'un vous a fait du tort, vous vous sentirez plus mal. De même, si vous pensez constamment de vos erreurs et les échecs que vous a apporté la douleur, vous n'obtiendrez plus bouleversé avec vous-même. Cette frustration se transforme progressivement en colère. Pour améliorer cela, pardonnez-vous et d'autres. Oubliez les mauvaises expériences, apprendre d'eux, et passer à autre chose.

Une fois par semaine, prendre 10 à 20 minutes pour réfléchir à tout ce que vous font mal à ce jour sur vous-même, les échecs, les erreurs et les mauvaises expériences dans la vie. Ecrire sur l'expérience, de vous-même ou simplement penser et revenir en arrière une mauvaise mémoire à un moment qui vous rend malheureux avec vous-même et déclenche votre colère. Il pourrait être comment vous étiez dans un accident de voiture il y a quelques années parce que vous étiez en état d'ébriété, ou comment vous continuez à subir des pertes dans votre entreprise. Quelle que soit votre raison en est, pensez, et créer une image mentale de celui-ci.

Imaginez l'image devient plus grand que vous vous sentez plus en colère avec vous-même et quand vous sentez votre colère atteint son apogée, imaginez en utilisant une aiguille épineuse pour éclater la grosse bulle. Comme il éclate, imaginer toute votre colère mouvement de votre corps. Prenez de grandes respirations et expirez plus que vous le faites. En même temps, à plusieurs reprises le chant, « Je me pardonne et je suis prêt à passer » dans votre esprit ou à haute voix. Pour ce faire, au moins une fois par semaine et vous commencerez à sentir plus paisible.

Essayez de ne pas penser à votre passé ou des souvenirs douloureux souvent, si elles se rapportent à vous ou quelqu'un d'autre. Chaque fois que votre esprit vagabonde de la pensée et vous rappeler une mauvaise expérience qui déclenche votre colère, se présente en impliquant plus vous dans la tâche actuelle. Si vous faites cuire un repas, faites attention aux ingrédients que vous mettez dans le wok. Si vous regardez un film, observer de près ce qui se passe sur la scène. Chaque fois que vous vous souvenez d'une expérience douloureuse, secouer la tête et dire: « Je suis concentré sur le présent » à haute voix.

Vous devez également pardonner tous ceux qui ont fait du tort que vous intentionnellement ou non, et de faire la paix avec la mauvaise expérience globale. Vous devez comprendre deux choses importantes. Tout d'abord, accepter que tout ce que l'autre personne que vous ne gauche endolori et bouleversé, peut-être qu'il ou elle avait une raison logique de se comporter de cette façon. La personne a le droit de faire tout ce qui sent bon pour lui, ce qui est quelque chose que vous ne contrôlez pas.

En second lieu, accepter le fait que tout ce qui est arrivé est arrivé et vous ne pouvez pas revenir en arrière dans le temps de le changer, peu importe à quel point vous souhaitez que vous pourriez. Au lieu de tenir sur rancunes et bouillonnante de colère pour elle, pardonner et passer à autre chose. Vous pouvez le faire de deux façons: vous pouvez pardonner à quelqu'un dans la pensée, ou vous pouvez réellement faire face à la personne de l'expérience, faites-lui savoir que vous êtes prêt à passer à autre chose et même si possible câlin. Toutefois, si cette personne ne fait plus partie de votre vie, il est préférable de laisser aller de ce mal.

Essayez la même technique que vous avez appliqué lorsque vous pardonnant au moins pendant 5 minutes par jour; vous êtes susceptible de se sentir moins mal à l'expérience globale et par personne.

Quant à pardonner quelqu'un en personne, essayer d'atteindre à la personne; planifier une réunion et de parler à la personne de l'expérience. Le cas échéant, accepter les erreurs que vous avez commis, mais ne pas forcer la personne à faire la même chose. Dites à la personne que vous êtes prêt à changer et que si elle veut être une partie de votre vie, vous serez heureux de l'accueillir ou elle. Dites ce dernier que si vous voulez vraiment de rester en contact avec cette personne.

Faire le pardon une constante dans votre vie de routine afin que vous puissiez commencer lentement et vous pardonner aux autres l'instant vous vous sentez mal. En même temps, assurez-vous d'identifier vos points clés et les leçons d'une mauvaise expérience afin que vous ne faites pas les mêmes erreurs. Cela vous aide à améliorer; l'amélioration de soi est une bonne façon de réduire votre colère.

Niché dans la nature de la colère et le ressentiment particulier est le dilemme du pardon. Beaucoup de gens luttent avec le pardon parce qu'ils croient qu'il est un événement, un binaire de « je te pardonne » ou « Je ne te pardonne pas. » De nombreux maîtres spirituels anciens et modernes, y compris les enseignants de la pleine conscience, ont vanté l'importance du pardon dans la guérison de la colère, à la fois à long et à court terme.

Pleine conscience nous aide à voir le pardon sur un continuum, comme un processus plutôt qu'un événement. Le pardon peut être quelque chose que nous devons avoir pour nous-mêmes, pour les autres, ou pour les deux. Souvent, le cycle de la colère implique notre prendre sur d'autres pour le faire,, entraînant la colère nous-mêmes, puis en le prenant sur d'autres à cause de cette douleur suivie... encore une fois, vous obtenez l'image. Le pardon peut être appliqué à tout moment au cours de ce cycle. Alors, où vous commencez n'a pas d'importance, que ce soi-pardon ou le pardon de l'autre. La chose importante est que nous développons la volonté d'envisager la possibilité du pardon.

Comme pour l'exercice précédent sur le lâcher de ressentiments, nous pouvons commencer à petite échelle. Nous ne devons pas pardonner le pire des pires dans un réflexe et peut-être de façon superficielle pour faire le travail. Nous avons simplement besoin de comprendre que même de petites pensées et les actes de changement pardon la direction de nos pensées et nos intentions à l'avenir. Si je suis capable de me pardonner ou d'une autre, je suis maintenant engagé au moins pour le moment de penser et d'agir différemment par rapport à la douleur. Je peux utiliser tout ce que je sais de ma propre douleur pour comprendre peut-être la douleur de la personne qui a agi d'une manière qui m'a fait sentir en colère. Et je peux appuyer pour cette même compréhension de notre humanité commune de me pardonner d'agir en colère à d'autres. Il est humain. Je suis dans un processus. Et je peux me pardonner aussi bien que d'autres, peu à peu, à chaque instant. Heures supplémentaires,

Chapitre 12

Conseils utiles pour améliorer votre style de vie

Vous pensez peut-être à vous-même que c'est vraiment des choses difficiles. Je comprends que vous venez. Vous êtes, après tout, vous reprogrammer. Pendant tant d'années, certains stimuli déclenchés certaines réactions de votre part. Il est arrivé jour après jour. Semaine après semaine. Mois après mois. Année après année. Plus vous le répète, plus les liens deviennent. Il est comme si vous avez affaire à quelque chose qui est juste dans votre personnalité câblé.

J'ai des nouvelles pour vous. Il n'y a pas besoin pour vous de vous battre avec des attentes irréalistes. Laissez-vous de ne pas attendre les résultats au jour le jour. Ce qui est important est ici pour tester simplement en permanence ces techniques. Constamment les utiliser. vous retrouver dans certaines situations où les émotions négatives sont juste sous la surface. Testez. Si vous ne pensez vous trouvez pas dans ces situations, des souvenirs désagréables que vous déclenchent habituellement.

Tout ce que vous devez faire, constamment tester ces matériaux. Plus vous testez, plus vous obtenez. Pourquoi? Vous apprendrez comment adapter ces techniques à la façon dont vous traitez en réalité des choses. Rappelez-vous, tout le monde est différent. Nous venons tous d'horizons différents ou modes de vie et nous avons tous des expériences différentes. Ces différences peuvent ajouter jusqu'à un peu.

Vous devez regarder votre ensemble de circonstances et de la façon dont vous traitez normalement avec les choses et brancher les informations que je vous ai enseigné. Cela ne va se passer si vous vous trouvez dans une situation où vous allez devoir les utiliser. En d'autres termes, vous vous tester. vous tester en permanence et vous obtiendrez de mieux en mieux.

Pour Accélérez vos résultats, vous devez tenir un journal. Vous n'êtes pas seulement garder les signets mentaux de l'endroit où vous êtes. Vous n'êtes pas seulement faire une sorte de notation mentale. Au lieu de cela, vous pouvez voir, en fonction de certains stimuli, vous serez en mesure de voir les points à améliorer et surtout, vous serez en mesure de comprendre que vous faites des progrès. Il est certainement facile de pomper quand vous voyez que vous avez parcouru un long chemin d'où vous avez commencé. C'est une bonne nouvelle. Laissez-vous d'être motivés par ces bonnes nouvelles.

Chapitre 13

hacks style de vie qui peuvent améliorer votre colère et plus

1. Rechercher dans les causes sous-jacentes possibles - Vous ne pouvez pas commencer à contrôler votre colère jusqu'à ce que vous savez où il vient. Vous avez besoin de regarder en vous-même et de découvrir si votre colère est vraiment la colère, ou si elle est un masque ou sparadrap pour une émotion cachée qui est beaucoup plus difficile à gérer.

Que votre colère Clues peut être quelque chose de plus:

Vous avez du mal à compromettre -Vous ne sont pas faciles à accepter un autre point de vue. Vous avez peut-être été exposé à une situation en colère ou abusive où le plus bruyant personne a son chemin en étant exigeant et en colère.

Vous avez du mal à exprimer une émotion, mais la colère - Si vous vous vantez de toujours être en contrôle et dur et vous pensez que les émotions telles que la peur, la culpabilité et la honte signifient que vous laissez votre garde vers le bas, vous utilisez peut-être la colère comme une couverture. Tout le monde a ces émotions, il est « mauvais » pour en faire l'expérience.

D'autres points de vue et opinions de défis sont comme pour vous - Si vous pensez que quelqu'un en désaccord avec vous est le même comme un défi personnel, votre colère peut être un problème sous-jacent couvre. Cela est généralement un signe d'avoir besoin d'être en contrôle de tout, un symptôme commun d'abus. Les enfants qui ont grandi dans des foyers où ils ont été témoins des problèmes de gestion de la colère aussi l'expérience de ce type de comportement.

2. Connaissez vos déclencheurs- Connaître les choses qui vous envoient dans vos épisodes de colère est la clé. De cette façon, vous pouvez les éviter si possible et apprendre à gérer ceux qui sont inévitables à votre propre rythme. Si vous connaissez déjà à l'avance qu'une certaine personne, lieu ou une chose tend à la colère de déclenchement, vous pouvez faire un plan d'action pour maintenir le calme chaque fois que vous devez affronter. Il est toujours préférable d'entrer dans une situation préparée.

3. Connaître la réaction à la colère de votre corps- Votre corps n'explose pas seulement en colère. Il y a en fait plusieurs signes physiques de la colère, puisque le corps subit un important changement hormonal et physiologique lorsque la réaction de lutte ou de fuite est déclenchée. La connaissance de ces signes peut vous aider à vous calmer avant que la situation devient hors de contrôle. Voici quelques signes à rechercher quand vous commencez à se mettre en colère.

- y thermique balayage de la colère une personne qui vit
- Maux d'estomac
- Serrant vos mains ou de la mâchoire
- Transpiration ou sentiment rincée
- respiration rapide
- Rythme cardiaque augmenté
- Mal de crâne
- Pacing
- difficulté à penser
- Raidir vos muscles surtout dans le dos et les épaules

4. Apprenez à rafraîchir-Une fois que vous devenez conscient de ce que sont vos déclencheurs et comment votre corps réagit physiquement à la colère, vous pouvez travailler sur des techniques pour se calmer. Voici quelques façons qui sont recommandées par de nombreux spécialistes de garder votre sang-froid dans une situation très stressante:

Mettre l'accent sur la façon dont votre corps se sent - Bien qu'il puisse sembler cela ne vous fera plus en colère, il fait bien souvent le contraire. Lorsque vous vous concentrez sur les effets de la colère est d'avoir sur votre corps, il donne vous quelque chose d'autre que ce que vous a mis en colère à penser.

Respiration profonde - Pour être un peu plus précis, la respiration par le nez et par la bouche. Cela a tout à fait un effet calmant. La raison derrière cela est un nerf qui est dans le passage nasal est déclenché tout en respirant par le nez. Il active une partie du cerveau qui favorise une sensation apaisante dans tout votre corps.

Exercice - Prendre une marche rapide autour du bloc, ou faire des redressements assis ou sautillements. Même la marche de l'escalier pendant quelques minutes. les rejets d'exercice non seulement la colère refoulée par l'activité physique, il libère aussi des endorphines qui rendent l'esprit et l'expérience du corps le sentiment de calme et de bonheur.

Art et musique - Les arts ont toujours été un excellent outil de thérapie. Essayez de regarder un spectacle ou votre film préféré. Écrire dans un journal ou un journal. La musique est toujours un excellent moyen de calmer la colère. Mettez vos morceaux préférés et imaginez votre endroit préféré. Mon truc préféré sur la musique a toujours été quand vous rapportez les paroles, vous savez que quelqu'un là-bas a été là où vous êtes et vous n'êtes pas seul.

comptage début - Cela peut paraître idiot, je sais, mais il a été prouvé au travail. Mise au point sur votre comptage et si ce que vous obtenez en colère plus, vaut la peine. Il fonctionne mieux si vous comptez en arrière, avec tous les bas du numéro, vous décomptage vers le calme complet. Basez votre numéro supérieur au niveau de la colère.

Chapitre 14

Gérer le stress

Il est incroyablement facile et fréquent que les gens se mettent enfin sur leur liste de priorités. Si vous avez un conjoint ou partenaire, les enfants, les amitiés à maintenir, des difficultés dans votre famille élargie, une carrière exigeante ou tout autre nombre de responsabilités dans votre vie, il est très possible que vous pouvez finir par vous mettre la dernière sur la liste des choses qui ont besoin pris en charge. Mais si vous ne prenez pas soin de vous-même, nous savons tous au fond que vous ne serez pas très bon à prendre soin de quelqu'un ou quelque chose d'autre. Pensez à cela comme une conférence de sécurité sur un avion. Lorsque les masques à oxygène tombent vers le bas, on nous dit toujours de mettre notre masque avant d'aider une autre personne, y compris nos enfants. Si vous ne prenez pas des mesures pour assurer que vous êtes fort et bien équipé pour faire face à vos propres problèmes, comment pouvez-vous attendre à être bon pour quelqu'un d'autre? Si vous vous permettez de devenir délabrée ou vous vous étirer trop mince, il est probable que vous finirez par atteindre un point de fondre vers le bas.

Il est extrêmement important que nous frappons un équilibre travail / jeu. Lorsque nous ne prenons pas soin de nous-mêmes, par la suite les choses vont venir à une tête. Notre travail en souffrira. Nous allons entrer dans des combats avec les gens que nous sommes proches. Nous pensons que nous travaillons en permanence contre la montre. Nous allons remplir chaque minute de chaque jour avec des choses que nous devons faire. Mais quand allons-nous faire les choses que nous voulons faire? Quand nous serons assez courageux pour le calendrier dans certains grand besoin « temps de moi »?

Nous devons être en mesure d'établir des priorités plus efficacement. Parce que vous laisser devenir courir vers le bas ne fera que rendre la gestion du stress plus difficile. Il faut se rappeler que la vie est pour la vie. En planifiant dans certains « temps de jeu » quelques fois par semaine, vous donnez à votre corps et l'esprit du temps de se libérer des choses qui vous immobilisant. Vous vous laissez souffler la vapeur, et vous vous donnez une chance d'alléger.

Les êtres humains ont un besoin fondamental pour jouer.

Cela signifie que prendre le temps d'avoir du plaisir doit être considéré comme une caractéristique obligatoire dans votre vie. Donc, quoi que ce soit que vous aimez faire, si vous aimez prendre des bains, sport, sorties entre amis, ou en lisant un bon livre, rappelez-vous tout au long de chaque semaine que ces choses sont tout aussi importants que le reste des choses sur votre liste de choses à faire. Ne laissez pas aller la semaine sans que le plaisir et la détente.

Placez l'attention voulue sur votre santé physique.

Il ne devrait pas grand choc de savoir que si votre santé physique est dans les toilettes, votre santé mentale est probablement bientôt suivre. Si nous mangeons beaucoup de sel, en sucre, les aliments gras, et ne reçoivent pas les éléments nutritifs dont notre corps a besoin, nous sommes évidemment plus susceptibles de devenir délabrée. Et ce qui se passe quand nous sommes trop faibles? Nos niveaux de stress augmentent parce que nous ne sommes pas dans la bonne position pour faire face à toutes les choses sur notre assiette métaphorique. De même, si nous ne recevons pas assez d'exercice, nous sommes non seulement nous faire du mal physique, mais nous aussi nous mourons de faim de l'un des plus grands points de vente pour soulager le stress. L'exercice - que ce soit travailler dur à la salle de gym ou tout simplement sortir sur de longues promenades avec le chien - aide la tension soulagent du corps et nous fournit d'importants endorphines et la sérotonine pour nous aider à maintenir une humeur stable et une attitude mentale positive.

Relever les défis physiques est un moyen fantastique pour augmenter votre estime de soi et votre motivation dans d'autres parties de la vie. Et devinez quoi d'autre, pour ceux d'entre vous qui lutte avec l'insomnie, des cadeaux d'exercice d'une opportunité pour vous de se fatiguer à. Obtenir beaucoup d'exercice ne doit jamais être sous-estimée en matière de santé et de la façon dont vous abordez les obstacles dans d'autres parties de la vie. En plus de tous les autres avantages, l'exercice peut également présenter une occasion de travailler à travers les choses dans votre tête et de mettre vos frustrations dans un forum physique; un endroit où vous pouvez brûler à travers ces choses pendant que vous brûlez des calories.

Pour être particulièrement bien à votre corps, nous savons tous que nous devons manger correctement. Cependant, il y a un problème qui se pose pour beaucoup d'entre nous quand nous pensons à « prendre soin » de notre santé. Je parle de la pression écrasante pour perdre du poids. Si nous allons sur un régime pour les mauvaises raisons, nous pourrions finir par nous faire plus de mal que de bien. Oui, il est extrêmement important de garder votre poids sous contrôle pour votre santé physique et votre image de soi; Cependant, la façon dont nous allons à perdre du poids est l'endroit où beaucoup d'entre nous sont conduits égarés. Pour beaucoup de gens, « régime » signifie en fait mourir de faim leur corps de nutriments essentiels. Et bien que vous pouvez regarder temporairement mieux, vous pourriez ne pas donner à votre corps tout ce qu'il a besoin pour fonctionner correctement. Ainsi, tout comme il est important de ne pas surcharger votre corps avec des aliments malsains,

Rappelez-vous que nous sommes tous différents et notre régime alimentaire devrait refléter. Si vous travaillez beaucoup, vous aurez besoin d'un supplément de protéines. Si vous rencontrez le sucre dans le sang, vous pouvez vous sentir fatigué, obtenir des épisodes répétitifs de maux de tête et des nausées, somnolence ou des étourdissements, et ont du mal à se concentrer ou prendre de mauvaises décisions. Cela pourrait signifier que vous serez mieux manger peu et souvent. Si votre vie est très exigeant sur l'esprit, vous aurez besoin d'augmenter la quantité des « aliments du cerveau » que vous consommez. Vous obtenez l'essentiel. L'accent mis sur votre santé physique est la chose la plus importante ici. Si vous n'êtes pas obtenir toutes les choses que votre corps a besoin, vous pouvez devenir court trempé ou l'expérience d'une période de faible humeur. Et bien sûr, si vous ne prenez pas soin de votre système immunitaire, vous pouvez venir très facilement vers le bas avec les rhumes récurrents et grippes. Si vous êtes quelqu'un qui obtient les boutons de fièvre, vous saurez que lorsque vous ne prenez pas soin de vous-même et vos niveaux de stress sont surface élevée, vous êtes susceptible de voir un (ou plus). Le stress et la santé physique sont très étroitement liés.

Prenez le temps d'être tranquille.

Il est difficile d'exprimer à quel point il est important d'obtenir le temps calme dans notre vie. Mais nous pouvons commencer en pensant simplement à ce que la vie était comme avant l'Internet. Avant, nous avions des téléphones mobiles et les médias sociaux, nos vies étaient beaucoup plus privé. Nous avons passé notre temps libre rencontrer des amis, lire des livres, et d'obtenir en plein air. La vie était plus calme à l'époque. Nous avons travaillé des heures plus courtes et a passé plus de temps avec nos familles. Nous avons eu le temps seul.

Le temps sans être joignables, le temps de penser, et de temps pour se détendre. Malheureusement, nous ne pouvons pas revenir en arrière dans le temps et la plupart d'entre nous ne pourrait jamais vivre sans notre téléphone mobile et Wi-Fi. Mais notre nécessité pour le temps calme n'a pas changé simplement parce que notre mode de vie a. Sans prendre le temps de calme suffisant, nous pouvons commencer à se sentir indisposé, frazzled, aggravé, frustré et épuisé. La chose est, nous sommes devenus tellement habitués au bruit que réduire au silence, il peut se sentir un peu déroutante. Si vous êtes habitué à vivre une vie trépidant, l'idée de vous asseoir et d'être calme pourrait effectivement sembler un peu d'enfer, car comment allez-vous être en mesure de se détendre quand vous avez tant à faire? Mais dans le temps, vous verrez que plus le temps calme que vous prenez, plus vous en bénéficier. Bien reposés esprits prendre les meilleures décisions. Un cerveau calme peut mieux faire face à des conflits, des erreurs et des échecs. Nous devons être en mesure d'entendre nos propres pensées et penser clairement. Une fois que votre cerveau est permis de couper à travers tout le bruit dans la vie, votre niveau de stress baissera comme le plomb.

Commencez par définir les limites avec votre téléphone mobile. Défiez-vous de quitter votre téléphone à la maison pendant que vous marchez le chien ou faire vos courses. Vous serez une définition de ces règles ici, alors assurez-vous qu'ils vont être pratique et adaptée à votre vie.

Ensuite, mettre une limite sur les courriels. Il ne faut pas se sentir obligé d'avoir à répondre à chaque e-mail tout de suite, afin de mettre dans une structure et des limites dans vos pratiques emailing pourrait vraiment aider à alléger cette pression. Pensez à ne répondre à des courriels à des moments ensemble, deux ou trois fois par jour. Disons que vous vérifiez vos e-mails première chose le matin, l'après-midi, et juste avant l'heure du dîner, à moins qu'il ya quelque chose qui peut vraiment pas attendre. Si vous recevez un e-mail qui n'est pas urgent, il peut attendre jusqu'à ce que votre temps de courriel désignés. Une fois vos frontières mobiles et e-mail sont en place, limiter votre temps de télévision et la quantité de temps que vous passez sur les médias sociaux. Réglez une minuterie pour ces choses et de garder une forte détermination à ce sujet. Vous devez donner à vos yeux une chance de respirer une pause et votre esprit.

L'une des meilleures choses que nous pouvons faire pour nous-mêmes est d'obtenir un peu de temps libre à l'écran tous les jours. Encore une fois, si vous avez suivi le plan de démarrage 7 jours, vous serez familiarisé avec cette idée par ce point. Briser le lien entre vous et vos appareils électroniques peut être extrêmement libératrice. Cela pourrait signifier garder vos week-ends libres de la technologie ou simplement prendre une heure ou deux de écrans chaque soir.

Enfin, une fois que vous avez maîtrisé le temps calme, vous mettre au défi d'essayer le temps silencieux. temps de silence est de tourner le tout, à l'intérieur et à l'extérieur. Il s'agit assis et tout simplement être présent. Vous voudrez peut-être essayer la méditation pour aider à former votre esprit à être calme, mais si ce n'est pas pour vous, vous mettre au défi d'arrêter de faire tout le temps. Prenez le temps calme un peu plus loin en étant assis en silence et ne rien faire pendant 30 à 60 minutes, au lieu de faire la vaisselle tranquillement ou de payer vos factures tranquillement. Laissez vos pensées dérive d'une chose à une autre. Résistez à l'envie d'insister sur les conflits ou pour créer une liste à faire dans votre esprit.

Les pensées vont et viennent et c'est très bien. Ne se battent pas ou inquiétude à leur sujet. Il suffit d'écouter vos pensées, les reconnaître et les laisser passer. Offrez-vous une pause de tout. Vous méritez beaucoup.

Résister à la procrastination à tout prix.

Nous savons tous que la procrastination peut agir comme un démolisseurs à pratiquement tout projet, nous travaillons. Il nous retient de l'exécution des tâches. Il vole notre attention quand nous essayons de faire avancer les choses. Il nous conduit dans les bras des tâches moins importantes, plutôt que de nous permettre de prendre soin des choses que nous devrions nous concentrer. Et comme je suis sûr que vous savez, quand vous tombez dans votre emploi du temps, ou ne parviennent pas à des choses complètes à temps, votre niveau de stress augmentera naturellement. Ne pas terminer moyens tâches ayant plus de choses sur votre liste à faire et plus de pression pour faire faire, sans parler de sentiment d'échec et de déception. Pour une raison quelconque, quand nous remettre à plus tard, nous nous tournons souvent loin de choses les plus importantes sur notre liste à faire, accomplir des tâches ingrates, sans conséquence à la place. Mais chaque fois que nous faisons cela, les choses importantes sur notre liste semblent devenir de plus en plus importante, et donc de taille. Plus nous évitons de quelque chose, plus il est difficile à face. Ainsi, plutôt que de mettre votre tout en écrivant un nouveau CV, vous réorganisez vos armoires.

Au lieu d'organiser votre travail de papier vers la fin de l'année d'imposition, vous allez perdre votre temps passant au crible ce panier de chaussettes inégalées. Il est presque comme quand nous faisons cela, nous faisons délibérément les choses plus difficiles sur nous-mêmes. Nous recevons à notre façon et nous mettre en place pour l'échec et de frustration. Il est important de noter que la procrastination est extrêmement commune. Il peut se produire lorsque nous avons seulement deux choses sur notre liste à faire, mais souvent coups de pied dans le surmenage quand nous sommes submergés de tâches et des responsabilités. Si vous êtes confronté à beaucoup de grandes tâches, il est naturel de se sentir anxieux. Et il est en ces temps que beaucoup d'entre nous enfouir la tête dans le sable. Au lieu de rogner les choses que nous avons à faire peu à peu, nous nous tournons loin d'eux dans l'espoir qu'ils vont aller comme par magie.

En ce qui concerne la procrastination, nous devons avoir le courage de faire face à notre liste à faire front, avec confiance. Nous devons être en mesure de prendre une chose à la fois. Ainsi, au lieu de regarder tout ce qui doit faire, nous avons besoin de se concentrer uniquement sur la chose que nous faisons en ce moment. Nous devons nous pardonner et nous tergiverser prouver que nous pouvons surmonter. Nous devons aussi nous demander pourquoi nous temporisant afin que nous puissions étouffer dans l'œuf. Dans des moments comme ceux-ci, il peut être utile de penser à d'autres moments où vous avez vaincu la procrastination. Que la preuve de ce moment-là vous inciter à obtenir votre dos de tête dans le jeu. Vous êtes tout à fait capable de faire les choses que vous voulez accomplir.

Apprenez à dire « Non ».

En ce qui concerne la diminution et la prévention du stress, il y a très peu de leçons aussi important que l'aise de dire: « non ». Pour ceux d'entre nous qui ont tendance à prendre trop de tâches à la fois, être en mesure de dire «

non » fera une différence importante où nos niveaux de stress sont concernés. Parfois, il est plus important d'avoir un peu d'espace de tête que d'aider une maison de mouvement de connaissance ou d'exécuter la vente de pâtisseries PTA. Parfois, nous devons nous laisser terminer ce que nous travaillons avant de prendre un autre projet.

Afin de réduire le nombre de choses que nous devons faire, nous devons être en mesure d'évaluer l'importance des tâches qui leur conviennent. Par exemple, si vous avez offert un travail supplémentaire qui va vous faire un peu d'argent si nécessaire, vous allez vouloir dire « oui ». Mais cela pourrait signifier que vous avez à dire, « non » à d'autres choses, et c'est correct. Parfois, nous craignons que, en disant « non » à nos amis et la famille quand ils ont besoin de nous, nous les laisser tomber. Nous craignons que si nous ne proposons pas d'aider un ami dans le besoin, nous ne sommes pas d'être un bon ami. On pourrait penser que si nous disons « non » à rencontrer pour le café ou hors de la nuit, les gens penseront mal d'entre nous. Mais si vos amis et les membres de la famille ont du respect pour vous, ils comprendront si vous leur dites que vous êtes trop occupé en ce moment. Vous ne devez pas faire du bénévolat votre temps si vous n'avez pas de temps libre. Vous ne devez pas accepter de faire des choses que vous avez pas d'énergie pour. Nous ne pouvons pas tout faire tout tout le temps. Nous devons être en mesure de nous donner la priorité et de prendre soin des choses qui comptent le plus avant que nous puissions prendre plus sur.

Cesser d'insister sur tout vous-même.

Beaucoup d'entre nous se coincer dans l'habitude de faire absolument tout par nous-mêmes. La raison la plus courante est que beaucoup de fois il semble juste plus facile de faire tout plutôt que de risquer d'avoir quelqu'un d'autre faire les choses différemment ou mal. Mais en dépit du fait que ce soit une habitude très courante, il peut avoir des effets désastreux sur votre humeur et rampe sérieusement votre niveau de stress. Tout d'abord, en insistant sur tout faire par vous-même ajoute évidemment un tas supplémentaire de tâches sur votre liste à faire. Mais il y a des conséquences au-delà. Lorsque nous insistons à croire que nous sommes la seule personne qui peut faire le travail est fait correctement, nous nous mettre en place pour l'aggravation et de frustration quand d'autres personnes tout simplement faire les choses différemment que nous aurions. situations comme éviter cela pourrait signifier réduire considérablement votre niveau de stress.

L'une des raisons pour lesquelles les gens développent des tendances comme celle-ci est qu'ils ont besoin de se sentir comme ils sont en contrôle. En tout faire eux-mêmes, ils savent qu'ils peuvent faire le travail bien fait. Cependant, sans acquérir une certaine perspective et d'être réaliste quant à l'importance de la tâche à accomplir, cela pourrait facilement faire tous les taupinière une montagne. Vous devez être en mesure de se demander si la tâche est assez important d'insister sur le faire yourself.You devez vous demander s'il est normal d'avoir ce travail particulier se faire un peu différemment à la façon dont vous le feriez vous-même. Vous devez vous demander s'il y a des choses plus importantes que vous pourriez passer votre temps et de l'énergie.

Maîtriser l'art de la gestion du temps.

Être bien organisé a des tonnes d'avantages. Organisation nous aide à obtenir les choses aussi facilement et rapidement que possible, et en matière de stress, ce n'est pas difficile de voir que une plus grande organisation va toujours être une bonne chose. La gestion de votre temps conduira sans aucun doute efficacement à moins de stress tout autour. Lorsque nous avons un plan clair pour suivre, nous sommes plus susceptibles de rester sur la bonne voie. Donc, tenir un journal quotidien pour vous dire ce qu'il faut faire avec votre temps est essentiel. Journaux et rappels sur votre téléphone ou ordinateur portable sont des outils fantastiques quand il s'agit de garder les choses en ordre et faire des choses fait. Beaucoup d'entre nous mènent des vies occupées et il y a beaucoup de choses à garder la trace. Ceci est pulvérisées pensée rupture, la plupart d'entre nous, autant que nous pouvons tout le temps, mais qui porte ce type de pensée dans d'autres sphères de votre vie pourrait être très bénéfique. Le but est de tuer le plus grand nombre d'oiseaux métaphoriques que possible avec une seule pierre. planifier Ainsi, vos voyages d'achats d'une manière qui rendra facile pour vous d'obtenir autant de choses à la fois. Si le magasin de matériel est à côté de l'épicerie, obtenir tout ce dont vous avez besoin en un seul voyage. S'il y a quelque chose que vous utilisez beaucoup de tels que détergent à lessive, acheter en vrac afin que vous puissiez gagner du temps et de l'argent. En fait, si vous achetez tous vos longs articles d'épicerie de la vie en vrac, vos voyages à l'épicerie prendra moins de temps et vous économiser de l'argent. Il est tout au sujet de penser comment vous pouvez obtenir plus de temps de vos jours. Planification des repas est un excellent moyen avant chaque semaine de faire cela. Lorsque vous écrivez un plan repas, vous prenez en considération ce qui se passe chaque jour. Alors, quand vous savez que vous allez être en retard à venir la maison du travail un jour,

Chapitre 15

Raisons pour lesquelles votre vie est déséquilibrée

Vous envisagez de travailler sur vos problèmes de colère et c'est une chose merveilleuse. Cependant, avant de commencer, vous devez savoir quel type d'obstacles que vous pourriez trouver dans votre chemin et être prêt à se battre pour y arriver.

Faible estime de soi

Il y a inflammation peut-être pas plus rapide à la colère que faible estime de soi. Ceci est parce que vous croyez déjà que vous êtes sans espoir, sans valeur, et malheureux - et, par conséquent, quand vous pensez que quelqu'un fait allusion à une faute de votre part, vous ne pouvez plus supporter et d'y répondre en colère.

Pour vous assurer que vous êtes en mesure de gérer la colère, vous devez être sûr que vous devenez confiant et heureux avec vous-même. Acceptez-vous pour qui vous êtes; ne donnez pas d'excuses et ne vous comparez pas avec tout le monde. Vous êtes unique, inestimable et bien aimé et digne de l'amour. Gardez cela à l'esprit et y travailler jusqu'à ce que vous croyez à 100 pour cent.

Incapacité à Croire

Les gens qui croient qu'ils peuvent, peut; ceux qui croient qu'ils ne peuvent pas, ne peut pas. Tout est dans l'esprit. Si vous dites: « Hé, c'est la façon dont je suis. Je ne peux rien » il y a très peu que vous pouvez faire pour aider votre problème de la colère. Vous devez croire que:

- peut être conquis la colère;

- vous pouvez vaincre la colère;

- la colère et vous ne sont pas inséparables.

À moins que vous croyez, vous ne pouvez même pas commencer à travailler pour atteindre cet objectif, parce que vous ne mettriez pas dans la bonne quantité d'effort. Vous avez besoin de croire.

Vous êtes trop sérieux au sujet de tout dans la vie

Il est bien sûr important que vous preniez la vie au sérieux. Cependant, il est nécessaire de passer par la vie comme si le monde entier dépendait de vous. Éclaircir. Si vous êtes tout le temps stressé et sérieux vous invitent effectivement la colère d'être votre réaction primaire à tout type de crise.

Il est la possibilité de regarder le côté plus léger de la vie qui fera pencher la balance vers dans la lutte contre la colère. Vous devez être capable de rire de vos problèmes, les circonstances, les gens qui vous font mal et ainsi de suite. En d'autres termes, vous devez arrêter de prendre tout à cœur.

Le monde n'a pas Owe-vous quelque chose

Il y a beaucoup de gens qui deviennent déprimés, amers et en colère parce que la vie n'a pas été juste pour eux. C'est comme dire à un lion ou un serpent, « Hé, je ne l'ai fait quelque chose de mal à vous, alors pourquoi devriez-vous me mordre / me tuer? »

Est-ce que cette déclaration l'air ridicule? Eh bien, ne vous attend à ce que la vie vous devriez traiter de façon équitable. Il n'y a rien comme ça; vous devez tirer le meilleur parti de ce que vous avez et être prêt à gagner un peu et perdre une partie. Tant que vous blâmer quelqu'un d'autre ou quelque chose d'autre pour vos problèmes et l'échec, vous ne pouvez pas conquérir la colère.

Cependant, le moment où vous prenez la responsabilité de vos malheurs et agir envers eux redressant, vous serez en mesure de voir le côté positif. À ce moment-là, vous prendre le pouvoir de combattre et de colère conquérir. Lâchez toute amertume des choses que vous ne pouvez pas aider dans votre vie et de se concentrer sur les choses que vous pouvez aider. Les travaux sur cette question et regarder GROW de satisfaction et de bonheur.

Soyez réaliste et préparé

Un beau modèle a été signé pour un film « sérieux » et elle a dû devenir chauve pour la partie. Dans l'esprit de professionnalisme, elle est allée à tête blanche et se présenta sur le plateau de cinéma que pour trouver des gens haletant littéralement à la façon dont elle avait l'air. Hurt et en colère elle a abandonné du film et presque tué sa carrière de mannequin aussi bien.

Pourquoi at-elle se mettre en colère et de réagir négativement? Parce qu'elle n'a pas été préparé pour la réaction du peuple. Elle pensait que les gens voient cette louable initiative et sera tout sur elle sa douche avec une attention et des mentions élogieuses en raison du dévouement remarquable à sa profession nouvellement acquise. Elle ne pensait pas qu'ils regarder comme un modèle d'abord, puis en tant qu'acteur.

Avait-elle été préparée de manière réaliste les réactions, elle aurait pu les prendre dans la foulée, tout en se concentrant sur le rôle de bon et l'occasion de briller en tant qu'actrice. Au lieu de cela, elle se concentre sur le côté négatif et a réagi de manière destructive.

Vous devez être réaliste sur les choses que vous avez et ceux que vous avez pas. Vous devez également être pratique et sans jugement. Connaître vos limites est peut-être la plus grande qualité de la possibilité qu'une personne puisse avoir. Être préparé pour des réactions négatives est un excellent moyen de contrecarrer la colère.

Si vous êtes prêt, vous savez comment réagir., Vous savez aussi que dans le long terme, l'effort et le sacrifice valent la peine -et tout à coup les points négatifs ne sont plus si difficile d'accepter et de mettre derrière vous.

En cas de doute au sujet de tout ce que vous voulez faire, demandez à votre famille et vos amis pour vous donner une critique. Demander l'avis de ceux qui ne sont pas peur de vous dire la vérité sur votre visage ou l'exercice serait l'effet inverse.

Chapitre 16

Le maintien des liens sociaux significatifs

Dès que vous quittez la situation, trouvez votre ami de confiance, un collègue ou un membre de la famille. Partagez avec eux votre frustration, et le décomposer pas à pas ce qui vous a en colère et comment vous vous sentez. Ceci est le plus crucial de la tension soulagent, parce que souvent en disant verbalement ce que vous dérange, vous venez simplement à la conclusion qu'il est pas une grosse affaire. vous parlez d'audition vous donnera un autre point de vue sur les choses.

Demandez l'aide d'amis et de personnes de soutien dans votre vie afin qu'ils puissent vous aider à la colère combat. les soutenir en retour quand ils ont besoin d'aide ou de l'entreprise. Vous constaterez que vous n'êtes pas le seul problèmes. Cela peut aussi calmer vos nerfs que vous trouvez que votre problème peut être minuscule dans le grand schéma des choses.

Conclusion

La colère peut être une émotion positive quand vous apprenez de lui et l'utiliser de manière constructive. Ce livre vous a donné toutes les informations dont vous avez besoin d'avoir une meilleure compréhension de la colère et toutes les autres émotions pour que la matière et l'apprivoiser afin que vous puissiez l'utiliser positivement.

En fin de compte, la décision d'utiliser ces stratégies est le vôtre. Si vous voulez vivre une vie plus heureuse, plus significative, la vie sans colère, commencer à mettre en œuvre ces stratégies aujourd'hui!

La colère peut être une émotion naturelle et nécessaire, mais vous ne devriez jamais laisser que vous consommez. C'est exactement ce que j'espère que vous avez appris pendant toute la durée de ce livre.

La gestion de votre colère est très nécessaire si vous voulez vivre une vie normale, saine et épanouissante vie avec vos relations personnelles et professionnelles intactes.

Je suis sûr que vous avez appris plus que suffisant dans ce livre pour vous aider à démarrer sur le chemin à une vie sans colère. En supplément, ce livre vous aidera également à surmonter le stress et l'anxiété si vous avez fait affaire avec eux.

Une chose que je veux que vous reteniez de ce livre est que la colère est une émotion normale et saine, que vous ne devez pas ignorer, de supprimer ou d'exprimer de manière destructive. Toujours trouver des moyens d'exprimer votre colère la plus saine et la plupart des moyens d'expression possible.

Empathie psychique

Se connaître soi-même et connaître les autres. Apprenez à développer la gratitude et à profiter de chaque instant de votre vie [Psychic Empath, French Edition]

Filippe Blair

Avertissement légal

Les informations contenues dans ce livre et son contenu n'a pas été conçu pour remplacer ou prendre la place de toute forme de conseils médicaux ou professionnels; et ne vise pas à remplacer la nécessité d'une médicale, financière, juridique ou autre indépendant des conseils professionnels ou de services, qui peuvent être nécessaires. Le contenu et les informations dans ce livre ont été fournis à des fins éducatives et de divertissement seulement.

Le contenu et les informations contenues dans ce livre a été compilé à partir de sources jugées fiables, et sont exacts au meilleur de la connaissance de l'auteur, l'information et la croyance. Cependant, l'auteur ne peut pas garantir l'exactitude et la validité et ne peut être tenu responsable des erreurs et / ou omissions. En outre, des modifications sont apportées périodiquement à ce livre comme et en cas de besoin. Le cas échéant et / ou nécessaire, vous devez consulter un professionnel (y compris mais sans s'y limiter à votre médecin, avocat, conseiller financier ou tout autre conseiller professionnel) avant d'utiliser l'un des remèdes proposés, des techniques ou des informations dans ce livre.

Lors de l'utilisation du contenu et des informations contenues dans ce livre, vous engagez à protéger l'auteur de tous dommages, coûts et dépenses, y compris les frais juridiques pouvant résulter de l'application de l'une des informations fournies par ce livre. Cette constatation vaut pour toute perte, dommage ou préjudice causé par l'utilisation et l'application, que ce soit directement ou indirectement, de tout conseil ou information présentée, que ce soit pour rupture de contrat, d'un délit, d'une négligence, des blessures corporelles, l'intention criminelle ou de toute autre cause d'action.

Vous acceptez d'accepter tous les risques de l'utilisation des informations présentées dans ce livre.

Vous acceptez que, en continuant à lire ce livre, le cas échéant et / ou nécessaire, vous devrez consulter un professionnel (y compris mais sans s'y limiter à votre médecin, avocat ou conseiller financier ou tout autre conseiller au besoin) avant d'utiliser l'un des remèdes proposés, techniques ou informations contenues dans ce livre.

Tabla de contenido

Introducción

Depuis que j'ai grandi, j'aimais donner toute mon attention aux gens quand ils me parlaient parce que je voulais comprendre tout ce qu'ils disaient. Je voulais aussi réfléchir aux non-dits et relier les points entre eux. J'ai remarqué que souvent, les gens me disaient des choses et s'arrêtaient à mi-chemin, probablement parce qu'ils n'étaient pas sûrs de devoir m'en dire plus pour une raison ou une autre. D'autres fois, je m'asseyais et regardais droit dans les yeux de l'orateur, écoutant et luttant pour lire le sens de ce qu'il n'avait pas dit. J'essayais de voir si je pouvais comprendre leur silence, ressentir ce qu'ils ressentaient et lire ce qu'ils avaient à l'esprit.

En fait, j'étais déterminée à découvrir, au-delà des paroles de mes amis, que je faisais souvent attention à tout ce que chacun dit et à tout ce qu'il ne dit pas. Leurs gestes, leurs postures, leur silence, leur ton et ainsi de suite, je les ai tous lus. Mais malgré tous mes efforts, l'expérience a échoué. Je n'ai pu dire que quelques choses à leur sujet. Bien, "Je peux dire ce qu'ils diraient probablement quand vous leur demandez quelque chose, je peux dire s'ils aimeraient quelque chose ou non, et c'est tout. Pourquoi devriez-vous faire cela, vous savez qu'il déteste ça ! Je ne pouvais toujours pas dire ce qu'ils ressentaient exactement à propos de quelque chose.

Je ne peux pas non plus dire ce qui se passe dans l'esprit de quelqu'un, quelle que soit la proximité. L'esprit humain est tout simplement trop difficile à lire et vous serez probablement trompés, peu importe comment vous essayez. Certaines personnes sont assez douées pour cacher leurs émotions aussi, elles cachent si parfaitement ce qu'elles ressentent ou pensent qu'il serait trop difficile de le deviner. On ne peut pas faire trop d'efforts si on apprécie encore sa santé mentale.

C'est dans cet ordre d'idée et de quête que j'ai découvert quelque chose d'intéressant. Certaines personnes ont en fait le talent exact pour lequel je mourais d'envie. Ces personnes sont des humains nés avec une capacité surnaturelle à lire dans l'esprit des autres. Ils savent exactement ce que vous pensez et ils peuvent épeler les mots dans votre tête. Ils peuvent vous dire ce que vous ressentez et vous indiquer l'esprit exact qui vous anime lorsque vous leur parlez. Tout ce dont ils ont besoin, c'est de vous engager dans une longue conversation et, à un moment donné, ils commenceront à vous dire les prochaines choses que vous allez dire. Ce qui est choquant, c'est qu'ils peuvent même partager vos sentiments et se débarrasser de ce qu'ils ont ressenti au départ.

C'est vraiment bizarre, n'est-ce pas ? Et c'est exactement la raison pour laquelle beaucoup de gens pensent qu'il s'agissait d'un pouvoir surnaturel. Je viens d'utiliser ce mot aussi. Mais en réalité, ce mot et tout ce qui s'y rapporte ne qualifient pas ces personnes. Elles n'ont pas de pouvoirs spéciaux ou fantaisistes comme ces sorcières orientales que l'on voit dans les films prémédiévaux. Ce ne sont que des humains, purement talentueux, et Empâtés est le nom qui leur a été donné.

Il y a beaucoup de choses surprenantes à propos des Empâtés, et vous vous demanderez comment ils arrivent à faire ces choses. Comment pirater l'âme d'une personne, comprendre ce qu'elle ressent et même partager ses sentiments avec elle ? Si vous venez d'être mordu par un serpent australien et que vous ressentez cette horrible douleur, croyez-moi, un empathique ressentirait la même chose s'il en avait un dans les parages. Comment cela se fait-il ? Je vous promets que vous allez le découvrir dans les prochaines pages. Faites-en sorte de ne rien manquer.

L'empathie à des degrés et des types différents, et la nouvelle la plus embarrassante à propos des empathies est que beaucoup d'entre eux ne savent pas qu'ils en sont vraiment un. Franchement, vous pourriez être un empathique et vous ne le sauriez même pas. Je ne sais pas avec certitude si vous avez le sang d'une personne qui coule dans vos veines ou non, mais je peux vous assurer que vous comprendrez à quoi ressemble exactement un empathique lorsque vous aurez terminé ce livre. Vous apprendrez des informations détaillées sur la façon de repérer une empathie lorsque vous en rencontrez un, et sur les différentes façons dont une empathie peut exister. De cette façon, vous pouvez savoir si vous êtes un empathique ou non.

Je suppose que vous commencez à vous demander si je suis aussi un empathique, et vous feriez mieux de vous sortir cette idée de la tête dès maintenant. La nature n'a pas organisé de test de sélection pour nous, elle s'est contentée de sélectionner quelques personnes au hasard, moins moi. J'ai donc renoncé à essayer d'en être un, mais j'apprécie chacun d'entre eux. Ils font exactement ce que j'ai toujours voulu faire, le niveau d'attention et de préoccupation dont ils ont fait preuve envers les autres peut changer le monde si nous en avons assez. Et c'est pourquoi j'ai passé des années et des années à les étudier.

Vous ai-je dit que les empathies ont aussi des problèmes ? Eh bien, ils ont des problèmes à certains égards, et leur vie amoureuse, leur travail ainsi que leurs relations ont toujours plus de complications que les autres personnes occasionnelles. En fait, grandir n'a pas été une sinécure pour la plupart d'entre eux, comme vous le découvrirez bientôt dans le révélateur que vous tendez entre vos mains en ce moment.

Si vous êtes un empathique qui souhaite apprendre à utiliser tout votre pouvoir, à naviguer dans la vie et à résoudre vos problèmes immédiats en utilisant des styles bien étudiés et éprouvés, vous trouverez dans ce livre des conseils et des orientations importants. Si vous êtes juste une personne curieuse qui s'intéresse aussi aux empathies, je suis fier de vous dire que ce livre contient pratiquement tout ce que vous aimeriez lire.

Je dois vous avertir en même temps qu'il y a beaucoup de choses à apprendre. La principale raison pour laquelle vous lisez sur les Empâtés est que vous en avez entendu parler quelque part et que quelque chose semble irrésistiblement fou d'eux. C'est très bien, mais nous pourrions avoir des problèmes à un moment donné. Pourquoi ? Parce que je pense que jusqu'à la moitié de ce que vous avez entendu sur les empathies n'est pas vrai. Il y a tellement d'erreurs qui circulent dans la rue qu'il est difficile de distinguer les faits de la fiction.

C'est pourquoi vous devez déposer ce que vous avez appris et voir les choses sous un autre angle. Je vous garantis que vous êtes sur le point de découvrir la planète des empathies et la façon dont les choses s'y déroulent. Prenez votre boisson préférée, assurez-vous que c'est une soirée sur le canapé et ouvrez la page suivante, il est temps de faire preuve d'empathie-voyage.

Chapitre 1

Qu'est-ce qu'une empathie ?

Un dictionnaire moyen dit qu'un empathique est quelqu'un qui pense comprendre les sentiments d'une autre personne. Mais est-ce tout ? Je parie que vous savez mieux que moi. Le monde de l'empathie est un monde étrange et peu commun, un monde complexe qui ne peut être saisi en deux pages de dictionnaire. Certaines personnes n'en savent pas plus que la description dans un dictionnaire, et c'est pourquoi vous trouverez ici et là des articles déroutants. Il faudrait vous changer les idées avant de lire ceci, c'est le meilleur conseil que je puisse donner à quiconque veut vraiment comprendre les empathies.

Pour commencer, que pouvez-vous dire sur les sentiments des autres personnes qui vous entourent ? Beaucoup ? Peu ? Rien sur ce que ressentent les autres ? Essayez de vous rappeler comment vous vous comportez avec vos nouveaux amis, vos anciens amis et ceux qui vous sont chers, cela mettra votre émotion en lumière. Vous pourrez dire si vous vous en souciiez un peu, beaucoup ou si vous étiez très préoccupé par ce qu'ils ressentaient. Cela me rappelle un jeune client qui est entré dans mon bureau un vendredi tardif. Je suis trop sans cœur et je veux changer", s'est-il exclamé à mes oreilles. Il était furieux de colère et de frustration, mais je lui ai calmement montré un siège et écouté son histoire.

C'était un homme qui se moquait des sentiments des autres. Il rompait avec sa petite amie à loisir. Il prenait son appel et l'entendait déblatérer de folie. Il entendait la dame sans défense changer le ton de sa voix pour lui promettre le ciel et la terre, lui demander de revenir vers elle et de lui pardonner les choses qu'elle n'avait pas faites. Malgré cela, il resterait impassible, quoi qu'on lui dise. C'était la même chose dans toutes les situations où les gens faisaient appel à ses sentiments. Même lorsqu'il a décidé d'accéder à leurs demandes, ce n'était pas parce qu'il était ému, mais plutôt parce qu'il subissait des pressions ou qu'il détestait les plaidoyers intenses. Son cœur était une sorte de pierre dure que l'on ne peut pas changer en y déversant des paroles douces ou dures.

J'ai vu des soldats pleurer leur bien-aimé. J'ai lu l'histoire d'un assassin qui a trouvé sa cible et a eu l'occasion parfaite d'appuyer sur la gâchette mais n'a pas pu se résoudre à le faire. Le sourire radieux de sa cible sans méfiance lui est monté au cœur. Il a été submergé par l'émotion, a pris son arme, s'est éloigné et a avoué ses crimes au monde entier. Ce genre de choses arrive partout, c'est pourquoi parfois, vous voulez punir quelqu'un qui vous a blessé ou désobéi, et vous changeriez d'avis après que ses remords aient touché votre cœur.

Mais l'autre côté existe aussi, certaines personnes ne peuvent pas se contenter de s'occuper des autres. Même quand ils essaient. Ces personnes souffrent d'apathie, de narcissisme ou de psychopathie. Qu'est-ce que c'est ?

Nous en parlerons plus loin, mais d'abord, qu'est-ce que l'empathie et comment ces choses sont-elles liées ? L'empathie est un état d'esprit que votre esprit relie à celui des autres dans la bonté. Cela arrive quand on peut voir dans les lunettes des gens, je veux dire, on peut voir à travers eux en regardant à travers leurs yeux. Vous regardez et écoutez, et vous comprenez ce qu'ils voient exactement; la peur, l'excitation, l'inquiétude, l'espoir, etc. Vous pouvez voir les choses comme les gens les voient et vous comprenez d'où elles viennent exactement.

Pour reprendre les termes de Sigmund Freud, "l'empathie consiste à se mettre à la place de l'autre". L'empathie est psychologique, elle concerne uniquement l'état d'esprit de deux personnes. Deux personnes dont l'une à l'équilibre psychologique pour lire l'esprit de l'autre avec compassion, il peut comprendre et partager les sentiments de la première personne. Il peut également dire comment la personne peut réagir ou ce qu'elle ferait ensuite. Une empathie a la capacité de ressentir de l'empathie; de la compassion, pas seulement pour les humains, mais aussi pour la vie, la terre, l'eau, tout ce que vous pouvez imaginer. Il peut imaginer ce que vous traversez lorsque vous lui parlez, il peut ressentir votre douleur de la même manière que vous ressentez votre douleur et il peut imaginer correctement ce à quoi vous pensez.

Il y a quelques années, j'ai entendu l'histoire d'une jeune institutrice qui a rencontré un chauffeur de camion. Ce chauffeur de camion venait de perdre son père et ses enfants dans un accident de voiture. Comme si cela ne suffisait pas, sa femme a demandé le divorce peu de temps après et il a perdu son emploi parce qu'il ne pouvait plus se concentrer sur les roues. Après avoir perdu son emploi, il s'asseyait à l'escalier d'une grande cathédrale et pleurait tranquillement, ne prêtant attention à personne et n'obtenant aucune attention en retour. Un jour, cette institutrice s'est approchée et a vu le camionneur en larmes. Elle a commencé à consoler le chauffeur et elle l'a persuadé de partager avec elle ce qu'il avait vécu, ce qu'il a fait. Et devinez quoi ? Elle a partagé ses peines. Elle a fondu en larmes et s'est mise à pleurer avec lui. Elle l'a quitté au bout d'un moment et a pleuré seule à la maison. Elle n'a jamais été la même personne. Elle s'est désintéressée de son travail et a également démissionné. La vie est dure", gribouillait-elle sur ses murs, "la vie est délibérément mauvaise pour beaucoup", écrivait-elle ensuite. Elle restait la plupart du temps à l'intérieur et plantait de l'Aloe Vera dans quelques pots de sa chambre. Après quelques semaines, elle a été retrouvée dans la pièce, suspendue par une corde au plafond.

Beaucoup de gens ne peuvent pas imaginer pourquoi quelqu'un se suiciderait pour les douleurs d'une autre personne. Même les flics pensaient qu'il y avait plus que cela. Ils ont cherché d'autres indices et ont mené des séries d'enquêtes. Finalement, ils ont trouvé sa lettre de suicide et ont réalisé qu'elle s'était assassinée. La série de poèmes qu'elle a écrits expliquait également qu'elle s'était suicidée à cause de la tristesse qu'elle ressentait en entendant l'histoire d'un homme qui avait tout et qui avait tout perdu. Personne ne connaissait cet homme sur lequel elle a écrit, les cathédrales les plus proches ont été vérifiées et aucun homme n'a jamais été trouvé dans les couloirs. Aurait-il pu se suicider aussi ? Vous en savez déjà autant que moi sur lui.

L'institutrice n'a jamais pensé qu'elle était une empathique. Le mot n'a été trouvé nulle part dans ses livres, ses murs ou ses écrits. Cela signifie que de nombreuses personnes peuvent être des empathies et qu'elles n'en ont aucune idée. Une chose est sûre au moins, elle a oublié ce qu'elle ressentait avant de rencontrer le vieil homme. Tous ceux qui la connaissaient étaient persuadés qu'elle n'avait guère de problèmes dans la vie, mais comment pouvait-elle être si émotive qu'elle se vautrait dans la tristesse d'une autre personne ? L'empathie.

L'empathie est le seul état émotionnel qui fonctionne de cette façon. Si vous vous imaginez dans la peau de l'instituteur, pensez-vous pouvoir ressentir autant la douleur de cet homme ? Beaucoup d'entre nous peuvent ressentir la douleur des autres, nous pouvons même être si tristes que nous pleurerions leur perte, mais il est certain que nous ne perdons pas le sommeil pour autant. Je dois dire que j'appartiens à ce groupe. Vous pourriez perdre le sommeil dans votre propre cas, et éventuellement être de mauvaise humeur dans quelques jours. Mais tout cela pourrait encore être le fruit d'une profonde sympathie, ou probablement, vous avez quelques traits d'empathie ou vous êtes encore en train de développer vos forces en tant que plein empathique.

Permettez-moi maintenant d'expliquer les différents types d'émotions que j'ai promis, bien que vous deviez vous rappeler que je n'ai sélectionné que les plus pertinentes pour ce dont nous parlons.

Différents types d'émotions

Sympathie; la sympathie est ce que signifie se sentir mal par rapport à ce qui est arrivé à d'autres personnes. Par exemple, votre meilleure amie vient de perdre sa mère. Votre femme a été licenciée. Certains étrangers ont été brûlés ou blessés lors d'un incendie catastrophique, et de tels cas sardoniques. Il est normal de prendre une grande respiration et de se sentir sobre pendant un certain temps. Vous voyez ces tristes nouvelles à la télévision, vous les écoutez quand un ami en parle ou vous vous asseyez à côté des victimes et vous écoutez les histoires. Vous vous sentiriez déprimé comme une personne qui se sent morose, "Je suis tellement désolé", vous vous retrouveriez à leur dire, par pitié. C'est exactement ce que signifie la sympathie, la démonstration de pitié. La sympathie est une émotion qu'une personne moyenne devrait avoir. Bien qu'à des niveaux différents. J'ai des amis qui vous taperaient sur les épaules en vous disant "Je suis désolé, mec", puis vous quitteraient. Ils ne sont pas durs ou insensibles, c'est juste leur niveau de sympathie.

Certains resteraient un peu plus longtemps, "J'aimerais vraiment que cela ne t'arrive pas, tu es clairement un gars sympa que tout le monde aime et tu ne mérites pas cette bête de désastre", disaient-ils. Mais en fin de compte, il fallait qu'ils se déplacent aussi. Vous ne vous attendez pas à ce qu'ils perdent leur sommeil à cause de vos soucis.

Examinons une autre situation pratique. Vous avez perdu un contrat et vous vous êtes mis à boire, vous vous êtes enfermé dans la maison toute la journée et vous avez vidé les bouteilles. Peu importe que les boissons soient dures ou dangereuses, vous voulez seulement continuer à boire, tant que cela vous permet d'éviter de penser à votre perte. Vos amis sont venus, ont écouté ce qui s'est passé, vous ont fait comprendre que cela n'en valait pas la peine et sont rentrés chez eux. Bien sûr, vous vous êtes amélioré pendant qu'ils parlaient, mais ça n'est pas parti comme un éclair.

Au fond de la nuit, vous aviez encore les yeux écarquillés, pensant aux voitures que vous auriez pu acheter si vous aviez obtenu ce marché, à la fête que vous auriez organisée et au sourire de victoire que vous espériez jouer sur vos lèvres. Vous vous sentez toujours mal à propos de ces choses, et vous êtes debout la nuit à cause de cela. Vos amis aussi sont désolés, mais que font-ils ? Ronflement ! Cela signifie-t-il qu'ils ne se sentent pas mal ? Certainement pas, c'est ainsi que fonctionne la sympathie. Je me sens mal pour vous, mais c'est vraiment vous et votre problème. La sympathie peut conduire à l'empathie, mais avant de parler d'empathie, jetez un coup d'œil à ceci :

Apathie : il n'est pas toujours possible de ressentir de la sympathie, souvent, certaines personnes ne ressentent rien à ce qui arrive. Ils sont purement indifférents, ni excités ni tristes, juste neutres. Ils n'ont aucune réserve ou ressentiment; c'est juste un manque de sentiment qu'ils ne peuvent pas aider. Une personne apathique ne se sent pas excitée par son travail, le squash ou le lacrosse. Que vous soyez heureux ou non n'est pas de son ressort car il n'est pas heureux lui-même.

Parfois, la colère et certaines de vos expériences passées peuvent vous faire adopter, à vous ou à vos amis, une attitude apathique face à la vie. C'est alors que tu es rentré de l'école et que tu as annoncé "maman ! J'ai eu le rôle dans le "drame". Elle ne vous regardait même pas, et vous donnait un "ok" avec un sourire à la commissure des lèvres. Ce n'était pas ce à quoi vous vous attendiez, n'est-ce pas ? Elle n'était pas triste de votre succès, mais elle n'en ressentait rien de spécial. Elle l'a peut-être ressenti l'année dernière et vous a pris dans ses bras, mais cette fois, elle venait de perdre son emploi et rien d'autre ne semblait avoir d'importance.

Bien souvent, l'apathie est la raison pour laquelle un homme appelle sa femme du travail pour lui dire qu'il vient d'obtenir sa promotion. Qu'est-ce qu'il attend ? Elle devrait sauter et percer le troisième étage avec ses cris d'excitation. Mais qu'obtiendrait-il ? Oh, félicitations", disait-elle, et elle trouvait un moyen de mettre fin à l'appel. Un tel comportement est attendu lorsque la femme vient de perdre quelque chose de précieux pour elle; son père, sa mère, un ami ou des bracelets en or. Elle se sentirait complètement indifférente à ce que vous ressentez, sans moyen de s'en sortir.

C'est l'une des choses que je veux que vous compreniez. Parfois, votre ami peut être d'humeur trop neutre pour partager votre joie ou votre tristesse, et vous ne devez pas le retenir. Ils ont leur propre émotion à combattre et c'est probablement l'une de ces fois où ils la combattent activement. Trouvez un moyen de leur remonter le moral. Leur rappeler quelque chose qu'ils adoraient, leur jouer des tours, les surprendre et les obliger à se rétracter du nouveau mystère dans lequel ils se noient. C'est alors qu'ils pourraient revenir pour partager votre joie.

Le plus souvent, l'apathie est un comportement accablant qui a de terribles conséquences. On ne peut jamais s'ennuyer ou s'exciter si l'on a un état d'esprit apathique. Peu importe que vous veniez de perdre votre femme ou votre voiture, que l'Australie soit en feu ou que vos petits enfants puissent mourir si vous n'obtenez pas le poste. Vous êtes tout simplement insouciant à propos de tout. Vous vous souvenez de mon client dont j'ai parlé plus tôt ? Il était comme ça. Il ne se souciait même pas des larmes de quelqu'un qu'il avait dit aimer. Mais l'apathie n'est pas innée, elle est le résultat d'une triste expérience, et elle peut être renversée par des expériences de blocage de l'esprit provoquées par des amis, des bien-aimés et des conseillers.

Psychopathie; Un psychopathe est l'une des personnes les plus folles de la terre. Leurs croyances sont étranges et leur style n'est pas enviable. Avec des idées similaires à celles d'un esprit apathique, un psychopathe se préoccupe aussi peu de ce qui arrive à toute autre personne sur terre. En général, ils ne se préoccupent pas d'eux-mêmes ni de personne, ils vivent, grandissent et meurent tout simplement. La seule différence notable est que si les personnes apathiques ne se soucient de rien, un psychopathe se soucie beaucoup du plaisir. Ils aiment s'amuser, ils se réjouissent quand ils le désirent, mais ils se moquent que vous pensiez que ce qu'ils faisaient été bien ou pas.

La plupart du temps, ils font délibérément tout ce que la société détestait. Ils adoptent le genre de comportement que vous avez voulu voir chez un homme ou une femme, juste pour prouver qu'ils sont provocateurs et qu'ils se moquent de ce qui se passe. Ils enjoignent tout ce avec quoi l'État est en conflit : les entreprises illicites, les drogues et une pulsion sexuelle qui ne peut être satisfaite facilement. Ils ne se soucient pas que vous les aimiez ou non, que vous pensiez que ce qu'ils font est bien ou mal, ils continuent à faire leur "truc". Même dans ces moments-là, un médecin leur dit qu'ils sont en train de mourir, ils pensent que ce sont des conneries et continuent à piquer tout ce que le médecin dit qu'il les a tués. La mort ne signifie rien de toute façon.

Narcissisme : Cela vous aidera beaucoup si vous connaissez aussi le narcissisme. Ce sont des gens passionnés qui ont vécu comme des psychopathes. Ils se souciaient peu des autres et vous ne pouvez vraiment pas faire grand-chose pour les convaincre. Mais il ne faut pas les confondre avec les psychopathes, il y a des différences marquées. Alors que les apathiques et les psychopathes ne se soucieraient pas de ce que vous pensez d'eux, les narcissiques sont différents. Ils veulent savoir ce que vous pensez d'eux, en fait, ils veulent que vous leur disiez que ce qu'ils font est le meilleur aussi. Ils sont très émotifs et toute leur émotion est pour eux.

Ils peuvent lire l'esprit des autres comme un empathique, mais plutôt que de s'immerger dans les sentiments des autres, ils chercheraient à manipuler les pensées des autres pour servir leurs propres intérêts. Tout ce qui ne les soutient pas sera jeté comme un tas d'ordures. C'est toujours une très mauvaise idée d'avoir quelqu'un comme ça en position d'autorité. Ils forment des gouvernements dictatoriaux et dirigent sans pitié. Ils continuent à trouver des moyens de se rendre plus heureux, plus riches et plus riches aux dépens de leurs sujets, et quiconque pense avoir tort est considéré comme un ennemi. Personne n'a toujours raison, vous savez, parfois, vous devriez laisser les choses aller et permettre aux gens d'avoir leur mot à dire même lorsque vous pensez avoir raison, c'est une chose que vous ne pouvez jamais obtenir d'un narcissique.

L'empathie : la plus complexe de toutes : l'empathie est le plus grand sentiment humanitaire qu'un homme puisse nourrir. Il s'agit d'une situation où non seulement vous vous sentez sympathique à la cause d'une personne, mais où vous pouvez aussi ressentir directement ce qu'elle ressent. Leur douleur est votre douleur, leur tristesse, leur joie, et le succès est votre succès aussi. Il est plus populaire auprès des amoureux. Lorsque vous voyez votre amant sourire, vous lui rendez naturellement le sourire sans même savoir pourquoi votre partenaire a souri. Vous les persuaderez volontiers de partager leurs pensées et vous commencerez à ressentir exactement ce qu'ils ressentent en les écoutant. Cela se passe entre des sœurs, des alliés, des parents et des enfants et des relations étroites. Si votre partenaire perd son contrat et refuse de dormir, vous resterez probablement debout vous aussi, en essayant de lui faire lâcher prise, même si vous vous sentez tout aussi mal.

Pour les empathies naturelles, ils n'ont même pas besoin d'entretenir une relation très étroite avec vous avant de pouvoir pirater votre esprit, comprendre ce que vous ressentez et vous montrer de la compassion. Ils peuvent aller plus loin pour entretenir de telles relations avec les animaux, les plantes, la terre et d'autres choses que vous ne pouvez pas imaginer. Une série de chercheurs médicaux ont tenté de montrer comment cela peut se produire.

Leur "neurone miroir" est hyperactif", explique Hans Fenwick. Le neurone miroir est un neurone du cerveau qui facilite la communication avec les pensées et les idées des autres. Elle permet de refléter facilement le cerveau intérieur et l'esprit des autres. Vous savez, comme un miroir qui vous aide à voir des choses que vous n'auriez pas vues. Un empathique peut également se transmettre les pensées d'autres personnes à travers la réaction électromagnétique entre leur cerveau et leur cœur, surtout lorsqu'il écoute ces personnes.

D'après les découvertes de Tricia Burke, il est possible qu'un excès de dopamine, qui est un neurotransmetteur, puisse également déclencher de l'empathie. Outre les possibilités de synesthésie. Qu'est-ce que c'est ? La capacité de votre cerveau à apparier les choses. C'est pourquoi écouter de la musique peut faire revivre certains souvenirs. Regarder une photo, un film ou même une robe peut vous apporter quelques scènes dans votre tête, etc. Cette caractéristique est très pointue dans le cerveau d'une empathie, une autre raison pour laquelle il peut facilement relier les mots, la vue qui entre dans son cerveau avec ce qui se passe plus ou moins dans votre tête.

Selon le célèbre Dr Judith de Caroline de l'Ouest, il est également possible de ressentir directement ce que d'autres personnes ressentent par contagion émotionnelle. C'est pourquoi les autres membres de votre personnel peuvent paniquer au sujet du bureau après que vous venez d'en claquer un. C'est la même raison pour laquelle tous les enfants d'un hôpital éclatent en sanglots dès qu'ils entendent le cri de l'un d'entre eux.

Ils sont empathiques dès la naissance dans la plupart des cas, et ils ont tendance à comprendre facilement tout le monde. Ils sont généralement calmes et attentifs, prêtant attention aux détails dont personne ne se soucie et surprenant tout le monde en leur disant des choses qu'ils ne savaient pas sur eux-mêmes.

Ils deviennent généralement spirituels, et c'est pourquoi ils peuvent sentir l'énergie des esprits qui les entourent lorsqu'ils ferment les yeux et se couchent tranquillement. Probablement qu'ils peuvent aussi voir ces esprits. Si vous êtes un empathique, vous serez apprécié et naturellement respecté par tous. Les gens aimeraient partager vos peines et votre bonheur avec vous parce que vous semblez toujours comprendre. Nous avons tous cet ami qui nous paraît si bête parce qu'il n'est jamais en colère contre quoi que ce soit. Il est toujours calme et il s'entend très bien avec tout le monde. Il déteste également regarder les informations ou écouter des histoires d'horreur sur le nombre de victimes. A chaque occasion, il évite d'entrer en contact avec la violence.

Les empathies se soucient des autres bien plus qu'ils ne se soucient d'eux-mêmes et c'est pourquoi ils fondent en larmes assez facilement. On pourrait dire qu'ils sont ennuyeux, mais il faut savoir qu'ils sont aussi ennuyeux que la personne assise à côté d'eux. Si vous êtes assis à côté d'une empathie et que vous êtes heureux, il est probablement heureux aussi, si vous avez une énergie négative comme l'anxiété, la peur et ainsi de suite, laissez quelqu'un s'asseoir à côté de vous et il vous les arrachera bientôt.

La plupart des gens ont du mal à être leurs amis parce qu'ils ne veulent pas rester avec une personne qui semble tout voir comme un miroir. Ils ne veulent pas être un ami intime de toute façon. Ce n'est pas qu'ils ne veulent pas avoir d'ami, mais quelque chose dans leur esprit préfère la compagnie des animaux, des plantes et de quelqu'un qui les comprend profondément aussi. Une raison pour laquelle ils préfèrent rester dans un beau jardin et fixer les lacs plutôt que de sauter dans une salle de fête avec une tasse de boisson à la main.

Je commence à me demander à ce stade; est-ce que l'un d'entre eux vous ressemble ?

Chapitre 2

Histoire des empathies

Vous vous demandez peut-être : comment l'empathie a-t-elle pu naître ? Qui étaient les premières empathies, comment vivaient-ils et comment leurs gènes ont-ils survécu jusqu'à aujourd'hui ? Dans quelle mesure ont-ils été acceptés ? La vie était-elle toujours la même avec eux ? Les empathies semblent être des êtres attentionnés, comment ont-ils réussi à survivre et à exister encore dans ce monde sans cœur ? Ce sont de bonnes questions. Nous devons y trouver des réponses pour que nous puissions saisir l'ensemble de ce qu'ont toujours été les empathies. C'étaient des questions auxquelles je pensais aussi, et des années de recherche nous ont finalement apporté les réponses.

Premièrement, l'empathie est une forme de sentiment humain, tout comme le bonheur, la tristesse, la peur et la sympathie. Cela signifie qu'il existe depuis aussi longtemps que les humains eux-mêmes ont été sur terre. Il y a 25 000, 15 000, 6 000 ans ? Personne ne peut le dire avec certitude, mais nous sommes certainement d'accord sur le fait que les humains existent depuis un certain temps.

L'effort des historiens et des domaines connexes a prouvé que les gens du passé ont développé beaucoup de choses qui sont similaires à ce que nous avons aujourd'hui. Ils ont probablement fabriqué ces choses en fonction des ressources dont ils disposaient, de leurs coutumes, de leurs besoins, etc. Ils ont tout fait dans les différentes sphères que nous avons aujourd'hui : l'ingénierie, la psychologie, la médecine, les arts et pratiquement tous les domaines de recherche. C'est pourquoi chacun de ces domaines peut faire remonter son origine à un passé lointain.

Pour citer quelques exemples, je vous rappellerai que la plupart des médicaments sont aujourd'hui fabriqués en laboratoire, mais il est scientifiquement prouvé que les médicaments naturels, les aliments naturels et les produits non transformés fonctionnent mieux. Nous savons aussi que certaines herbes et plantes peuvent nous faire sourire si nous en mangeons plus souvent. Ils peuvent guérir, prévenir les infections, etc. Vous vous rappelez qu'un médecin a dit cela ? C'est exactement ce que les vieux croyaient aussi. Ils ont fait des recherches et ont trouvé de nombreuses plantes utiles. Ils ont découvert ce que vous pouviez soigner ou prévenir avec ces plantes et comment vous deviez le faire. Cependant, je ne pense pas qu'ils soient au courant des infections microbiennes qui secouent notre monde.

En ingénierie et en technologie, vous avez entendu parler de la pyramide en Egypte, des crânes de cristal dont personne ne savait comment ils étaient fabriqués. Pour ne citer qu'une partie de l'énigme. L'empathie est également un domaine de recherche, bien qu'il ne soit pas aussi vaste que la philosophie, l'histoire et d'autres. Il a suscité l'intérêt de divers domaines et d'universitaires qui tentent sans cesse de l'expliquer en détail. Les historiens, les psychologues, les sociologues, les primatologues et les neuroscientifiques font partie des leaders.

Malgré l'absence de références solides, nous pensons qu'à un moment donné, l'empathie a dû faire surface dans l'histoire de ces premiers habitants de la terre. La célèbre histoire d'un père qui est devenu sauvage parce que son fils a été frappé est mon premier point de repère. Dans cette histoire, le garçon a été frappé à la poitrine par une flèche empoisonnée d'une armée d'invasion qui a attaqué leur clan. Le père a pleuré de douleur et a eu le cœur brisé en regardant son fils unique se tordre de douleur. Au bout d'un moment, le père s'est couché sur le tapis, juste à côté de son fils et lui a claqué les yeux.

D'une manière que personne ne peut expliquer, il a commencé à faire passer le venin et les douleurs de la flèche empoisonnée de son enfant à lui-même. Il transpirait intensément pendant qu'il le faisait, et très vite, il s'est mis à saigner du cœur. Tout le monde se taisait en voyant ce qui se passait, en sanglotant tranquillement. Il commença à chanter les chants de douleur et d'horreur. Il a écrit des poèmes sur la souffrance et le sacrifice et il a continué jusqu'à ce qu'il s'évanouisse dans l'inconscient. Au même moment, son enfant, devenu inconscient, a commencé à bouger et, peu à peu, il a pris conscience. C'était de l'empathie tirée d'une très vieille histoire.

D'après ce que nous croyons, un amant doit avoir vu quelqu'un qu'il aime gémir de douleur. Elle versait des larmes en le regardant se plaindre d'une chose ou d'une autre. Très vite, elle a pu ressentir les douleurs elle-même et elle les a ressenties pour toujours s'il finissait par mourir. Elle se sentirait blessée, resterait triste et malheureuse pour le reste de sa vie. Elle aurait souhaité mourir pour lui, mourir avec lui ou du moins, partager avec lui certaines de ses douleurs.

Beaucoup d'histoires célèbres rapportent que lorsqu'un amant se trouvait dans la ville A, son amant dans la ville B peut sentir que quelque chose n'allait pas quelque part. Peut-être serait-elle debout, en train de s'amuser avec ses amis et de plaisanter sur la météo, lorsqu'elle ressentirait soudain une impulsion. Elle réalisait que quelque chose n'allait pas et sautait sur ses pieds, agitée. Mais il pourrait être difficile pour elle de dire où et comment quelque chose ne va pas. A la fin, on apprenait que quelque chose de dévastateur était arrivé à son amant dans l'autre ville, juste au moment où elle devenait méfiante et agitée. Cette histoire était courante parmi les épouses de braves guerriers qui quittaient leur foyer pour la guerre. C'est aussi de l'empathie.

L'histoire des sorcières est un autre cas populaire. Vous ne savez probablement pas qu'il est courant d'arrêter, de détenir et de poursuivre les sorcières à l'époque préhistorique. Cette coutume a été maintenue jusqu'au 14ème siècle en Angleterre. En général, toute personne reconnue coupable est saisie et pendue. Cela peut sembler peu judicieux, mais le problème était qu'il n'y avait pas de méthodes claires pour détecter une sorcière. Une fois que quelqu'un a donné l'alerte en disant que vous étiez une sorcière et que vous avez été arrêtée, il y avait peu de chances que vous ne soyez pas poursuivie. Ainsi, de nombreuses personnes ont été détenues, poursuivies et assassinées de manière injustifiée.

De nombreux empathies ont souvent été victimes de ce problème. Ils ressentaient la douleur des autres et ils pouvaient sentir le malheur de l'air dans l'atmosphère. Ils pourraient additionner les faits qu'ils ont recueillis sur la situation d'une personne et indiquer facilement l'étape suivante qu'une personne devrait franchir ou ce qui pourrait lui arriver d'autre. C'est pourquoi les rois à la cour, et à ce jour, les policiers invitent généralement des empathies pour aider à traquer un criminel ou suggérer ce qui pourrait être la prochaine étape d'une enquête.

En fait, s'ils vous rencontraient pour la première fois et que vous parveniez à leur parler un peu de vous, ils pourraient vous parler du reste. Ils ont tendance à en savoir plus sur une personne qu'elle n'en sait sur elle-même.

Ils évitent souvent aussi un grand rassemblement de personnes, préférant rester parmi les animaux ou les plantes.

Par pure intelligence, ils avaient souvent raison sur ce qu'ils disaient et les gens pensaient qu'ils avaient d'étranges pouvoirs. Les gens détestaient le fait que ce qu'ils disaient se produisait souvent et craignaient qu'ils puissent faire plus que de simples prédictions, qu'ils puissent peut-être causer du tort à d'autres personnes ou leur jeter des sorts. Ils les ont donc étiquetés comme des sorcières. Ils ont souvent été arrêtés, jugés et pendus, et c'est ainsi que la plupart des empathies de la préhistoire ont été perdus. Beaucoup ont décidé de se taire et de cacher ce qu'ils ressentent, mais ils finissent par se trahir et par tomber dans la fosse de la mort habituelle.

L'histoire n'était pas meilleure à l'époque de la communauté spartiate. C'étaient des gens très forts qui n'aimaient rien de mieux que la guerre. Ils ont donné toutes sortes d'entraînements à la guerre à leurs enfants dès leur plus jeune âge, et ils capturent souvent beaucoup d'esclaves.

Quelques fois, ils ont donné naissance à des enfants physiquement faibles qui ne pouvaient pas supporter tout l'entraînement militaire dès leur plus jeune âge, et que se passe-t-il ? Ils tuent eux-mêmes ces enfants. C'est la même chose lorsqu'elles donnent naissance à des enfants qui semblent être faibles sur le plan émotionnel. Ces enfants pleuraient lorsqu'on leur demandait de superviser un groupe d'esclaves travaillant dans une ferme. Ils se faisaient éclater les poumons et criaient d'horreur en regardant les esclaves sans défense travailler pour faire leur travail. Les Spartiates plus âgés considéraient que c'était une grande faiblesse, et ils ont fait une loi selon laquelle tout enfant qui ressentait l'émotion des serviteurs et la montrait serait frappé avec un club de la mort.

Malgré ces problèmes historiques, les empathies sont toujours en vie, marchant partout sur la terre comme les autres peuples. Vous vous demandez peut-être comment ils ont réussi à survivre tout ce temps. Ils étaient détestés du passé, souvent tués et criminalisés, mais nous les avons toujours sur terre. Vous devriez essayer de ne pas être surpris. Ils existeront sûrement comme les autres êtres humains pour toujours. Ce n'est pas parce que l'empathie peut se faire en ramollissant le cœur et en s'entraînant, c'est quelque chose de plus grand. Vous pouvez vous entraîner à devenir un empathique si vous souhaitez vraiment en être un. Mais l'essentiel est que les empathies ne sont pas faites dans la plupart des cas, ils naissent en tant qu'empathies.

Ils ne décident pas d'être empathiques eux-mêmes. Ils grandissent et se sentent profondément concernés par les autres. Ils consacrent tout leur temps et leur énergie aux autres et partagent les douleurs et les luttes physiques, mentales et émotionnelles des personnes qui les entourent. Si vous avez de l'empathie ou si vous en avez vous-même, vous remarquerez leur amour excessif pour les autres. Il n'est pas clair si chacune des nombreuses communautés du passé a donné un nom aux empathies. Mais nous les appelons aujourd'hui "empathies", bien sûr.

Dans l'histoire, nous savons que beaucoup ont été appelés sorciers en Europe, en Chine et en Amérique. Mais ce n'est même pas un nom particulier pour les empathies. D'autres personnes qui n'étaient pas empathiques étaient aussi appelées sorcières. En particulier, les femmes dont les enfants ou les maris meurent souvent. Bien sûr, ces femmes n'ont pas tué leurs proches, les décès étaient dus à des complications de santé telles que le groupe sanguin, les infections chroniques, les infections sanguines, etc. Ils étaient généralement innocents du crime dont ils étaient accusés, mais ils étaient quand même exécutés. Les empathies partageaient souvent la douleur des gens comme ça aussi, et ils n'avaient souvent aucun moyen d'aider.

Il était difficile de savoir si une communauté, dans le passé, se rendait compte que certaines personnes naissent avec la capacité de lire dans l'esprit des autres. Personne ne peut répondre avec certitude. Mais s'ils s'en rendent compte, ils doivent leur avoir donné un nom qui reste lui aussi mystérieux. Mais s'ils ne l'avaient pas fait à l'époque, personne ne l'a su avant le 18ème siècle. En fait, le mot "empathie" a été inventé par Edward Titchener à l'époque, et il a été créé à partir du mot allemand *Einfuhlung*.

Les premières recherches sur la nature des empathies ont commencé avec les Allemands (Willhiem Wundt, Rudolf Harman, Fredrich Theodor, etc.). Elle s'élargit avec les Anglais, les Américains, les Suisses et quelques Italiens. Selon Carl Jung, l'un des premiers psychologues à fournir des rapports complets sur le sujet, "Les émotions sont contagieuses. Nous comprenons maintenant, grâce à nos années de recherche, qu'il est absolument possible d'imiter inconsciemment l'émotion d'une autre personne au point de ressentir exactement ce qu'elle ressent".

Par la suite, les neuroscientifiques ont fait une découverte révélatrice. Il existe un neurone appelé "neurone miroir". Ce neurone permet de voir et d'imaginer les choses qui se passent dans le cerveau et l'esprit d'une autre personne. Tous les humains en ont, mais elle fonctionne mieux chez certains d'entre nous que chez les autres. Vous vous souvenez que je vous en ai parlé dans le dernier chapitre.

Au cas où vous ne sauriez pas que vous l'avez, c'est ce qui vous permet de regarder tout le monde autour de vous dès l'âge de 7 mois et plus. Ensuite, vous commencez à étudier et vous vous efforcez de refléter leur langue. Vous voyez quelqu'un qui vous sourit et vous le fixez très fort, en essayant de comprendre ce qu'il communique. Plus tard, vous comprendrez ce qu'ils faisaient et vous ferez briller votre bouche édentée en retour à tous ceux qui vous sourient. Votre neurone miroir vous aide aussi à imiter la façon dont les gens marchent, et c'est exactement pourquoi un bébé pleurerait quand il pense que tout le monde autour de lui pleure. Faites-vous le lien entre les points ? Je parie que c'est le cas.

Étudiez les enfants qui vous entourent. Vous remarquerez qu'en vieillissant, certains d'entre eux ont de meilleures relations avec leurs parents. Ils marchent pratiquement partout avec eux. Quand leurs parents sont en colère, ils essaient de se mettre en colère aussi, et quand ils voient leurs parents sourire ou leur demander de sourire, ils le font. C'est la racine de l'empathie. Si ce comportement se poursuit jusqu'à l'âge adulte, ils se sentiront impuissants face aux sentiments des autres et ne pourront rien y faire.

Pour d'autres, leurs neurones miroirs ne sont pas devenus aussi actifs parce qu'ils ne partagent pas les sentiments de leur famille jusqu'à l'âge adulte. Ils sont probablement devenus rebelles ou, comme cela arrive souvent, la famille n'a pas été assez heureuse pour maintenir un tel comportement.

Ces types de personnes ressentiront de la sympathie à différents niveaux, et non de l'empathie, et pour la classe bizarre (apathie, psychopathie et autres); leur neurone miroir ne s'est guère développé au-delà de l'enfance. Ils imitaient d'autres personnes en grandissant, mais c'était toujours pour survivre. Ils ont été élevés dans un environnement terrifiant où la mort et le danger étaient toujours présents. Tout le monde, y compris leurs parents ou leur tuteur, était extrêmement dur avec eux et ils avaient toujours peur. Ils ont senti que la survie était naturellement difficile et cela a façonné leur esprit.

Ai-je révélé quelque chose sur le type d'enfant que vous pourriez élever ? Vous devez y réfléchir, continuons.

Chapitre 3

Types généraux d'empathie

Si vous me demandez, il y a différentes façons d'être empathique. Nous les appellerons les types d'empathie, et il y en a beaucoup. Certains pensent que c'est juste 3, d'autres disent 5, 11 et ainsi de suite. La liste est infinie. Cela dépend de la personne à qui vous demandez et de ce que votre source sait. Il y a mille et dix façons de décrire quoi que ce soit, Empâtés inclus. Mais il y a certaines manières qui semblent communes et acceptées par les experts et les explorateurs d'aujourd'hui. Rappelez-vous que je vous ai prévenu qu'il faut renoncer à beaucoup de choses que vous avez apprises parce que la plupart ne sont pas tout à fait justes. C'est pourquoi vous ne devriez pas être surpris de voir que certains types d'empathie sont énumérés ici et que vous ne les avez jamais rencontrés. Vous en trouverez sûrement aussi que vous avez lu quelque part.

Pour commencer, je suis heureux de vous informer; je vais également clarifier les récits que vous avez entendus. Cette histoire selon laquelle un empathique doit entendre les animaux, sentir le son des plantes, faire ceci et cela et tant d'autres choses qui vous ont fait douter de votre empathie. Certains supposent même que si vous ne pouvez pas exercer toutes les compétences d'une empathie, vous n'en êtes pas un. Ce n'est pas juste, car il est possible que vous soyez un empathique avec plus de cinq talents, ou juste quelques-uns. Il vous suffit de cocher les types suivants et de voir à quoi vous appartenez. Si vous n'appartenez à aucun de ces types, vous n'êtes probablement pas encore un empathique, vous devrez peut-être laisser la nature suivre son cours.

Maintenant, pour être sûr que vous ne manquez rien, je vais classer les types d'empathies en deux. Elles ne sont pas contradictoires, ce ne sont que des façons différentes de voir le même problème. C'est parti !

Types d'empathies - 1

Empathie cognitive : l'empathie cognitive concerne votre capacité à penser. Pas seulement penser, mais calculer. Regardez une personne et imaginez ce qu'elle pense. Essayez de comprendre ce que chacun de leurs gestes dit d'eux. Si vous êtes un bon empathique cognitif, vous pouvez facilement fixer une personne qui donne une conférence et décider si elle était honnête ou non. On peut sentir l'arrogance, l'orgueil, l'honnêteté dans tout ce qu'on dit en les regardant simplement. Les narcissiques sont vraiment doués pour cela, et c'est une des raisons pour lesquelles certains universitaires insistent encore sur le fait que les narcissiques sont aussi une sorte d'empathiques.

Souvent, il est très difficile de lire la pensée d'une personne parce qu'elle peut délibérément cacher tous les éléments qui pourraient faire que les gens lisent dans leur esprit, elle dirait quelque chose et ferait parfaitement semblant que c'est sa véritable croyance, mais bien sûr, ce n'est pas le cas. Vous ne comprendriez pas des gens comme ça en les regardant, vous devez passer plus de temps à écouter et à essayer de comprendre plutôt qu'à essayer de savoir si c'est vrai ou faux. C'est une façon de stimuler votre empathie cognitive. Essayez d'abord avec vos amis, puis avec des étrangers.

L'empathie émotionnelle : c'est le prochain point le plus important. En fait, beaucoup de gens pensent que c'est le seul type qui existe, mais comme vous le voyez, ce n'est qu'un seul sur la liste. Alors, de quoi s'agit-il ? Il s'agit de la capacité à ressentir les émotions des autres. Alors que l'empathie cognitive se concentre sur la capacité à pénétrer, voir et partager les pensées d'une personne, l'empathie émotionnelle consiste à ressentir ce que la personne ressent.

Par exemple, Christie, une empathique, nous a expliqué dans une interview qu'elle avait assisté à la cérémonie de convocation de ses enfants à l'école. "Sur un siège, j'ai regardé un étudiant monter sur le podium, il allait faire un exposé sur l'amitié, il avait mémorisé l'exposé et n'avait donc aucun problème pour le réciter. Mais il pensait exactement le contraire de ce qu'il disait. Il n'avait pas d'amis et il détestait l'amitié, mais parce qu'il a été sélectionné, il est venu à bord et a parlé de la valeur des amis. Je peux dire ce qu'il pense en l'écoutant et en l'étudiant attentivement, je pourrais partager ses pensées comme un empathique cognitif".

Si j'étais un empathique émotionnel, il serait plus facile de lire ses sentiments. Je peux dire s'il était anxieux, heureux, inquiet, confiant ou désintéressé sans lui dire un mot.

Empathiques compatissants : Les Américains aiment les appeler les Heyoke Native American Empâtés parce qu'ils semblent tout connaître. C'est le plus compliqué des trois types d'empathiques abordés dans cette section. Ils ressentent ou pensent ce que vit leur cible, et ils s'assurent qu'ils font quelque chose pour y remédier.

Si vous constatez que le garçon qui monte sur le podium n'est pas confiant, vous vous approchez de lui et l'encouragez une fois qu'il est descendu. C'est la spécialité des empathies compatissants; ils incluent l'action. Dans un autre cas, vous sauriez ce que votre ami pensait après avoir perdu son emploi en tant qu'empathique cognitif, vous sauriez comment il se sentait et vous partageriez ses sentiments en tant qu'empathique émotionnel et empathique compatissant, vous vous rappelleriez avoir vu le problème des gens et en même temps y avoir mis les mains et les pieds.

Il est normal d'en avoir un, et les trois peuvent travailler ensemble en vous. D'autres personnes peuvent ressentir ces choses en sympathisant avec leurs amis, mais en tant qu'empathique, je peux dire ce que mon ami pense avec plus de précision, et je peux lui apporter les meilleures solutions.

Types d'empathies - 2

Claircognizant Empâtés : A mon avis, quelqu'un vous l'a déjà dit. C'est un type d'Empathie très populaire. Il s'agit de personnes qui ont une capacité particulière, celle de savoir. Si vous êtes un empathique clairvoyant, vous pouvez dire quand quelque chose ne va pas. Vous pouvez soudainement sauter de votre chaise dans un tribunal et crier sur un témoin qui rend compte : "Vous êtes un menteur !". Bien sûr, tous les yeux du tribunal se tourneraient vers vous, et le juge serait tenté de vous demander comment vous avez appris à savoir, si elle n'était pas assez furieuse pour vous envoyer en vacances en prison.

Si le juge vous a demandé "et comment avez-vous su qu'il mentait ?", vous pouvez toujours prendre des vacances en prison. Vous venez de perturber une procédure judiciaire, mais vous aviez raison ! Vous saviez la vérité, mais comment ? On ne peut pas le dire. En dehors des mensonges, vous pouvez dire qui a raison, ce qui est juste, ou ce qui ne l'est pas et qui ne l'est pas. On peut aussi savoir quand quelqu'un cache quelque chose ou n'est pas réel. C'est un beau cadeau, mais qui peut vous faire atterrir en prison pour n'avoir aucune preuve. De la même façon que cela était fatal pour les gens de l'ancien temps.

Empathies physiquement réceptives : Un autre nom pour les empathies comme celui-ci est celui d'empathie d'intuition psychique. Un empathique physiquement réceptif moyen est un rêveur. Si j'en étais un, je me tiendrais devant vous et je rêverais de vos traits physiques. Je rêverais de votre force, de votre faiblesse, de vos hauteurs, de vos douleurs, etc.

C'est une compétence qui combine l'empathie cognitive, émotionnelle et compassionnelle. Cela semble simple et direct, n'est-ce pas ? C'est vrai. Si vous êtes un empathique qui possède ce pouvoir, vous devrez l'utiliser chaque fois que vous souhaiterez guérir quelqu'un de ses douleurs immédiates. Ce que vous devez faire, c'est pénétrer l'esprit de votre cible et posséder ses caractéristiques physiques. Vous souvenez-vous de l'homme dont je vous ai parlé ? La grande empathie qui est mort et a sauvé son fils d'une flèche empoisonnée. Il fonctionne de la même manière, les empathies partagent les douleurs de celui qu'ils essaient de guérir, et dans le processus de guérison de leur cible, ils assèchent leur propre énergie à mesure que la cible s'améliore. Ils iront bien après un court moment. Les empathies qui ont cette compétence ne sont pas si courants en ville de nos jours.

Flora Empâtés : certaines empathies ont une capacité spéciale à s'occuper des plantes. Ils comprennent l'énergie des plantes et ils savent tout ce que chacune d'entre elles peut faire. Si vous entendez dire qu'un empathique présumé aime rester seul dans un jardin, vous ne devriez pas être surpris. Elle est probablement une empathique de la flore et elle tente de comprendre la puissance de cette plante. Les Empathies de la Flore sont assez courantes. Il est également possible que chaque empathie ait un peu de ce pouvoir, bien qu'ils semblent apprécier les plantes plus que les autres.

Si vous êtes un empathique de la flore, vous aurez la possibilité d'écouter les tourbillons des arbres et d'en tirer des significations. On peut dire que les plantes qui portent chance et succès sont celles qu'il ne faut jamais toucher. Lorsque votre cousin reçoit une fleur et décide de la placer quelque part dans la pièce, vous criez "Hé, sortez ça !", car votre instinct vous dit que la plante a quelque chose de mauvais. Dans un autre cas, "hé, donnez-moi ça", vous le persuadez et vous gardez cette fleur dans un endroit spécial de la maison. Un autel spécial que l'esprit des plantes vous demande de garder en pénétrant vos propres instincts.

Vous voyez maintenant qu'en tant qu'empathique, vous ne faites pas que pénétrer et partager l'esprit humain, vous comprenez les plantes et les animaux.

Fana Empâtés : On parle d'empathies qui comprennent les animaux, et il y a une empathie pour la faune. Ces types d'empathies étaient les plus populaires à l'époque préhistorique, et c'est pourquoi les gens supposaient qu'ils avaient un certain pouvoir extra-terrestre. Quelle est leur spécialité ? Ils comprennent les animaux autant que vous comprenez les êtres humains. Ils peuvent lire dans l'esprit d'un animal, ils peuvent écouter un animal et dire ce qu'un animal complote exactement.

Dans la plupart des cas, une empathie de la faune peut dire si un animal, en particulier un animal de compagnie, est possédé par certains esprits ou non. Non seulement ils entendent les animaux et comprennent ce qu'ils disent, mais ils peuvent aussi interagir avec tous les animaux.

Le plus étonnant dans le domaine de l'énergie de la faune est qu'il s'agit de l'énergie la plus méconnue aujourd'hui. Parfois, certains animaux vous fixaient et communiquaient. Sans faire de bruit, on croit entendre ce qu'ils essayaient de dire aussi, mais on s'en débarrassait en essayant de se concentrer sur le fait qu'on les enlève de sa chevelure ou sur la beauté de la chose. Vous n'avez pas remarqué que ce que vous pensiez avoir entendu faisait partie de la réalité.

Remarquez vous-même, si vous commencez à contrôler le chien dans la maison en silence. Si vous remarquez que, sans dire un mot, vous pouvez contrôler un chat ou lui dire ce que vous pensez et qu'il semble réagir, alors je parle très probablement de vous. Vous avez une compétence que vous pouvez développer en la mettant en pratique à chaque fois.

Empathies moyennes : L'empathie moyenne est l'empathie spirituelle. Il peut écouter les esprits quand ils entrent dans la maison. Il peut voir les esprits patrouiller dans la cuisine ou s'asseoir là où papa allait s'asseoir. Les empathies moyennes ont généralement la vie dure. Personne ne les prend au sérieux et les gens préfèrent penser qu'ils deviennent fous.

Si vous avez ce pouvoir, vous avez probablement le monde entre vos mains. Les esprits comprennent tout ce qui se passe sur la planète Terre, et ils peuvent vous aider chaque fois que vous en avez besoin, tant que vous entretenez de bonnes relations avec eux. Il faut cependant noter qu'être une empathie moyenne vient avec ses problèmes. Vous pouvez vous asseoir dans le salon quand un esprit entre. Il se trouve juste en face de vous, vous regarde droit dans les yeux et vous raconte ce qui s'est passé dans l'autre monde. Votre mère, qui ne se doute de rien, pourrait entrer dans le salon à ce moment-là et vouloir s'asseoir à l'endroit exact où se trouvait votre visiteur spirituel. Vous feriez de votre mieux pour l'avertir. Non, maman ! Quand elle regardait autour d'elle et ne trouvait personne, elle vous fixait curieusement, se demandant de quoi vous parliez. Elle commencerait alors à penser que vous perdez la tête et tout le monde le penserait aussi.

Les empathies télépathiques : Les empathies télépathiques sont les empathies traditionnelles. Le type d'empathie le plus simple qui vient à l'esprit de quiconque lorsque vous mentionnez les empathies. Ils sont du genre à s'asseoir devant vous et à vous écouter en vous regardant dans les yeux et en vous disant précisément ce que vous pensez. Ils peuvent prendre note de vos gestes, de vos non-dits et de vos réactions pour déterminer avec précision ce que vous pensez.

Ils sont du type que j'ai appelé empathie cognitive il y a peu de temps. Aujourd'hui, ils n'ont même plus besoin de s'asseoir autour de vous. Ils peuvent lire vos livres, votre autobiographie et une véritable information écrite sur vous. Avec ce petit morceau, les empathies télépathiques talentueux peuvent penser et dire la prochaine étape que vous prévoyez de franchir. C'est pourquoi la police moderne aime inviter des empathies télépathiques lorsqu'elle enquête sur des affaires criminelles difficiles. Une fois que ce genre d'empathique a lu les faits disponibles sur un criminel, elle peut fermer les yeux et entrer dans l'inconscience. Ils font de leur mieux pour se connecter à l'esprit et à la pensée dudit criminel.

Le plus souvent, ils réussissent.

Les empathies géomantiques : Tout empathique ayant des capacités géomantiques peut interpréter les signes de la terre. Ils semblent avoir une oreille attentive à la nature et aux événements naturels. Il leur suffit de voir et d'écouter, ils liraient avec précision le signal que chaque circonstance naturelle apporte ou prédit. Un soleil intense demain ? Un temps agréable à venir ? Un jour de pluie ? Le vent donne-t-il un avertissement juste ? Ils peuvent aussi l'entendre et l'interpréter.

Si le monde en avait assez, nous ne devrions probablement pas envisager l'astrologie. Ils le savent déjà. Ils peuvent prédire si un tremblement de terre, un brasier ou une catastrophe naturelle de quelque nature que ce soit va se produire. Mais de nombreuses raisons pourraient compliquer l'existence des empathies géomantiques.

En premier lieu, beaucoup d'entre eux ne savent même pas qu'ils ont le talent d'empathie géomancienne, ce qui signifie qu'ils ne se sentiront jamais à la hauteur de la tâche. Chacun se demandait "pourquoi je ferais cela". À d'autres moments, certains remarqueraient par hasard qu'ils ont le talent, mais cela ressemblerait à une blague pour eux : "Hé ! Pariez votre bouteille, le ciel sera bleu tout au long de la journée de demain, sans soleil", paraient-ils et, comme vous vous en doutez, ils gagnent. Mais c'est tout ce qu'ils en font. Plutôt que de parier leur talent, ils pourraient l'utiliser à des fins plus importantes et plus productives. Mais ils ne savent même pas qu'il y a un talent.

Empathies psychométriques : Les empathies psychométriques sont des physiciens du son. Qui sait, les pères fondateurs de la physique et de la psychométrie étaient des empathies. C'était une blague. Mais les empathies psychométriques sont des individus sains qui ne voient rien dans quelque chose. Ils peuvent percevoir des informations provenant de morceaux d'objets non vivants et ils peuvent également sentir l'esprit de ces objets.

Ne soyez pas surpris lorsque votre enfant se précipite soudainement dans votre chambre, prétendant que le nounours de la chambre le fixe, ou que le pot d'eau menace de le punir. Les enfants peuvent être imprévisibles, mais ils ont tendance à voir et à ressentir ces choses plus qu'un adulte. Si votre enfant court vers vous à chaque fois pour signaler un objet dans le salon ou la statue géante dans le couloir, il s'agit probablement d'un empathique psychométrique. Il peut les voir et les écouter, et il est menacé parce qu'il est trop jeune pour prendre confiance en lui, la seule entité qui le ferait marcher parmi eux tous sans crainte.

Lorsque vous remarquez que vous pouvez lire des objets non vivants, que vous pouvez dire quand une cuillère est sur le point de se casser, qu'un appareil électronique est sur le point de développer des problèmes ou que votre pantalon prévoit de se déchirer, vous avez une compétence que vous devriez vraiment affiner.

Empathies intelligentes : Les Empathies intelligents se trouvent dans le système universitaire. Ce sont des gens qui ne peuvent pas expliquer comment ils font, mais ils sont très intelligents au-delà de leur âge. Ils ne passent pas une si longue période de lecture, et ils se souviennent de tout ce qu'ils ont scanné avec leurs yeux, bien plus que ceux qui le lisent avec toute leur attention. Ils sont également plus performants que n'importe qui d'autre dans leur domaine.

Ça commence à vous ressembler ? Ne vous excitez pas trop. Il y a une autre partie que vous devez examiner. Les empathies du renseignement peuvent lire le jargon. Lorsqu'ils rencontrent des mots qu'ils n'ont certainement pas vus, ils peuvent les lire et y apporter des réponses précises. Ai-je encore l'impression de parler de vous ? Tenez, vous avez mon chapeau si c'est un oui. Si vous avez un "non", veuillez me rendre mon chapeau.

Empathiques récognitifs : La précognition est le type d'empathie le plus courant que tout le monde considère généralement comme "toute autre personne". Cependant, ils sont réputés pour leur capacité de prédiction. Ce ne sont pas des voyants ou des devins, et personne ne pense que leurs instincts sont particulièrement puissants. Leurs instincts peuvent soudain éveiller un esprit en eux, leur donnant le signe que quelque chose est sur le point de se produire. Vous vous souvenez que j'ai mentionné une fois une amante qui vivait dans la ville B alors que son mari était dans la ville A. Elle était à l'aise avec les autres personnes jusqu'à ce qu'elle ressente soudainement une impulsion. Elle savait que quelque chose allait se passer, mais où, quand et ce qui n'était pas des questions auxquelles elle pouvait répondre. Une personne qui possède de telles compétences est sans aucun doute un empathique récognitif.

Dans les rapports populaires, les empathies récognitifs savent ce qui va se passer. Ils savent aussi où et quand, mais ils n'ont généralement pas le pouvoir d'arrêter l'événement. Par exemple, un enfant qui a rêvé que son père partait travailler et qui a été abattu en chemin. Un tel enfant comprend exactement ce qui allait se passer, mais il n'y a guère de père au monde qui prendrait au sérieux les rêves d'un petit enfant. C'est juste un rêve, ma chérie", lui disait son père en le serrant dans ses bras, et il partait mourir sous la pluie de balles des mafias de rue. Parfois, un tel empathique serait surexcité sans raison valable. Elle peut soudainement devenir anxieuse, agitée, agitée ou son rythme cardiaque peut doubler. Parfois, on devenait soudain curieux et on fronçait les sourcils. Ce qui leur vient à l'esprit, c'est l'endroit où se trouve le problème.

Par exemple, si votre émotion change soudainement et que les pensées de votre meilleur ami vous remplissent la tête, appelez-le immédiatement. Dites-lui tout ce que vous pouvez penser et assurez-vous de le garder en contact.

Au cours des dernières pages, je vous ai montré qu'une empathie a beaucoup de pouvoirs, et vous en êtes probablement un. Il n'est pas nécessaire d'en être un, mais si vous lisez ce livre, vous avez certainement vu certains signes et vous êtes impatient d'en savoir plus. Maintenant, vous en savez plus, et vous pouvez juger si vous ou l'un de vos amis en est un ou non.

Chapitre 4

Comment savoir si vous êtes un empathique

Avez-vous lu mes derniers chapitres ? Vous auriez alors déjà compris l'allusion. Il y a des signes évidents que vous allez repérer chez quelqu'un ou chez vous-même si vous êtes un empathique. Il y en a beaucoup aussi, et j'ai fait référence à certains d'entre eux en vous parlant dans les dernières pages. Mais je dois épeler chacune d'entre elles pour les mettre en évidence et les clarifier.

Rappelez-vous que je l'ai dit, je vais vous dire 20 signes différents. Si vous en avez trouvé un seul ou jusqu'à six, vous n'êtes probablement pas un empathique. Vous n'êtes qu'émotionnel, peut-être très sympathique. Mais si vous en trouvez plus, disons de sept à quinze, il n'y a rien à redire, vous faites partie des empathies vivants et talentueux qui peuvent sauver le monde; amusez-vous tout en chassant pour vous-même :

Vous êtes un drôle de type : le signe le plus simple de l'empathie est que vous êtes un drôle de type. Vous êtes le seul à faire les choses les plus bizarres partout. A la maison, à l'école, au travail, partout. Vous êtes juste la fille qui ne ferait pas ce que tout le monde fait. Ce sont les amis qui traînent ce soir, pas vous. Tout le monde parlait du film qu'ils ont vu et de cet artiste célèbre, ce ne sont pas vos affaires. Tout le monde pense que le Parlement rend le pays fou; peu importe. Vous pourriez vouloir vérifier la liste suivante, vous êtes peut-être le gars dont je parle.

Vous détestez le public : C'est comme la première chose dont nous avons parlé là-bas. Il ne s'agit pas d'être introverti, extroverti ou tout autre type de vert, vous détestez le public et il n'y a pas de réciprocité dans la façon de le dire. À la moindre occasion, vous sortez de la salle à manger et vous vous rendez directement dans votre coin silencieux et autonome de la pièce. C'est vrai, quand la cloche sonne, vous êtes hors du public, vous glanez des yeux et des conversations curieuses au bureau, dans la rue et directement chez vous, pas de dîners, pas de sorties, pas de discussions supplémentaires avec qui que ce soit, vous voulez juste être chez vous. Si c'est vous, vous êtes mon empathie potentiel.

Vous êtes au courant de choses étranges : D'une manière étrange, vous ne vous connaissez pas vous-même, vous savez toujours quand quelque chose ne va pas. Vous pouvez fixer une personne qui fait un discours et secouer la tête en disant : "Il y a quelque chose qui cloche". La plupart du temps, si ce n'est pas tout le temps, il s'avère que vous avez raison. Tu es le seul qui ne souriait pas quand maman est revenue avec une voiture toute neuve. Pourquoi ? Qu'est-ce qui ne va pas chez vous ? Tout le monde le demanderait, mais vous ne vous connaissez pas vous-même et vous voulez lui dire de rendre cette voiture au vendeur. Mais cela n'a aucun sens et vous ne trouvez pas les mots pour le dire à qui que ce soit. Tu oses le dire à ta sœur et elle pense que tu es fou, tu n'as pas le choix, tu abandonnes. Quelques semaines plus tard, maman a eu un accident dans cette voiture. Vous avez toujours eu l'instinct quand quelque chose ne va pas. N'est-ce pas ? Cela vous ressemble-t-il ?

On peut lire un cœur comme un livre : C'est la partie la plus folle de votre compétence. Vous pouvez vous tenir devant une personne et voir à travers sa tête. Vous savez exactement ce qu'ils pensent et il semble que vous puissiez lire leurs pensées. Vous êtes un détecteur de mensonges naturel. Il suffit de faire ce sourire sournois et de jouer le jeu quand quelqu'un vous ment. Vous ne les avez pas vus ni pris en flagrant délit, mais vous croyez fermement que tout cela est faux. Bien que vous ayez toujours été attentif et que vous n'ayez jamais fait le spectacle pour eux. Au final, vous réalisez qu'ils avaient tort et que votre instinct avait de nouveau raison. Lorsque quelqu'un ne dit pas toute la vérité, il suffit de prêter attention à ses mots et à ses pensées et vous pourriez lui arracher la vérité.

Vous êtes l'hacker émotionnel : c'est quelque chose que vous essayez de masquer à chaque fois. Vous vous rendez compte que votre cœur se brise facilement et vous ne voulez pas que l'on pense que vous êtes mou. Mais à l'instant où vous écoutez une vieille femme mourante vous raconter ses histoires, ou le petit garçon sans défense vous parler de sa famille, vous fondrez en larmes d'émotion. Sentir les douleurs exactes que ces personnes traversent et souhaiter que vous puissiez les sortir de là à la seconde même. C'est exactement ce qui se passe quand vous regardez des films. Vous pouvez sentir la douleur des acteurs et vous vous retrouvez à pleurer devant la télévision. En fait, c'est pourquoi vous préférez partir quand tout le monde est assis à la télévision. C'est un signe fort que vous êtes empathique, surtout si vous oubliez tout le reste et que vous vous êtes laissé submerger par les sentiments de la personne que vous venez d'entendre.

Vous êtes l'interlocuteur de tout le monde : malgré le fait que vous essayez d'éviter tout le monde à chaque occasion. Vous restez l'interlocuteur privilégié de tous. Tout le monde pense que vous êtes gentil, calme et que vous avez des oreilles attentives, donc elles seraient toujours à votre porte. Ils sont venus vous dire ce que leur petit ami a fait, ce qui s'est passé au travail et pourquoi ils étaient suspendus. Ils sont venus pour écouter vos conseils. Ils veulent votre motivation et ils croient que vous êtes juste la fille qui comprend et ne voit jamais rien de mauvais en eux. Même les étrangers qui utiliseraient votre table dans votre restaurant, ou qui monteraient à côté de vous dans un bus plus grand. Si cette indication se renforce avec vous, vous êtes probablement un empathique car les gens ne viendraient à vous que parce que vous pouvez lire dans leurs pensées et que vous comprenez, alors vous avez les bons mots et l'esprit pour les guérir. Cela ressemble vraiment à de l'empathie.

Vous êtes extrêmement passionné par les humains : pourquoi un dirigeant serait-il corrompu ? Pourquoi tous les dirigeants ne devraient-ils pas donner leur vie pour leurs partisans ? Vous ne pourrez jamais trouver les réponses à ces questions parce que le leadership est un sujet important pour vous. Vous préféreriez mourir plutôt que de ne pas prendre à cœur l'intérêt de vos fidèles si on vous en donnait la chance. Vous détestiez l'idée de faire du mal à vos partisans et vous vous arrangez pour que le leadership soit inclusif et que chaque droit soit respecté. Bien sûr, on se sent toujours mal à l'aise et incertain de participer aux élections, de voter, de faire campagne ou de se présenter, on en rêve quand même. Est-ce que je parle de vous ?

Vous **pouvez choisir la maladie comme un éclair** : vous savez, les médecins et la plupart des experts médicaux pensent que la transmission des maladies est généralement due à certains facteurs dont personne ne peut être sûr. Ce n'est pas un problème. Mais un fait qui réapparaît est que les gens comme les empathies ont aussi le pouvoir de partager ou de transférer la maladie.

Si vous avez ce genre de pouvoir, vous irez un jour rendre visite à une amie, la trouverez dans un lit de malade et fermerez les yeux juste à côté d'elle, vous aurez toute sa maladie visible pour vous et partagerez également cette maladie. C'est quelque chose que la plupart des gens ne voudraient jamais faire, même s'ils en ont le pouvoir, mais les empathies adorent le faire. En un clin d'œil, leur peau se met à fumer, le transfert de la maladie se fait.

Votre cas n'est peut-être pas exactement comme ça, mais si vous remarquez que vous avez le pouvoir de contrôler les maladies physiques des gens (en particulier les cas comme le froid, les catarrhes, les douleurs corporelles et les infections oculaires) et d'en partager certaines avec vous, vous devrez peut-être améliorer vos compétences, mais vous êtes l'empathique dont nous parlons.

Le bas du dos et les problèmes digestifs : Savez-vous qu'il existe une partie du corps humain qui stocke les émotions ? Il est appelé chakra du plexus solaire et se trouve au centre de votre abdomen. Vous commencerez à ressentir des douleurs inexplicables à partir de ce moment, au moment où vous allez prendre l'émotion d'une autre personne. De temps en temps, on se sentait frappé à cet endroit par quelque chose de lourd et de dur, et on se mettait à genoux, le ventre serré dans les mains. Cela n'arrive pas tout le temps, mais vous pourrez dire quand cela se produit; ce que vous ressentez, c'est que votre estomac est au-delà de ce que les médecins pourraient espérer guérir. Vous vous êtes peut-être plaint à un médecin, mais il n'a rien trouvé à redire, ou alors vous n'avez que des suggestions qui ne vous changent pas du tout. Pour un empathique qui peut imiter et ressentir l'émotion des autres, les troubles de l'estomac et les maux de dos sont des caractéristiques complémentaires.

Vous avez l'œil pour les perdants : voilà quelque chose qui pourrait vous ressembler. En tant qu'empathique, vous transformeriez la chaîne de télévision en un jeu de boxe et vous y prêteriez toute votre attention. Vous sentez chaque coup dans votre tête et vous esquivez chaque vague de coups du boxeur. Bien sûr, vous esquivez et frappez le vôtre dans votre siège. Mais ce qui est remarquable, c'est que vous ressentiriez de la pitié. Vous auriez de la peine pour le perdant. Vous ne pensez pas qu'il doit gagner ou non, vous ne vous préoccupez que de lui. Plutôt que de partager la victoire du vainqueur, vous êtes du genre à penser à l'ego, aux douleurs et à l'humiliation du perdant. Vous le feriez même si vous étiez un grand fan du gagnant. La boxe en est un exemple, vous ferez la même chose lors de l'annonce des résultats des élections, lors d'un match de football, etc. Cela me ressemble beaucoup en fait, il faut me voir regarder le basket. Mais il ne suffit pas de se dire empathique.

Vous êtes toujours en fuite : pourquoi je ne fais que le mentionner ? Cela n'a pas d'importance de toute façon. Le fait est que vous êtes toujours en train de tout fuir. C'est quelque chose d'avoir une phobie de la foule, c'en est une autre de vouloir toujours recommencer. Vous avez cela aussi. Vous souhaiteriez toujours pouvoir fermer les yeux et toute douleur disparaîtrait. Vous souhaitez ne plus écouter les souffrances et les douleurs des gens. Vous essayez de vous saouler et d'être irresponsable juste pour noyer la peine des autres qui ne cesse de résonner dans votre tête. Mais rien n'a jamais semblé fonctionner. Vous écouteriez encore demain. Vous partageriez toujours vos peines et offririez votre aide sans y penser à deux fois demain. Il n'y a aucun doute là-dessus non plus, si c'est vous, vous êtes un empathique.

La fatigue : Pour des raisons que vous ne pouvez pas expliquer, vous pourriez aussi vous sentir noyé facilement. Vous ne ressentez pas les vibrations et la rigueur que ressentent les autres personnes et vous n'êtes que votre moi tranquille et fatigué. Vous vous sentiriez faible après avoir pris les traits physiques ou émotionnels d'autres personnes et ce qui est décourageant, c'est que rien ne peut vous guérir. La drogue, le sommeil, les sketchs comiques, rien ne vous guérit et cela se passe tous les jours.

Créativité : Oui, c'est le mot. Parce que vous êtes souvent silencieux et que vous vous efforcez de trouver des solutions à tout, vous vous tournez vers la créativité. Dans la résolution des problèmes à la maison et au travail, tout le monde aime écouter ce que vous avez à dire, ils sont toujours éblouis par votre façon de résoudre les problèmes. Ce n'est pas tout, vous pouvez composer de belles chansons et c'est généralement sur la vie. Sur les amis, les gens et la nature. Vous êtes assez doué pour l'écriture et vous l'êtes aussi pour le chant et le dessin. La plupart des empathies n'aiment pas agir.

Vous voulez votre monde : vous n'êtes pas toujours excité par la perspective de vivre une grande vie dans la richesse et de contrôler les gens. On ne se sent pas déclenché quand quelqu'un parle de vivre une grande vie de voitures de luxe et de maisons fantaisistes. Tout ce que vous voulez, c'est votre propre monde. Vous voulez vous promener dans votre jardin tranquillement, seul. Vous voulez regarder les poissons rouges pendant des heures et sourire à l'été qui s'épanouit. Vous aimez être dans votre propre chambre, seul, à faire ce qui vous convient. Même sans quitter votre propre chambre, vous êtes sûr d'avoir assez à faire jour et nuit.

Vous êtes vous-même une plante domestique : En tant qu'empathique, vous partagez probablement ce fantasme de plantes que vous pourriez faire passer pour une. Vous êtes toujours dans le jardin, à les regarder et à écouter leurs ondes silencieuses par temps frais. Lorsque vous êtes poussé par votre énergie, vous pouvez commencer à imaginer que les plantes vous parlent aussi. Il semble souvent que vous entendez chaque mot qui passe et que vous pouvez comprendre. Vous pouvez sentir l'énergie d'une fleur, vous pouvez entendre ses appels angéliques et vous savez où elle serait plus heureuse dans la maison. Vous croyez fermement que les plantes peuvent vous entendre, alors vous passez du temps à leur parler en passant devant chacune d'elles, et vous pensez qu'elles peuvent vous répondre. C'est une compétence difficile. Car si vous n'entendez vraiment pas ces plantes, cela pourrait être le signe d'une maladie mentale ou psychologique. Si vous l'entendez, les gens penseront toujours que vous devenez fou de toute façon.

Vous êtes un maniaque des animaux de compagnie. Vous aimerez beaucoup les animaux si vous êtes empathique. L'amour particulier que les empathies ressentent pour les animaux pousse beaucoup d'entre eux à devenir végétaliens. Et ils préfèrent être frappés que de vous laisser frapper un chat fou sur la route. Une empathie transportait ses animaux de compagnie partout et à chaque fois. Et avec le temps, ils peuvent entendre ce qu'il pense et ce qu'il dit. Vous pouvez entendre non seulement votre animal de compagnie si vous êtes un empathique, mais aussi tous les autres animaux. Les psychologues et les neuroscientifiques des temps modernes ont des problèmes avec cette fonction. Ils ont beaucoup de mal à comprendre s'il est possible d'entendre ces animaux ou si c'est un mauvais fonctionnement du cerveau qui fait que cela semble être la réalité. Il n'y a pas encore de discorde, mais si vous pouvez ressentir, avec d'autres talents surnaturels, vous le pouvez tout simplement.

Vous écoutez comme si c'était tout : Un autre talent particulier des empathies est qu'ils écoutent comme si c'était le mieux qu'ils pouvaient faire. Ils resteraient silencieux et attentifs alors que chacun se présenterait et partagerait tous ses problèmes de vie. Ils ne discuteraient ni ne débattraient. De temps en temps, ils ont des suggestions utiles et ils sont toujours prêts à sacrifier leur temps. Comme vous pouvez le deviner, ce talent s'accompagne d'autres compétences et il demande beaucoup d'endurance et de patience. Les empathies les ont en vrac.

Vous pouvez sentir le jour : Une fois de temps en temps, les empathies ont la capacité de lire le jour. Si vous êtes du genre à vous réveiller le matin et à regarder autour de vous après avoir bâillé "Oh ! ça va être une belle journée", et que vos prédictions sur les jours étaient justes, vous êtes probablement l'un des empathies. Les empathies peuvent sentir le jour et son énergie, ils savent quand le jour semble terne et malheureux et pourrait porter malheur, ils connaissent un jour brillant même quand le ciel semble sombre. Si vous vous êtes déjà assis à côté de quelqu'un qui vous a déclaré que "la journée n'était pas bonne", vous ne devriez jamais en discuter avec lui, même s'il ne savait pas qu'il était empathique, il pourrait l'être.

Vous détestez les objets d'occasion; les empathies sont des gens qui ont confiance en eux et qui se battraient pour la conserver. Ils perdent leur confiance et s'irritent lorsqu'on leur fait utiliser des produits d'occasion. Ils se sentent mal à l'aise et ils peuvent sentir l'esprit de celui qui a utilisé la robe, les chaussures ou la voiture qui s'y trouvait. Même si elle a l'air immaculée, ils n'y trouveront jamais leur bonheur. Si c'est aussi ce que vous ressentez dans un produit d'occasion, cela pourrait être un autre signe que vous faites partie de ceux sur lesquels j'écris.

Vous êtes votre propre prise; Enfin, les empathies sont leur propre source de motivation. Ils sont tout ce dont ils ont besoin pour repartir à zéro. Ils ont partagé beaucoup d'esprits. Ils ont entendu beaucoup de douleurs, de larmes et de craintes, ils sont meurtris par le mélange d'expériences dans leur tête et, commodément, ils peuvent se motiver. Les empathies ont souvent recours à l'addiction pour se sortir de leurs problèmes. Ils buvaient parfois pour noyer leurs soucis. Mais cela ne devrait pas se produire dans votre cas. Vous pouvez vous rappeler que vous devez être disponible pour aider les autres, et c'est pourquoi vous ne devez jamais vous fatiguer ou vous affaiblir. Vous devez devenir avocat pour pouvoir faire campagne pour les personnes sans défense dont les voix résonnent à vos oreilles, entre autres motivations intrinsèques. Les empathies sont toujours motivées par eux-mêmes, n'est-ce pas ?

Ouf ! J'ai énuméré les vingt comme promis. Maintenant, revoyez-les et faites une réflexion approfondie, en êtes-vous ou votre meilleur ami ?

Chapitre 5

Prospérer en tant qu'empathie - Protégez votre énergie

Demandez à n'importe quelle empathie, ils ne savent pas comment, mais ils n'ont guère l'énergie pour faire quoi que ce soit. Toujours fatigué, épuisé et à la recherche de toutes les occasions de sauter dans un lit et de s'évanouir immédiatement. Si vous vous observez suffisamment bien, vous vous rendrez compte que vous êtes souvent étourdi, calme et en état d'apesanteur. La plupart du temps, vous ne pouvez pas rassembler l'énergie nécessaire pour faire quelque chose de sérieux, et pourtant, les gens ne cessent de venir vous voir.

Être empathique n'est pas une raison pour devenir un sadique vivant et sans vie. Vous devez être vivant, agile et heureux. Vous pouvez ressentir cela de temps en temps, mais cela ne durera guère le temps qui passe. Votre éclat s'estomperait après avoir discuté avec quelques personnes seulement. Vous devez protéger votre énergie positive, vous devez vous épanouir au-dessus de l'énergie négative qui irradie les gens et leurs problèmes, et vous devez vous distinguer comme la lumière de puissance. C'est la seule façon d'aider les gens à sortir de leurs problèmes.

Cette énergie négative qui vous rend faible, sans vie et malheureux est le résultat de la négativité que vous avez absorbée des autres, et des vampires émotionnels qui ont aspiré votre énergie positive et l'ont remplacée par une énergie négative. Vous n'obtiendrez peut-être pas cette énergie de leur part, mais les moyens suivants sont sûrs de vous protéger et peuvent vous aider à vous épanouir en tant qu'empathique vivant avec une énergie positive;

Sachez quand tracer les limites : Tracer les lignes est nécessaire pour toutes les empathies. Vous devez savoir quand arrêter d'écouter et protéger votre énergie. Des gens sympathiques qui peuvent le faire sans cligner des yeux; rappelez-vous que j'ai mentionné certains de mes amis qui vous feront simplement marcher sur vos épaules et s'éloigneront. En tant qu'empathique, vous pourriez toutefois trouver cela difficile.

Lorsque vous rendez visite à votre amie et qu'elle se met à pleurer au sujet de son mari qui est resté inconscient à l'hôpital pendant un certain temps, vous devenez également émotif. Vous oubliez que vous êtes épuisé au travail et vous proposez de mettre le lit des enfants pour elle. Ou peut-être, rester près du lit de son mari. Ces choses peuvent encore plus saper votre vie, et vous devez le savoir lorsque vous ne devez pas les faire.

En tant que personne talentueuse, votre instinct vous dit quand ce que vous allez faire vous coûtera beaucoup de temps et d'énergie. Vous devez écouter votre instinct si vous voulez protéger votre énergie. En fait, certaines personnes émettent de l'énergie négative. Vous pouvez être positif et vivant avant de les rencontrer, mais l'atmosphère changera dès que vous serez assis à côté d'eux et que vous écouterez leurs problèmes. Avez-vous remarqué quelqu'un comme ça ? Restez loin d'eux, après tout, il est beaucoup plus facile de protéger votre énergie en empêchant l'énergie négative de vous irradier. De plus, il y a d'autres personnes qui partageront leurs problèmes et votre âme ne se lassera pas. Vous partageriez leurs douleurs mais vous resteriez assez optimiste pour les guérir avec vos mots et votre esprit, sans nuire à votre esprit. Alors, quand cela ne vous convient manifestement pas, dites non et essayez d'être ferme !

Disposer d'un système de sauvegarde : Votre âme est très spéciale, mais vous devez l'entretenir de la même façon que vous entretenez l'âme des autres. D'autres personnes viennent et vous partagez leurs expériences mentales, physiques et émotionnelles, vous partagez leurs inquiétudes et leur simplifiez la vie. Vous devez trouver un moyen d'obtenir la même chose pour vous aussi. Alors, vous voudrez peut-être répondre à cette question : qu'est-ce que vous aimez faire pendant vos loisirs ? Quelle est cette activité qui peut vous remonter le moral et vous donner une énergie positive ? N'y a-t-il pas des gens qui veulent vous écouter aussi ?

Prenez tout le temps qu'il vous faut pour y réfléchir. Vous devrez vous rabattre sur ces activités chaque fois que vous aurez besoin de bonnes vibrations. Le jogging, c'est votre truc, ¿pourquoi pas la danse? Manger, c'est ce qui fonctionne pour certaines empathies. Je peux également vous assurer, grâce à mes années de recherche et d'expérience, que la plupart des empathies aiment écrire et chanter dans les murs de leur chambre. Lorsqu'ils s'ennuient, sont fatigués et faibles, il leur suffit de s'asseoir sur leur chaise préférée et de commencer à écrire. Sans avoir rien en tête plus tôt, ils écrivent souvent sur ce qui leur fait mal au cœur. Ils ont fait part de leurs souhaits et de ce qu'ils feraient s'ils avaient la possibilité de remonter le temps. Ils composeraient des chansons sans trop réfléchir, et avant que vous ne le sachiez, l'ambiance négative se perd dans l'effusion et ils grésillent de bon sentiment.

En outre, vous pouvez vous réjouir de la présence de vos parents et de vos amis ou parents proches. Si vous êtes dans un foyer où il n'y a pas que vous dans la chambre, votre colocataire doit aussi le savoir. Ils doivent comprendre votre nature et comment elle peut vous faire sentir seul et faible. Ne les faites pas deviner et ne présumez pas qu'ils savent, prenez votre courage à deux mains et parlez-en avec eux. Il est vrai que beaucoup stigmatisent souvent les empathies, mais ce n'est pas une raison pour ne pas essayer. Ils sont les plus proches de vous et ils comprendront probablement que ce n'est pas votre faute, que n'importe qui sortirait d'une peau empathique s'ils avaient le choix. Mais vous y êtes, et ils sont tout ce que vous avez.

Habitez la puissance de l'eau : L'eau est la ressource naturelle la plus puissante de la planète. Il peut vous guérir d'une manière à laquelle vous n'avez pas pensé. C'est pourquoi je suggère souvent que même lorsqu'un empathique écoute les gens, il devrait tenir un verre et boire pendant qu'il écoute. Si vous êtes capable de boire de façon constante tout au long de la conversation, vous conserverez certainement votre énergie positive même après avoir inconsciemment piraté l'esprit de l'orateur et vous pourrez ressentir ce qu'il ressent.

Par exemple, un collègue qui vous a invité à dîner pour vous révéler des problèmes personnels vous parlait. Elle envisageait de quitter son travail et de s'enfuir parce que son patron la harcelait sexuellement, mais elle avait peur de ne jamais trouver de travail après que les dossiers aient indiqué qu'elle avait quitté son ancien emploi sans raison valable. Si vous pouviez boire de l'eau en permanence en l'écoutant, vous ressentiriez de la pitié comme si vous étiez à sa place, mais la négativité de son émotion ne se répercuterait jamais sur votre énergie positive. Le résultat est que votre énergie positive s'épanouira et que vous pourrez facilement la conseiller ou l'écouter davantage.

Le pouvoir de l'eau ne se limite pas à la boisson. Les recherches de Ruthann en 2015 ont prouvé à tout le monde que, naturellement et surnaturellement, verser de l'eau sur son corps peut guérir son esprit. Laissez l'eau couler sur toutes les parties de votre corps. Parfois, lorsque vous fermez délibérément les yeux dans le bain, vous pouvez presque sentir le picotement de l'esprit d'excitation qui coule dans vos veines. Même si vous êtes fatigué ou si vous vous sentez mal, un bon bain d'eau peut vous remonter le moral. Vous pouvez vous immerger dans l'eau aussi longtemps que les gens. Vous pouvez fermer les yeux et vous imaginer en train de sauter dans un beau lac ou une cascade sous le soleil du matin. Certains experts recommandent d'utiliser également un bain thermal ou un bain sous la pluie.

L'autodiscipline : Je sais que cela devrait être la première, mais en parler maintenant n'est pas une si mauvaise idée. Vous devez vous contrôler afin d'économiser votre énergie. Vous avez une forme d'énergie dont le monde a besoin à chaque fois, vous ressentirez sûrement cette envie de vous lancer dans un problème et d'offrir votre aide aussi.

Mais vous ne pouvez pas le faire à chaque fois. Vous devez commencer par prendre note de la façon dont vous passez vos journées. ¿Bous estayes toujours d'économiser de l'énergie? Et ceux avec qui vous êtes en relation, sont-ils du genre à vous vider de votre énergie par leur négativisme ? Pensez-y, est-ce le Dick et Harry qui voudraient toujours que vous pensiez que la vie n'a été mauvaise que pour eux ? Vous devez vérifier avec qui vous passez votre temps. Avez-vous même pris du temps pour votre propre plaisir ? Créez un meilleur environnement pour vous-même. Une énergie positive ne vient pas de ce qu'ils mangent, mais de ce qu'ils ressentent dans l'environnement.

Créer un contrôle rapide : Si vous avez une conversation avec une femme condamnée, par exemple, elle est en prison et elle sera bientôt pendue. Bien que ce ne soit pour rien qu'elle ait mal agi. Son mari et son frère étaient morts d'une intoxication alimentaire dans sa maison, et elle n'avait vraiment aucune idée de comment cela s'était produit.

En tant qu'empathique, vous ressentiriez certainement sa douleur, vous compreniez ce qu'elle essayait de dire, à savoir que la cour n'écouterait pas parce qu'elle n'avait pas de preuves. Vous êtes la voyante qui peut regarder dans ses yeux et croire qu'elle dit la vérité, mais vous ne pouvez rien faire pour prouver son innocence. Vous vous sentirez certainement blessé aussi, et vous pourriez commencer à verser des larmes de tristesse qui noieraient votre positivisme. Il sera même trop difficile de boire de l'eau dans une telle situation, c'est pourquoi il faut un contrôle rapide.

Vous pouvez vous apprendre une phrase et la laisser sonner dans votre tête chaque fois que vous avez besoin de vous contrôler. Faites-en sorte que ce soit quelque chose comme "Je suis fort et je dois rester positif pour l'humanité". Je suis puissant et j'apporterai des solutions à ce problème", vous pouvez également changer cela pour n'importe quelle ligne qui pourrait vous convenir.

Cela mis à part, remarquez votre respiration. Votre respiration est susceptible de changer lorsque vous vous sentez très désolé pour quelque chose, peut-être que vous commenceriez à respirer plus rapidement parce que votre pouls a doublé, il se peut aussi que vous respiriez maintenant à un rythme plus lent, terminant vos respirations par un soupir. L'un ou l'autre est mauvais, vous pouvez aller beaucoup mieux si vous parvenez à retrouver votre rythme de respiration habituel.

Enfin, vous pouvez vous débarrasser de vos soucis. Qu'est-ce que c'est? Vous ancrez vos soucis en vous connectant à la terre et en y déposant tous vos problèmes. Si cela est fait correctement, la terre absoudra tous vos doutes, l'énergie négative et remplira votre âme d'une énergie vivante et vibrante qui pourra vous permettre de continuer à vivre. Comment faire? Mettez-vous dans un environnement très calme et allongez-vous sur le sol. Tournez vos yeux vers le ciel et reposez toutes les articulations de votre corps sur le sol. Fermez les yeux et commencez à penser positivement. Parlez-vous de votre force et de votre positivité, fermez les yeux et laissez-vous aller à l'inconscience. Lorsque vous reprenez conscience, vous êtes à nouveau un héros.

Porter des pierres de guérison : Porter des pierres de guérison peut garantir que l'énergie négative n'entache pas votre esprit. Vous pouvez en garder un dans votre paume gauche chaque fois que vous sortez. Les empathies expérimentées croient que le positivisme peut rayonner de ces pierres à chaque fois, il est donc agréable d'en avoir une autour de soi. Ils peuvent toujours vous purifier de toute négativité qui se cache dans votre esprit aussi. Compte tenu de leurs compétences, je vous recommande d'en faire une de vos méthodes d'évasion rapide.

Quelles pierres pouvez-vous envisager ? Je suis sur le point de mentionner 3 pierres différentes qui peuvent faire la magie;

Citrine : La citrine est la pierre appelée soleil éternel. N'importe lequel de ces noms peut vous aider à le trouver dans un magasin. Si vous regardez au-delà de sa beauté, sa capacité à irradier de la positivité est une raison pour laquelle vous devriez en garder une autour de vous. Il rayonne spirituellement une positivité qui peut s'infiltrer dans votre esprit et maintenir votre énergie vibrante en vie, surtout si vous êtes un empathique géomancien. Elle peut également influencer les circonstances que vous gérez et faire en sorte que tout se passe au mieux.

En pratique, si vous avez assez de citrine dans votre sac en parlant avec une personne qui échoue à chaque fois à ses examens, elle commencera à vous dire pourquoi elle pense avoir échoué et, ensemble, vous pourrez trouver des moyens positifs de résoudre le problème. Cela se produirait même si la personne était négative, peut-être que sans la citrine qui influençait son environnement, elle aurait pu continuer à se lamenter avec rage "mes conférenciers sont fous", "mes parents sont le problème". Plutôt que de faire face à ses propres échecs. Il trouverait également des failles dans chacune de vos suggestions. C'est pourquoi de telles pierres peuvent faciliter considérablement votre service.

Calcite : La calcite est mon deuxième choix. C'est une belle pierre que l'on peut trouver dans de nombreuses couleurs. Et rassurez-vous, chacune de ces variétés peut faire exactement ce que vous voulez. Ils peuvent vous stimuler à chaque fois, ils peuvent inviter à la chance, à la prospérité et au bonheur, ils peuvent aussi combattre la négativité. Certains wiccans indigènes des États-Unis pensent que les empathies devraient en recevoir autant chez eux à chaque fois. Je suppose que c'est pour ne pas avoir cela que l'institutrice s'est suicidée. Vous souvenez-vous de l'institutrice qui s'est pendue par pitié pour un homme rencontré dans une église catholique ? J'espère que vous n'avez pas oublié cette histoire.

Tourmaline : la tourmaline est une autre pierre importante que vous pouvez essayer. Il est utilisé pour toutes sortes de protection, surtout si vous pouvez trouver de la tourmaline noire. Il peut protéger votre moi physique et spirituel et il peut aussi purifier votre esprit. Il est assez bon, on peut le trouver partout et il n'est généralement pas cher.

La technologie : C'est intéressant pour de nombreuses raisons. Savez-vous que vous pouvez utiliser votre énergie grâce à la technologie moderne ? C'est une chose que beaucoup de gens ne savent pas et que vous aurez sûrement plaisir à faire. Tout ce dont vous avez besoin, c'est votre téléphone portable. Il existe sur Internet des applications axées sur l'énergie que vous pouvez télécharger. Golden Proportion, Virtual Oxygène, les applications de nettoyage, etc. sont autant d'outils qui peuvent vous donner un coup de pouce.

Maintenant que vous savez comment vous épanouir en tant qu'empathique et protéger votre énergie, pensez-vous qu'il vous arrivera un jour d'être vidé de votre vie ou que des pensées négatives pourraient vous atteindre ? Pour la première fois, bravo, votre réponse est la mienne.

Chapitre 6

Empathie et relation à l'amour et au sexe

Être en relation avec un empathique, c'est comme se réveiller devant un pot d'or à côté de son lit. D'après les enregistrements et les interviews, je constate qu'ils sont en fait beaucoup plus précieux. Mais la relation est une chose importante pour les empathies, quelque chose de plus grand que ce que toute autre personne aimerait voir. Les empathies ont une façon complètement différente de voir les choses dans une histoire d'amour, leur définition de l'amour, du sexe et de la relation est complètement folle pour une personne prise au hasard. C'est l'une des raisons pour lesquelles il leur est parfois difficile de maintenir une vie amoureuse étincelante, et le fait d'être en relation avec l'un d'entre eux peut ressembler à une mission de mort, plutôt qu'à une aventure.

Comment les empathies voient-ils les choses en matière d'amour et de sexe ? Ce sont deux choses différentes, et j'en parlerai l'une avant l'autre. Pour les empathies qui ont vieilli sans trouver un véritable équilibre dans leur vie amoureuse et sexuelle, je vais vous montrer où vous vous êtes trompé. Si vous n'avez pas eu de vie amoureuse et d'expériences sexuelles dans votre propre cas, je suis sur le point de vous révéler une carte de l'amour qui peut vous donner la direction à suivre tout au long de votre vie amoureuse.

De plus, si vous en avez déjà eu quelques-uns, mais que vous avez besoin de plus de direction, vous devez prêter une attention complète aux quelques lignes suivantes. C'est le moyen le plus simple de vous assurer que vous n'allez pas passer le reste des années à sauter dans le cœur des gens et à permettre à quiconque de vous entraîner dans des relations stériles. Prêt à en parler? Le sexe d'abord.

Empathiques et vie sexuelle

Les empathies croient généralement que le sexe va au-delà du fait de sortir de ses vêtements et de se mettre dans la peau de l'autre personne. Pour eux, il s'agit d'entrer dans la vie, l'âme, l'esprit et l'alliance avec l'autre personne. C'est pourquoi, en tant qu'empathique, vous trouveriez beaucoup de gens sexuellement attirants, mais votre esprit ne peut pas vous amener à vous abaisser à leur niveau. Parce que vous n'avez aucun contact réel avec leur âme. Vous ne voulez pas seulement leur corps, vous voulez avoir des relations sexuelles avec quelqu'un qui partage des sentiments, des pensées, et qui semble être un partenaire pour vous. Je ne serai pas surpris si vous vous êtes saoulés, avez couché avec une personne au hasard et que le lendemain soir, vous commencez à trouver cette personne au bar. Peut-être pourriez-vous établir ce lien. Vous détestez les choses temporaires, même quand il s'agit de sexe.

Un empathique n'apprécie pas le sexe quand il est avec une personne au hasard, même si ce n'est pas totalement interdit. C'est pourquoi ils n'accepteraient guère une chose d'une nuit, et s'ils l'ont fait, c'est purement par désir ardent de satisfaire leur appel sexuel. Ils veulent vraiment vous regarder dans les yeux quand vous vous chevauchez et voir l'amour couler à travers vos yeux jusqu'à leur cœur. Ils veulent ressentir ce que vous ressentez, entendre ce que vous faites, partager votre énergie et se connecter avec votre âme.

Ce serait un plaisir frustrant pour eux s'ils ne pouvaient rien lire sur vous pendant que vous vous connaissez. Et 74% des empathies qui ont répondu à une interview pensent qu'ils préfèrent un sexe silencieux. Le type où les deux partenaires ne prononcent pas un mot avec leur bouche, mais plutôt avec leur cœur. Si jamais ils vous disent quelque chose à un moment pareil, c'est soit qu'ils sont ivres et qu'ils n'ont aucune idée de ce qui est sorti de leur bouche, soit qu'ils veulent que vous ressentiez et croyiez chaque mot. Vous pouvez leur faire croire tout ce qu'ils disent à un moment comme celui-ci, ils pensent la plupart des choses qu'ils disent de toute façon.

Donc, si vous n'êtes pas un empathique et que vous envisagez de coucher au hasard avec l'un d'eux, je dois vous souhaiter bonne chance car c'est une impasse à laquelle vous ne pourrez peut-être jamais échapper. Ils voudraient reprendre contact avec vous. De plus, si vous êtes un empathique qui fantasme une nuit amoureuse avec un parfait étranger, je suis ici pour vous dire que cela ne va pas se terminer ainsi. Votre instinct sera là pour vous dire que ce n'est pas bien à nouveau, et si vous refusez, vous risquez d'être la proie d'un autre chagrin d'amour. Alors, est-ce que je dis que vous devez avoir des relations sexuelles avec un seul partenaire avec lequel vous échangez de l'amour ?

Non, ce n'est pas ça, je dis seulement qu'il doit y avoir une relation mutuelle entre vous deux avant de commencer à faire l'amour. De plus, vous êtes également à l'abri d'une vie sexuelle médiocre si vous choisissez un partenaire, votre partenaire d'amour, car le sexe a quelque chose à voir avec l'amour pour vous.

J'aimerais terminer en vous disant un fait, parfois, il est possible de trouver quelqu'un qui vous rend votre amour et d'avoir quand même du mal à se mettre au lit avec lui, ce n'est pas anormal. Votre corps est probablement en train de trouver son indépendance. Votre corps traiterait naturellement tout le monde de la même manière alors que vous êtes moins mature, c'est une autre raison pour laquelle vous souffrez de peines de cœur pour tout le monde. On ressent les tiraillements même si ce n'était pas votre affaire. Mais à mesure que vous vous développez et que vous vous établissez, vous serez en mesure de créer un amour distinct pour d'autres personnes. Vous pourrez les évaluer en fonction de la place délicate qu'ils occupent dans votre vie et vous pourrez facilement vous en accommoder. L'un d'entre eux est votre partenaire sexuel. Vous pouvez accélérer la récupération de votre vie sexuelle en prenant des séances de tantra avec un expert.

Empathie et amour

C'est un sujet très vaste, je devrais probablement rédiger un guide complet sur ce sujet, bien que les lignes qui suivent vous expliquent tout ce que vous devez savoir. Alors, comment les empathes traitent-ils l'amour? Il n'y a qu'un seul mot pour cela: céleste. Les empathies voient leur vie amoureuse comme quelque chose dont ils mourraient s'ils osaient s'éloigner, et c'est une des raisons pour lesquelles vous pouvez être sûr qu'une empathie ne vous trompera jamais dans une relation.

Voici les principales caractéristiques d'une vie amoureuse idéale d'un empathique;

Les empathies donnent souvent tout : si votre rêve est de sortir ou de vous marier avec quelqu'un qui donnerait tout, l'empathie est probablement votre réponsc. Les empathies sont pour la plupart des femmes et elles préfèrent mourir que de tricher. Ils sont du genre à sacrifier leur travail, leur temps, leur argent et tout ce qu'ils ont juste pour voir un sourire sur le visage de quelqu'un qu'ils aiment. Ils feraient n'importe quoi pour vous garder tous les deux liés, et forts au-dessus de toute tentation. J'essaie de croire que c'est mon imagination, mais je crois qu'ils sont les descendants directs de cette "Ruth" de la Bible qui a quitté tout ce qu'elle avait et a suivi sa belle-famille par amour.

Ils sont ouverts à un défaut : l'honnêteté est un code pour les empathies. Vous savez mieux si vous êtes un empathique ou si vous avez eu une histoire d'amour avec l'un d'eux. Ils passeraient toute leur vie à s'assurer qu'ils ne jouent pas avec leur amour. C'est pourquoi votre petite amie ou votre petit ami empathique rentrera chez lui et vous racontera comment son patron l'a invité à un rendez-vous et comment il a refusé certaines invitations pour vous ou en a accepté d'autres pour des raisons professionnelles. Ne vous inquiétez pas pour eux, restez assis et montrez-leur de l'amour, ils n'iront nulle part.

Ils attendent un engagement total : Autant les empathies donnent tout l'amour qu'ils peuvent rassembler, autant ils attendent la même chose. C'est pourquoi vous devriez essayer de leur rendre l'amour dont vous avez bénéficié. Montrez à votre partenaire à quel point vous appréciez son amour et vous essayez d'égaler son sacrifice, et il se collera à vous. Vous ne pouvez pas rencontrer l'amour qu'une empathie donne si vous n'êtes pas une empathie, et si vous êtes une empathie, il est bon pour vous de comprendre que votre partenaire ne peut qu'essayer, il ne sait pas la moitié de ce que vous faites de l'amour. Vous vous débarrasserez facilement de leurs insuffisances si vous les laissez s'enfoncer.

La communication porte sur leur partenaire : Cela semble un peu partial, mais cela reste un fait. Une empathie est amoureuse de vous, et il ferait plus pour vous que n'importe quelle autre personne. N'oubliez pas qu'ils sont nés auditeurs et fournisseurs de solutions, et qu'ils essaieront d'écouter vos problèmes et de trouver des solutions infaillibles. Votre succès est leur succès, et ils veulent vous voir le faire. Si vous êtes dans une histoire d'amour avec un empathique, ne soyez pas surpris qu'il ne parle presque pas de lui, vous êtes le sujet de toutes les réunions.

Ils aiment trop aussi : Comme d'habitude, cela ne devrait pas être le dernier, mais ce n'est probablement pas un problème en soi. Les empathies sont des personnes très émotives qui tombent amoureuses du corps et de l'âme. Une fois qu'ils sont amoureux de vous, c'est l'hameçon, la ligne et les plombs. Personne ne vous éloigne d'eux et ils ne sont pas prêts à s'éloigner d'un pouce de vous. Cela simple ideal pour l'amour, n'est-ce pas?

Malheureusement, tout n'est pas rose comme le jardin d'été, les empathies ont toujours eu beaucoup de complications dans leur relation. Ces complications se traduisent généralement par des peines de cœur constantes et une instabilité également. Vous devez les aborder avec votre partenaire avant qu'elles ne se transforment en véritables problèmes. Ils le sont;

Ils ressentent trop : Il n'est pas nouveau que les empathies soient des êtres hypersensibles. Ils lisent le sens de tout. Ils peuvent repérer le moindre changement dans votre comportement. Ils savent quand tout va bien et quand vous commencez à trouver un PLAN B à leur amour. Si vous leur montrez à nouveau l'amour que vous leur montriez, ils peuvent le ressentir immédiatement, même s'ils décident de ne pas vous le montrer. Certains de ces sentiments sont en fait inutiles, ils peuvent être négligés parce que le partenaire finit par revenir à son état antérieur, mais cela pourrait devenir une plaie au cœur des empathies.

On ne peut pas cacher un sentiment personnel : Je me souviens vous avoir dit que l'esprit d'une personne moyenne est aussi ouvert qu'un livre à l'empathie, que pouvons-nous dire de plus sur son amant ? Pour eux, vous êtes comme un miroir transparent. Vous n'avez aucune faiblesse, aucun projet, aucune force qu'ils ne connaissent pas, et c'est quelque chose que la plupart des gens n'aiment pas. Comment pourrais-je être comme un papier transparent à vos yeux ? Pour l'amour de Dieu, ne puis-je pas avoir une pensée à moi ? Il s'agit d'une relation, mais beaucoup la détestent lorsque même leur faiblesse semble être au grand jour.

Ils sont d'humeur changeante : C'est un problème auquel beaucoup de partenaires ont du mal à faire face. Les empathies sont sujets à des attaques émotionnelles et à des sautes d'humeur. Vous pouvez devenir lunatique sans raison valable et même votre partenaire ne comprendra pas parce que vous ne vous comprenez pas. Comment expliquer alors ? C'est pier quand votre partenaire est de très bonne humeur, qu'il continue à souhaiter vous rendre heureux et que l'atmosphère reste difficile à comprendre.

Ils peuvent commencer à demander de l'espace: Même lorsqu'il y a eu un problème dans la relation, les empathes peuvent commencer à demander de l'espace. Tout peut sembler parfait un peu plus tôt, puis ils se présentent pour vous dire que vous devez partir ou qu'ils ont besoin de faire une pause pendant uncertain temps. Vous essayez de demander "Quel est le problème, cchérie? mais la réponse ne vient jamais. Peu à peu, cette relation tourne au désordre. Vous entendrez le claquement de leur partenaire lorsqu'ils sortiront de notre empathie. Vous n'allez pas laisser cela se produire dans votre relation, n'est-ce pas ?

Des soldats solitaires qui en font trop : Les empathies supposent trop de choses. Ils pensent que vous le savez déjà; ils pensent que vous faites cela parce que vous essayez de les rembourser pour ce qu'ils ont fait de mal. Ils supposent que vous êtes délibérément méchant. Ils continuent à jouer à des jeux d'esprit lorsque l'autre partenaire est dans le noir complet à ce sujet. Si vous êtes un empathique, vous supposez que votre professeur de classe peut deviner pourquoi vous n'avez pas fait votre devoir, votre patron comprend probablement que parce que vous aviez l'air malade au travail hier, vous ne vous présenterez pas au travail. Comme vous avez dit à votre partenaire que les chaussures qu'il vous a achetées ne vous allaient pas, il comprendrait pourquoi vous les avez jetées dans les bagages. Vous avez peut-être raison. Mais dites-lui, ne supposez pas et ne le laissez pas deviner!

Ils n'expriment pas leurs besoins: Les empathes ne sont pas habitués à compter sur les gens pour leurs besoins. Ils sont tellement habitués à cette forme de vie qu'il est souvent difficile d'ouvrir son cœur et de commencer à partager ses problèmes. Ils écoutent ceux de leur partenaire et des autres, mais ils résolvent tous leurs problèmes dans leur tête. Ils ne font que présenter des solutions. Beaucoup de partenaires amoureux détestent cela, car cela signifie pratiquement que ces partenaires ne sont pas assez intelligents pour participer à leur carrière, de plus, il ne s'agit pas d'un partenariat.

Ils vont encore loin avec d'autres personnes: Si vous êtes un empathe qui s'est marié avec un non-empathe, vous ne devriez pas être surpris qu'ils aient beaucoup de mal à tolérer votre ouverture, sauf si elle est clairement soutenue par eux. Beaucoup d'amoureux ne comprennent pas pourquoi leur amant a dû passer tout son temps à écouter la vie privée et l'intimité de certaines autres personnes. Ils pensent que leur partenaire empathique devrait discuter de questions personnelles avec eux seuls, mais la nature attentionnée des empathes rendra cela impossible. Elle suscite des sentiments de méfiance et d'insécurité chez toute personne qui aime l'empathie, un autre problème difficile.

Ils vous aiment, mais ils peuvent se passer de vous: C'est une chose que beaucoup d'amoureux détestent aussi. Les empathes vous aiment jusqu'à la lune et retour, mais ils peuvent vivre sans vous. Ils ont subi suffisamment de déchirements pour devenir extrêmement incontrôlables si vous décidez de les quitter un jour. Tout le monde déteste qu'on lui dise qu'il peut partir, mais c'est comme ça que sont les empathes.

Alors, mon cher empathe, pouvez-vous voir où vous êtes trompé? Avez-vous vu la partie à laquelle vous devez prêter plus d'attention si vous voulez tirer quelque chose de cette relation? Parlons d'autre chose.

Chapitre 7

Empaths et travail

Il est important de comprendre la vie de travail d'un empath autant que vous comprenez leur vie amoureuse. Voilà précisément pourquoi la vie de travail d'un empath est la prochaine grande chose sur notre table. Pourquoi devriez-vous savoir? Parce que c'est comment obtenir des solutions à toutes les incertitudes que vous pensez de votre travail. Votre swing humeur, votre sentiment d'insécurité, votre et ainsi de suite le manque d'amis. Je vais parler de la raison pour laquelle ils se trouvent et comment vous pouvez vous sortir d'eux.

Au-dessus de tout le reste à mentionner, rappelez-vous que nous faisons tous les différents emplois et nous rencontrons des exigences différentes, et en conséquence, certaines des choses peut demander plus à vous tandis que d'autres ne le font pas. Je voudrais aussi vous informer que pour vous assurer que vous comprenez parfaitement; Je vais partager cela en deux. Tout d'abord, les expériences habituelles que vous pourriez avoir au travail empathique, et je vais joindre la façon dont vous pouvez aborder chaque qui sonne comme un problème. Après tout, vous ne pouvez pas quitter chaque emploi parce que vous faites face à certains problèmes. Par la suite, nous verrons les emplois ou les professions qui vous conviennent le mieux empathique et ceux que vous devriez éviter. Tout est prêt? Bougeons.

Empaths au travail.

Comme le soleil brillant en été, empaths sont très faciles à repérer au travail. De la façon dont votre nouveau personnel pense, parle, est assis et de regarder autour, vous pouvez instantanément dire si vous venez embauché un empathe. Pour une raison récurrente, ils sont toujours différents. Recherchez ces fonctionnalités si vous devinez que vous venez employé empathe, et attendez ces choses arriver si vous êtes un empath vous:

Ils ne sont jamais à l'aise dans l'ouverture: Si vous êtes le type qui déteste avoir à siéger parmi des dizaines ou des centaines ou des personnes, vous êtes probablement la personne que nous parlons. Vous trouverez que ce n'est pas un gros problème pour parler au public, vous pouvez le faire, mais vous détestez simplement. Vous préférez marcher dans le bureau de votre patron, obtenez une des choses siège et sort avec lui. Vous allez certainement en tenir à la dernière place à chaque occasion, et vous allez essayer d'éviter d'être tenu par ce que vous avez dit. Si votre bureau est en plein air, peut-être un endroit bruyant ou une unité ouverte où vous devez écouter le bruit assourdissant ou vous assister à la foule de contre-calme, vous détestez chaque bit de celui-ci. Une fois dans un certain temps, il est une excellente idée de ne pas vous empêcher de donner vos opinions dans le public.

ils surcharge de travail: En tant empath, vous remarquerez que vous détestez votre travail ou non, vous toujours travailler comme un robot à vos travaux. Vous préférez passer plus de temps au travail que de le laisser annulé. Vous détestez être au centre de distraction et vous toujours éviter toute insuffisance qui rendrait la foulée du patron et commencer à vous claquer. Tout le monde semble détester aussi, mais empaths sont très prudents avec leur travail, et vous remarquerez que si vous avez juste un ou quelques empaths dans le bureau.

Ils réseau à peine: Beaucoup de gens vont traîner après avoir fait avec le travail de la journée. Ils attendent leurs amis. Vous devriez les remarquer assis dans 3 et 4 s. Ils sont à manger et Banting sur les différentes questions. Ils passent ce que certains aiment à appeler heures supplémentaires non rémunérées, et ils ne me dérange pas combien de temps ils le font. Mais si vous vérifiez les cercles assez bien. Un empath ne figure pas parmi ces personnes. Votre personnel empathiques était déjà hors l'instant il était temps, sinon, il est resté derrière et était en train d'effectuer des tâches urgentes. Vous devriez avoir remarqué de l'école secondaire si vous êtes empathique. Vous détestez être autour d'une seconde après les frappes d'horloge.

Vous ne voulez pas le travail: C'est la partie de la confusion empaths. Ils ne bénéficient pas toujours ce qu'ils font, mais néanmoins, ils le font. Vous pouvez grogner à ce sujet à votre employeur ou vos quelques amis, vous faites souvent le meilleur de votre capacité quand vous le pouvez. Mais vous êtes à l'affût aussi, toujours patient et plein d'espoir que l'un de ces jours, vous pouvez cultiver à aimer le travail ou le travail ira mieux. En tant empath, vous devriez apprendre à ne pas devenir trop fatigué de votre travail, surtout si vous avez pas eu d'autre pour l'instant.

Fidèle à la pointe: Un ensemble de personnes que vous pouvez faire confiance dans votre entreprise sont empaths. Vous n'avez pas besoin de garder un œil sur eux, tout ce que vous avez besoin est d'identifier les empaths au travail et leur faire comprendre que vous leur faites confiance, puis attendre les statistiques impressionnantes. Vous même pas attendre la reconnaissance en tant empath, mais si elle vient, il devient l'énorme coup de pouce dont vous avez besoin pour vous rendre fou au travail. Vous continuer à travailler dur, même quand tout le monde pense que vous allez fou ou vous motivés par un désir avide. En outre, vous deviendriez mal à l'aise quand les gens discutent des rumeurs et des histoires après le travail sur vos employeurs, des partenaires et de l'organisation. La loyauté est votre talent, l'utiliser à chaque fois.

Vous combattez sautes d'humeur: Un gros problème que vous abordez au travail est sautes d'humeur. Vous êtes tous habillés, confiant et flamboyant avant de quitter votre maison plus tôt dans la journée. Vous pourriez même maintenir ce visage souriant et l'esprit de travail stimulant. Peu de temps après, vous ne savez pas comment, mais vous avez perdu cet esprit. Vous ne vous sentez pas à moitié aussi excité que vous avez ressenti quand vous êtes entré, et tout ce que vous vouliez était de retourner dans votre coin le plus bientôt. Si cela se produit de temps en temps, il est de prouver que vous êtes empathique. Empaths haine de longues heures et ils ne vraiment pas survivre. Votre meilleur pari est de réduire les heures de courte ou de sortir de ce travail.

Empaths et professions appropriées

Pourquoi avez-vous même besoin de « sortir d'un emploi » si elle était parfaite? Un travail qui semble peu pratique au point que vous souhaitez sauter à quoi que ce soit d'autre est pas votre forme d'origine. Vous pouvez regarder qualifié sur la papiers, et il peut même sembler la seule chose que vous avez été formés pour faire toute votre vie, mais si cela ne fonctionne pas pour votre nature empathique, le fait que vous devez embrasser est que n'est pas votre forme.

Laisser cette bague dans votre tête peut rendre la vie très facile pour vous. Vous ne lutte dans les professions qui drainera votre énergie. Vous vous sentirez en confiance pour sortir de ce travail qui vous rend malheureux et oui, vous saurez exactement où gagner leur vie sans nuire à votre nature.

Pour vous aider à faire ceux-ci, je vais commencer cette partie en énumérant les parties communes, vous ne devriez pas essayer de travailler du tout comme empathique. Si vous êtes engagé dans l'un d'eux déjà, alors vous avez une expérience de première main directement des caractéristiques que j'énuméré quelques lignes plus tôt. Et que faire? Le mieux est de cesser de fumer. Les emplois impropres? Ici:

Police: Être un agent de police peut être difficile pour un empathe. Vous ne pouvez pas faire face au traumatisme des criminels repentis et leur âme garder pénétrer dans vos âmes. Vous aimeriez voir les choses de leur propre point de vue plutôt que de se droit à votre travail et apporter les coupables à la justice. Vous ne serez jamais profiter des urgences et les attractions qui viennent d'être un agent de police aussi.

lutte contre les incendies: Être un pompier est aussi mauvais que d'être un agent de police. Vous êtes trop émotif et votre émotion peut monter votre jugement de la situation. Il sera mal à l'aise pour vous d'obtenir dans un tournemain, se habiller et précipitez vers une scène de feu sans y penser deux fois les choses. Vous voulez toujours faire une réflexion approfondie et un calcul correct comme empathique, mais où est le temps? Votre commandant est déjà criant des ordres ici et là et vous auriez toujours l'impression que vous ne devriez pas être ici. Il vous blesser plus si votre équipe a perdu d'énormes ressources au feu. Vous n'avez pas besoin d'un emploi régulier de déchirements.

Vendeuse: C'est le pire travail empathique peut ramasser. Le personnel de vente ont généralement aller pendant de longues heures, séjour dans des lieux ouverts et de rencontrer un tas de gens. Empaths détestent chacun de ces choses, alors, comment voulez-vous combiner votre travail avec votre nature? Vos demandes d'emploi que vous sourire à tous les clients comme ils marchent, mais vous êtes déjà usés et épuisés. Votre travail nécessite un contact direct avec un grand nombre de personnes, et les interactions non-stop franc-parler. Voulez-vous avec qui sapera la vie hors de vous tous les jours. En outre, vous pouvez facilement prendre l'état émotionnel de quelqu'un parmi vos clients.

Politique: Où trouvez-vous l'énergie pour le stress? Vous allez brûler votre énergie positive si vous continuez à monter et descendre à des réunions, des campagnes et des activités politiques intenses. Vous allez rencontrer un tas de gens à chaque fois, d'avoir à parler à chaque fois et ramasser nouveau rayonnement d'énergie lorsque vous rencontrez des gens. Quelque chose va tirer à cœur chaque fois que vous parvenez à vous tirer à la maison. «Ce n'est pas amusant, cela doit cesser, nous ne devrions pas essayer quelque chose de différent? Vous comprendrez plus si vous êtes dans le domaine politique déjà, bien que, je vous tiens vous guérir en écoutant les murmures de cet esprit intérieur.

Exécutif: Une fois dans un certain temps, vous vous trouvez travailler dans un poste de direction et il pourrait être difficile de sortir, mais rester sur le siège ne serait pas facile non plus. Vous sentez réticent à imposer vos souhaits d'autres personnes. Vous détestez blesser le sentiment de tout le monde, y compris ceux qui ont commis des emplois pauvres et par pitié, vous frappera probablement beaucoup de pauvres prix pour l'entreprise. Voilà pourquoi il est fortement recommandé qu'un empath ne devrait pas prendre une position très éminente dans la société, comme un dirigeant. Si vous détenez un tel bureau et vous ne pouvez pas se permettre de laisser aller, embaucher un conseiller brillant qui ne serait pas empathique.

Maintenant, les bons emplois?

Ce sont, comme je les qualifia, de bons emplois, mais vous devez comprendre que tous ces ne fonctionnera pas pour vous. Parfois, vous préférez l'emploi B, mais pas le reste. Ceci est seulement une liste de champs que vous aimerez se développer avec votre énergie. Alors, ne le trouve pas absurde que vous détestez certains et aimer l'autre. Trouvez votre préférence et préparez-vous à travailler vers elle:

Entrepreneuriat: Vous ne devriez pas être surpris de trouver ce en haut. Il est la joie de tous empaths. Dans mes interviews, beaucoup de empaths déclarent qu'ils préféreraient travailler sur leur propre que le travail pour les autres. Ils aiment les loisirs et l'absence de pression. Personne ne viendrait et crier sur la façon dont ils sont lents ou combien de temps ils peuvent perdre leur emploi. Ils comprennent aussi que toutes les pressions qu'ils se sentent est ce qu'ils ont apporté par leurs propres mains et qui est très bien. Vous ne pouvez pas remplacer la joie d'un environnement d'auto-contrôlé où vous déterminez le nombre de personnes que vous voyez chaque jour. Vous pouvez également fermer le magasin et retourner au lit si votre swing émotionnel est en cours d'exécution vous fou. Votre swing émotionnel est moins susceptible de se produire lorsque vous êtes vous-même tout le temps.

Arts et artisanat: Arts et artisanat est un autre domaine que vous pourriez être exceptionnellement bon. Il ne faut pas, mais vous pouvez sentir l'envie de peindre les fleurs, la petite fille qui pleure, le père mourant et le mignon petit chat. Empaths profiter de ces choses beaucoup, et vous aurez probablement profiter aussi. Si cela ne vous intrigue pas, essayez autre chose.

Actes, Musique: Par intérim et la musique sont les prochaines professions de empaths. Empaths aiment la musique, mais pas tous les types. Vous aurez probablement souscrire à des chansons de battement lent comme le blues américain si vous êtes empathique, il est le type de chanson publié par empaths aussi. La plupart des empaths préfèrent ne pas agir, disons que c'est parce qu'elle leur apporte aux regards indiscrets d'un public, mais ils en profiter pour une autre raison, il est leur chance de prendre sur la personnalité d'une autre personne. Ils peuvent faire semblant d'être quelqu'un d'autre pour une seconde, et ils peuvent parfaitement représenter ce que cela signifie personne.

Guide, conseiller, coach de vie: Vous constaterez que vous êtes naturellement bon à conseiller d'autres personnes si vous êtes empathique. Les gens regardent à vous pour des idées, la Mention élogieuse, la critique et vous déçoivent à peine. Même les grands gars à pied vers le bas pour écouter ce que vous pensez et vous aimez toujours parler avec eux. Il semblerait comme une autre personne avait pris sur vous et que cette personne fait tout le parler, pendant que vous étiez, regardant fixement surprise. Vous revenez souvent à votre coin privé et je me demande où vous avez la force et l'éclat de dire tout cela, mais bien sûr, il est en vous, par défaut.

Écrivains: Devenir un écrivain est une autre profession qui empaths peut avoir aucun mal à prendre place. Tant que vous êtes un écrivain libre qui peut écrire sur Internet ou obtenir une licence et publier autant que vous le souhaitez, vous pouvez écrire tout ce que vous voyez de votre cœur et de les présenter au monde. Vous pouvez écrire sur l'injustice, les douleurs, la vie, la mort et tous les autres sujets que les lecteurs de votre esprit, aussi longtemps que vous trouverez un moyen fort d'amener les gens à commercialiser vos compétences. Vous pouvez également écrire pour les organisations, les entreprises et les équipes de presse qui soutiennent votre cause.

Soins de santé: Nous savons tous les deux à quel point vous détestez voir les gens souffrir. Vous souhaitez que vous pourriez toujours faire quelque chose pour eux. Il est la raison exacte que vous pouvez aller dans les soins de santé à terme. Allez-y et aide les personnes handicapées, vous n'êtes pas coincé dans les yeux des clients minables, au contraire, vous êtes parmi impuissants et beaucoup de gens désespérés qui peuvent vivre par vos paroles d'assurances. Vous aviez besoin ici et vous très probablement se développer ici. Sauf si vous détestez tout ce qui ressemble à une clinique.

Avocat: La loi est toujours l'espoir de l'homme commun, et comme quelqu'un qui aime l'homme du commun, vous pouvez décider de faire votre plein profession. Vous pouvez choisir d'être un avocat pour que vous puissiez défendre les droits de l'homme, les faibles, les démunis et les autres personnes qui ont fait du tort. Un avertissement, vous trouverez qu'il est extrêmement difficile d'être un procureur. Vous sentirez toujours la passion pour la personne poursuivie et qui ne fait pas un bon procureur vous le savez. En moyenne, vous pouvez vivre une vie bien remplie si vous sauvegardez votre travail naturel (en tant que conseiller) avec le travail d'un conseiller juridique.

Prof: L'enseignement est une profession très tasking. Il faut des gens qui voient au-delà des enfants qu'ils enseignent et le salaire qu'ils reçoivent. Il est un emploi pour les personnes qui se soucient de la carrière des enfants, l'avenir du pays et le talent de chacun des enfants. Un empath voudrait toujours donner le travail de son mieux. Il serait toujours se soucier de moyens d'améliorer la compétence des enfants. Dans l'amour et la tendresse, empathique couvrirait le besoin psychologique de chaque élève de sorte que leur croissance mentale est assisté. Peut-être, il n'y a pas de meilleure façon d'utiliser vos talents que cela.

Vétérinaire: Je me souviens de vous dire que empaths ne sont pas en amour avec l'homme seul. Ils ont souvent des animaux qu'ils imaginent. Formation et prendre soin d'un animal nécessite d'énormes engagement aussi bien. Seule une personne qui se soucient vraiment à leur sujet, et ne serait pas leur faire du mal à la frustration ou la colère est apte pour le travail. Cela sonne comme un empathe. Si vous réalisez que vous avez un intérêt particulier chez les animaux (comme empath faune) et votre travail est un terne, vous feriez mieux de vous inscrire chez le vétérinaire!

horticulteurs: Juste conformément à la dernière description, un autre gâteau chaud qui pourrait convenir à votre goût pastoral est l'horticulture. Si vous aimez les plantes à l'origine, cela peut être votre occasion idéale de passer plus de temps avec vos favoris. Explorer plus, essayer de comprendre plus, les apprécier davantage et en même temps, augmenter votre richesse. Il est un travail que vous ne regretterez pas d empathe.

Les travailleurs sociaux: Sur un autre plan, vous pouvez vous inscrire pour les services sociaux aussi. Vous devriez envisager de signer dans les organisations humanitaires, les organisations non gouvernementales et ainsi de suite, car cela est un moyen direct pour résoudre un problème de personnes autour de vous, en utilisant vos mots, l'esprit de guérison et le soutien financier de votre organisation.

Hou la la! Ce fut une longue liste, trouvé quelque chose que vous voulez essayer?

Chapitre 8

Techniques pour améliorer Persuasion compétences empathe

Pourquoi pensez-vous exactement empaths sont peu disposés à discuter en public? Pouvez-vous me dire la raison pour laquelle vous pensez que vous ne pouvez pas établir votre position, même lorsque vous étiez sûr que vous aviez raison? Convaincre de voir les choses hors du commun est difficile, et il est un problème général pour empaths. Si vous vous demandez toujours ce qui est exactement la source du problème, il est persuasion compétences.

Empaths sont nés brillante mais calme. Les gens qui peuvent penser de façon critique, mais ne peut pas lutter. Voilà pourquoi vous savez quand il est faux, vous voyez ce qu'aucune autre personne ne voit, mais vous ne pouvez pas pousser les autres pour voir ce que vous voyez. Vous pouvez voir la faille dans le budget présenté par le président, mais personne ne semble le voir et tout le monde est un signe de tête heureusement un « oui ». Vous trouverez qu'il est difficile de se tenir et de l'objet parce que vous ne voulez pas l'esprit de mal à personne. Si vous parvenez à l'objet et tous les yeux vous regarde, vous vous sentez un bruit sourd dans votre ventre et vous presque immédiatement vous blâmer.

« De la façon dont je vois cela, cette société pourrait s'endetter l'année prochaine si une telle quantité est versée sans un plan de sauvegarde », vous avez commencé. Vous trouverez à peine les mots insister sur ce que vous voyez que d'autres puissent être convaincus. Et votre présentation ne sera pas plus facile si obtenir la personne qui a préparé était immédiatement. « Monsieur, vous êtes tout à fait hors du point. Ce budget est basé sur la recherche et … méticuleux. » Vous ne seriez pas attendre à la fin; vous êtes sur votre sit déjà.

Dans des cas similaires, vous dirais moins à la maison, au gymnase, à l'école et vous ne reporterait que peu d'efforts pour prouver ce que vous essayez de dire aux autres. Croyez-moi, ce n'est pas le meilleur d'une personne brillante comme vous pouvez le faire, et qui est la raison pour laquelle vous avez besoin de perfectionner vos compétences de persuasion. Afin de vous aider à le faire, je l'ai rédigé les quelques lignes et je suis heureux de vous assurer que l'utilisation de ces compétences serait une expérience de vie pour vous. Allons-y les vérifier:

Être un bon auditeur: Avant amener les gens à vous écouter avec attention, vous devez avoir activement écoutés. Écoutez-les comme vous écoutiez un enseignant en classe. Pas comme un robot en prenant des instructions ou un débatteur chercher les points faibles à des exploits. Vous êtes quelqu'un d'essayer de comprendre. Cette compétence vous aidera à comprendre expressément ce que voulait dire l'orateur, ce qu'il n'a pas dit et ce qui pourrait être douteuse. Votre cerveau traitera et fournir des conseils utiles sur la conversation si vous obtenez tous les faits et chiffres aussi droit. Ceci est la raison pour laquelle vous ne devez pas être désireux de pousser vos idées en avant, d'abord écouter, et vous comprendrez où, quand et comment venir en parler.

Laud toutes les parties et construire un terrain d'entente: Félicitant toutes les parties est une astuce que beaucoup de empaths me souviens à peine. Vous devez vous rappeler à remercier les autres orateurs, remercier les auditeurs et leur faire savoir que vous appréciez l'attention qu'ils vous paient. Vous devez ensuite aller de l'avant d'établir les bases communes que vous avez tous.

Par exemple; Si je voudrais rejeter le budget proposé par le président lors d'une réunion du conseil d'administration. Je voudrais simplement se lever et commencer par remercier le président et son équipe de budget pour leurs efforts. Passez ensuite aux membres du conseil d'administration des patients qui ont l'intérêt de la société au cœur. Enfin, je vais continuer à expliquer que « si le budget est impressionnant, il a quelques côtés que notre brillant président et son équipe pourraient devoir vérifier à nouveau.

Pouvez-vous imaginer le flux de cette conversation à la réunion? Personne n'aurait un moment difficile rouler avec le courant, parce que je l'ai déjà leur cœur. Et sans lever les sourcils, je leur ai dit que le budget est pas assez bon!

Ne soyez pas trivial, être pragmatique dès le début: Si vous voulez attirer l'attention des gens absolument, ne commencez pas comme un farceur. Commencez par aller droit au but, ne commencez pas à parler de ce qui est venu à l'esprit quand vous avez vu la voiture du président. Ne leur dites pas combien vous pensez que ce n'est pas nécessaire, mais vous décidez de le dire de toute façon. Qu'ils comprennent de votre ton, votre agitation et votre insistance pour que vous vous sentez vraiment que la réunion ne devrait pas conclure sans soulever cette question.

Vous devriez aussi essayer de ne pas être dans une course. Prenez tout le temps que vous pouvez pour démêler vos merveilles pour les étape par étape, il est une compétence que vous devez certainement avoir comme Persuader. Ce n'est pas facile; il faut une approche brillante. C'est pourquoi vous pouvez vous aider en griffonner vos points et organiser la façon dont vous souhaitez les présenter devant vous vous tenez sur vos pieds pour donner à vos suggestions.

Appel à leur sens de l'émotion; Alors que vous vous asseyez et réfléchir sur les meilleures façons de présenter vos pensées, ne négligez pas votre émotion. L'émotion est un outil puissant que vous pouvez utiliser pour gagner leur cœur. Les mauvaises nouvelles sont que la plupart des empaths deviennent trop émotionnel tout en présentant leur cas, et ils perdent souvent. Leur public se rendent compte qu'ils deviennent émotionnels et assumerait naturellement, ils jugent l'état des choses par leurs sentiments. Cela ne doit pas arriver à vous parce que vous avez lu ce livre. Vous êtes censé penser soigneusement, savoir quand il faut se émouvoir et quand vous contrôler.

Par exemple, alors que je tentais de pousser que le budget devrait être réduit, je pourrais ajouter une image comme « Mesdames et messieurs, pense le nombre des états-majors nous licenciera si cela échoue. Imaginez comment cet échec peut tacher la réputation de chacun d'entre nous dans les journaux. Les médias présumerait nous sommes corrompus et nous étions en train de jouer délibérément avec les fonds et la vie de notre investisseur … … »

Pouvez-vous vous imaginer dire cela? Pensez-vous encore des gens ne voudraient pas vous écouter? se détacher, vous convaincra tout le monde si vous utilisez les bonnes compétences au bon moment.

Créer une image: Il est important de créer une image dans la tête et le cœur de vos auditeurs que vous parlez. Laissez-les voir ce que vous parlez. Que leur tête remplie d'images frissonnant de ce qui se passerait si elles refusent de vous donner le oui vous demandez. Qu'ils comprennent que tout ce que vous essayez de dire est ce qu'ils peuvent se mettre d'accord avec vous, car ils peuvent les voir aussi.

Si vous construisez les bons mots assez bien, il est même possible que longtemps après avoir quitté la séance que vous aviez avec eux, ils se souviennent des images créées dans leur tête et ils veulent vous écouter plus. Je ne devrais pas oublier de vous dire. Quelle que soit l'image, l'accent et le message que vous essayez de passer doit être vrai, ce qui est très important pour vous de gagner votre auditoire à chaque fois. La plupart des empaths peuvent voir les images dans leur tête, mais il est jamais assez. Trouver un moyen de les entrer dans la tête de votre public aussi!

Ne présumez pas: Ce n'est pas la première fois que je vais vous rappeler de ne pas supposer, il est une leçon de survie claire; hypothèse peut être fatale. Posez des questions lorsque vous n'êtes pas clair sur quelque chose. Ne présumez pas que votre femme a changé parce qu'ils se lassent de vous. Et s'il y avait un problème au travail? C'est une hypothèse, à droite. Mais empathique pourrait continuer à assumer les cas pas si excitant, et qui est la raison pour laquelle ils ne devraient même pas essayer.

Montrez à vos peurs et les mettre en valeur: Je l'ai sûrement dit quelque chose comme ça plus tôt dans la conversation. Mais ce qui est différent de faire appel à leurs émotions. Il est sur l'affichage de vos propres émotions. Empaths sont les fournisseurs de solutions, vous soulevez cette conversation parce que vous avez trouvé un problème qu'il faut noter, si vous avez la solution ou non. C'est pourquoi vous devez aller pour montrer que vous ne savez pas seulement ce que vous faites, vous êtes tout à fait clair à ce sujet.

Il est une idée brillante à la liste le bénéfice d'aller à l'encontre de vos suggestions, mais assurez-vous mettre beaucoup plus l'accent sur le danger, et trouver un moyen de le faire couler dans. Go Let à notre ancien cas budgétaire. Je pourrais dire aux membres du conseil d'administration: Si vous ne réduisez ce budget, nous serons tous pour aller l'investissement et nous allons avoir des ondulations des bénéfices si nous gagnons, mais si nous ne le faisons pas? Est-ce une valeur d'investissement et risquait de compromettre la accruement des 40 ans de notre société?

Croyez-moi, vos adversaires vous rencontrer sur l'escalier et vous dire que vous avez fait un excellent travail là-bas, même si, ils vous punissent pour cela. Devine quoi? Vous pouvez les convaincre à ce sujet aussi.

Harceler: Harceler est pas une résolution agréable. Il est un moyen idiotes insistant sur le fait que quelque chose est ce que vous voulez. Que ce soit ou idiotes symbiotique, vous avez à revenir à si personne ne l'écoute. Vous devez retremper et le changement du gars qui se fermerait et trouver un siège le moment une des sources d'opposition. Transit au gars qui bourrin et bourrin jusqu'à ce que quelqu'un dit « ok! » ou une autre crie: « est-ce que vous voulez? Bien!"

Vous vous demandez si lancinante ne peut jamais apporter cela? Bien sûr, il sera, aussi longtemps que vous continuer à faire un paquet de déclarations brillantes. Cela dit, vous souvenez-vous quelqu'un qui vous aime tirer dans un argument parce qu'ils étaient sûrs que vous abandonner même quand vous devriez gagner? Il est temps de leur donner une surprise.

Proposer une alternative: La plupart du temps, il est idéal pour discuter sans avoir une alternative brillante pour appuyer votre demande. Tout cela fait partie du travail, prendre tout le temps dont vous avez besoin et de réfléchir à une alternative possible au problème à portée de main, essayez de voir s'il y a une certaine façon, vous pouvez résoudre ce problème avant de le présenter à l'autre partie. C'est ce que empaths font de toute façon.

Il faut rappeler cependant; il est indispensable de trouver une solution de rechange avant de pouvoir exprimer votre mécontentement. Si vous réfléchissez sur le problème et vous ne pouvez pas trouver une solution, alors il est pas une mauvaise idée de présenter votre inquiétude exacte à l'équipe. Il est également nécessaire pour vous de garder à l'esprit que votre solution est pas toujours le meilleur. Parfois, une personne peut avoir une bonne idée sur le problème que vous avez signalé. Donc, vous devez maintenir un terrain souple, sauf si cette solution est ce que vous essayez réellement pas à eux.

Soyez confiant: La confiance est suffisant pour gagner un vote-de-censure. Eh bien, on dirait que c'est ce que vous essayez de gagner. Après tout, il était prêt avant arriviez avec vos idées. Vos auditeurs peuvent prendre beaucoup de votre confiance en vous déclarez votre position. La confiance des autres nous amène à naturellement. C'est exactement ce que vous allez faire pour eux aussi.

Chaque fois que vous essayez de faire valoir un point que votre confiance soit exprimée en vous monter et descendre. Gesticulant avec vos mains et en choisissant les bons mots au bon moment.

Vous savez la chose assommant? Faire tout cela ne supprime pas votre nature empathique. Il ne prend pas votre style intérieur de vie loin et il n'y a aucune raison que vous deviendriez moins émotionnel. Au lieu de cela, il ne peut vous faire économiser de l'immense chagrin de savoir que quelque chose ne va pas, et plongeant toutes les mains vos mains et les jambes pour faire en sorte que le pire des cas ne se produise pas. Maintenant, dites-moi, pensez-vous toujours que vous ne pouvez pas convaincre les gens sur ce que vous voyez à leur sujet? à nouveau hourras.

Chapitre 9

Une vraie vie Exemple

Pourquoi ne pas essayer quelque chose de différent? Nous avons passé toute la journée à parler de choses différentes qui affectent une vie empathique. Je vous ai montré la série de façons dont vous pouvez vous sortir de chaque mess comme empath aussi. Mais je rassemblerai tout de mes années de recherche, je ne suis pas empathique, et vous savez déjà comment empaths beaucoup d'amour I. Comme mon pseudo lit au large, « le empath de empaths ».

Mais ne serait-il plus amusant si nous entendons directement à partir d'un empathe? Je parie que ce pourrait être ouvert les yeux. Vous voulez entendre d'une personne qui a vécu toute leur vie portant que la marque qui vous fait bizarre de toute autre personne. Vous voulez savoir comment d'autres naviguaient leurs jours au milieu de leurs luttes émotionnelles et les problèmes auxquels ils sont confrontés., Vous partagez peut-être la même expérience et ils pourraient vous dire comment ils ont résolu le leur. Est-il pas? Je savais que ce serait et vous devriez savoir que je ne vais pas vous décevoir.

Mon équipe a entrepris dans le pays et rencontré des empaths, nous avons eu des entretiens dans de nombreux États. Nous avons détaillé tout ce que nous avons entendu, et croyez-moi, vous êtes sur le point de lire les plus excitants, des pièces détaillées et révélatrices de la vie d'un empathe, amusez-vous!

Une entrevue avec Richard Myles. (Art Etats-Unis Faire face Empathe du Royaume-Uni)

(Tous assis)

Équipe: Bonjour, pouvons-nous vous rencontrer madame?

Mme Richard: Oui, je suis Richard Myles, un marchand d'art international et il se sent vraiment bien à le faire à nouveau. (tout sourire)

Équipe: Faire quoi?

Mme Richard: Avoir cette conférence sur l'empathie. Beaucoup de gens ont marché dans mon bureau, indifférent à parler de mon entreprise ou La Crosse, tout ce qu'ils veulent savoir est ce que l'on ressent à être empathique.

Équipe: Est-ce que tout le monde sait que vous êtes empathique?

Mme Richard: Eh bien, vous ne pouvez pas cacher une chose comme ça. La famille avait toujours su pendant que je grandissais. « Vous avez un cœur d'or! » papa dirait, « vous les conduire dur et cesser d'agir comme un peu sissy! » mon entraîneur La Crosse claquait dans ma tête, et d'essayer que je pourrais, je reste ouvert cœur. Il est pas si difficile pour tout le monde pour savoir au travail aussi.

Équipe: Donc, vous dites qu'on peut être empathique de la naissance?

Mme Richard: Absolument! L'instant où vous commencez à grandir, tout le monde commence à voir que vous avez un cœur pour les autres. Vous luttez et ne vous dérange pas vous travailler juste pour assurer que d'autres ne sont pas mal. Vous vous demandez pourquoi tout le monde ne peut pas être heureux et vous avez quelque chose de spécial pour les faibles, pauvres, mal, et sans défense. De plus, vous pouvez lire dans les pensées.

Équipe: L'environnement ne peut influer sur son empathie?

Mme Richard: Je vais dire oui, mais non sans exceptions. Dans la plupart des cas, ce que vous voyez autour de vous pouvez influencer votre empathie. Vos expériences passées peuvent vous faire aimer les autres plus. Combien d'amour que vous obtenez de vos amis, votre famille, les gens en général, ces facteurs peuvent dire combien vous pousser à se soucier des autres sans conditions. Vous savez, dans le cas inverse, même si vous avez eu aucune expérience agréable au goût en grandissant, vous pourriez encore grandir à l'amour.

Tout le monde vous détesté, il fallait se débrouiller par vous-même, des problèmes ici et là, le tout sans un ami ou quelqu'un qui se soucie, vous pourriez encore grandir à l'amour. Comme le dit que «étant peut vous montrer sans amis exactement comment être un ami. Donc, vous voyez, l'environnement peut influencer votre empathie un peu, mais l'empathie est congénital, vous ne pouvez pas manquer d'être gentil avec les gens.

Équipe: Comment était la vie de plus en plus comme un empathe?

Mme Richard: Compliqué!

Équipe: Vraiment? Comment?

Mme Richard: Maintenant, l'environnement m'a à ce sujet. J'ai grandi dans une grande famille de 4. Ma sœur est pas empath, cependant, elle ne passe pas pour un narcissiques. Mettez-la dans un peu plus agréable classe. J'ai grandi avec ces gens qui me aimaient, mais n'a eu aucune idée de ce que l'empathie est sur le point. Ils me montraient amour, mais ils pensent que je donne le montant de l'amour est très bizarre. Belle à tout le monde, jamais en colère, ne demandant jamais disputer, et ainsi de suite … Quel enfant maladroit. J'ai bien fait à l'école, et j'ai eu aucun problème avec mes collègues. Les garçons gênants ont cassé leurs casiers, ils se sont battus entre eux en classe et j'ai pleuré pour le perdant blessé. Je détestais quand un professeur a marché pour dire que quelqu'un a fait horriblement dans ses tests. J'ai souvent senti mal et coupable comme d'une certaine façon, je ne devrais pas le laisser se produire.

Équipe: C'était d'adolescent, est-il?

Mme Richard: (Sourires) beaucoup plus tôt. À l'adolescence, je suis bien à chaque bite et harry et certains garçons pensé que je les aimais spécialement. Je serais au bout de l'école en général, mais de temps en temps, j'appeler quelqu'un qui n'a pas leurs tests et demander si je pouvais leur montrer après l'école. Beaucoup me claquer parce que j'avais peu de compétences de persuasion, mais un peu d'accord, la plupart du temps, ils étaient des garçons. Alors, je me suis assis chacun comme convenu et les a enseignés. Je dévisager et lire dans leur esprit qu'ils pensaient que j'avais chose de spécial sur eux. Plus tard, ils me demandent d'être leur petite amie, mais j'étais toujours pour que je les sentais spéciale rien. Il est toujours difficile de dire « non » à tout le monde cependant. Je ne voulais pas blesser leurs sentiments. Je souriais tout simplement de ces discussions et sujets a fait un écart à la météo et leurs gros souliers trop curieux.

Équipe: Donc, vous avez eu aucune date, aucune relation sexuelle chez les adolescentes?

Mme Richard: Droite. Je ne pouvais pas me résoudre à le faire. Les filles en classe parlaient toujours à ce sujet. Maintenant, puis, une fille se promenait à moi pour des conseils sur le beau haut qui avait été lui demandait à ce jour lui. On serait ici pour me parler du gars qu'elle avait eu des relations sexuelles avec après une fête week-end dernier. Ce fut une expérience passionnante pour eux, et je partage leur bonheur. Je nourrissais l'idée de se mettre au lit avec quelqu'un aussi. Mais je ne suis pas sûr qu'il ya quelqu'un dans le monde, je le ferais avec. Chaque fois que je regardais un homme, je pensais qu'il était intéressant, mais j'étais sûr que je ne le ferais pas avec lui parce que je ne pouvais pas sentir un lien spécial avec lui, même s'il venait de me demander d'être sa petite amie.

Équipe: Avez-vous obtenu à l'université avec cette habitude?

Mme Richard: Au-delà. Je suis un emploi dans un magasin d'art et chaque client aimé faire la queue sur mon stand. Ils ont fait confiance à mes opinions et ils préféreraient me parler ou rien. Ils apprécient mon art et le fait que je ne pourrais jamais me résoudre à les charger exorbitantly. Les hommes, les femmes m'a même demandé d'être leurs petites amies, mais ce fut la même impasse. Il a continué jusqu'à ce que l'homme je me suis mariée montré.

Équipe: Oh, enfin, vous avez dit oui à quelqu'un!

Mme. Richard: Allez, je ne devrais pas? Quoi qu'il en soit, je ne l'ai pas. Nous avons dit oui à l'autre.

Équipe: Écoutons plus.

Mme Richard: L'instant où je suis entré dans le magasin ce matin-là, le temps, l'air, la vie semblait être différent. Je pouvais sentir la bonté dans l'air, mais mon patron pense que je suis noix repartie alors je l'ai gardé pour moi-même. Ensuite, ce jeune homme est apparu. Il errait autour et n'a eu aucune idée de quoi choisir. Il est allé aux coins isolés dans la galerie et resta longtemps. Quelques membres du personnel a en lui et lui a dit ce qu'ils pensent qu'il devrait acheter. Mais il hocha la tête et pris aucun de leurs choix. Puis, il y avait moi derrière lui. « Pick que », je l'ai fait une jolie art d'une vieille femme donnant une étreinte d'ours à sa petite-fille. Il me regarda et sourit. « Avez-vous une grand-mère? » il a demandé et je lui ai dit que je suis au travail, «nous pourrions en discuter au dîner. Nous sommes devenus amis et c'était comment tout a commencé. Il est empathique aussi.

Équipe: Maintenant, je sais exactement ce que je manqué. Vous voulez dire un homme est un empathe aussi?

Mme. Richard: Oui, il est difficile de penser que les hommes pleuraient quand ils entendent vos histoires. La société pense que peu d'entre eux, et qui est la raison pour laquelle la plupart des hommes empaths ne aiment pas sortir comme l'un.

Équipe: Oh, c'est fascinant. Vous ne pouvez pas être plus heureux depuis. Mais juste avant de discuter de ce qu'il est comme en couple, parler du LET au sujet de votre développement personnel. Quelle était la vie comme vous?

Mme Richard: Mes professeurs, les parents, tout le monde pensait que j'étais très émotive, mais il était plus. Je pleurais quand notre petit animal a été frappé par une voiture dans la rue, quand ma soeur pleurait parce qu'elle avait de mauvaises notes. « Cesser d'être si émotif » était ce que tout le monde avait à dire. Je tombe malade l'instant quelqu'un est tombé malade dans la maison, et je viendrais vers le bas avec la même maladie. Ces choses me ont demandais si « être très émotif » est la seule chose que j'ai.

Alors que je luttais pour comprendre ce que je suis et pourquoi je suis si différent, je passe tout mon temps libre dans ma chambre, seul. Je mettrais dans mon lit et fermer dur mes yeux. Je suppose que je peux l'atmosphère pénétrante mon âme et me dire les choses. Ne me demandez pas ce que parce que cela pourrait être difficile à dire. Je passe aussi penser à la vie d'autres personnes, et je me demandais ce qui aurait dû ou ce serait un pas mieux dans leur vie, et c'était que j'ai passé mon enfance.

Il m'a fallu beaucoup de temps pour comprendre ce qui se passe pour moi. J'étais déjà sorti de l'école, et au sommet de mon prochain plan était un diplôme. Je suis devenu très curieux au sujet de moi-même, se demandant pourquoi j'étais la seule qui a vu les choses. J'étais le seul qui vu les choses différemment dans la maison, comme si je venais d'une planète séparée étrange. Je fait des recherches, a vu un conseiller, puis j'ai découvert la planète de l'empathie. Je suis tombé sur le concept de contagion émotionnelle. Telle est la tendance à contacter l'émotion d'une autre personne. J'ai découvert pourquoi l'émotion des autres toujours m'a fait trop de fois et leur énergie remplirait mon esprit.

Équipe: Alors, vous avez grandi en me demandant qui vous êtes et pourquoi vous êtes différent?

Mme Richard: C'est pratiquement juste, et vous pourriez dire je l'ai passé attirer l'énergie des autres et de résoudre leurs problèmes.

Équipe: Vous avez toujours été rempli par d'autres l'énergie des gens, qu'est-ce que cela veut dire et comment avez-vous sur cela?

Mme Richard: C'est un grand discours, et tout cela se résume à la contagion émotionnelle que je l'ai expliqué plus tôt. Je compris que si j'étais triste ou heureux ne serait pas question de la minute j'ai écouté les problèmes des autres. Je deviendrais complètement rempli par leurs sentiments. S'ils étaient heureux ou triste, il arriverait à moi. Je n'ai même pas vous entendre dire quoi que ce soit avant de devenir réductibles à votre énergie. Si je marche par vous et ai vu un froncement de sourcils sur votre visage, je passerais toute la journée se demander pourquoi vous étiez malheureux, je fronce les sourcils sans le savoir. Si vous êtes heureux, je serais rempli avec votre éclat de cette même façon.

Le problème avec ceci est que les gens ne sont guère heureux. Il y a le crédit, l'hypothèque, la femme en état d'ébriété, fils terne et ainsi de suite. La plupart des gens ont une raison d'être triste, et que ce qu'ils portent sur leurs visages. Implicitement, c'est ce que je prends aussi. Je compris que cette énergie n'a pas toujours été bon pour moi. Il gâte mon exubérance et il ne reçoit pas mieux que je traite plus de gens qui ont eu l'énergie négative. Je commençais à trouver des moyens de protéger mon énergie et font prospérer au-dessus de mes problèmes. Je me suis dit que je avais besoin de solides compétences de persuasion aussi. Les gens jeter mes suggestions facilement, mais ils se sont révélés être juste dans la plupart des cas. Mes collègues et mes amis ne comprennent pas toujours ce que je vois aussi. Lorsque je tente de les convaincre de voir ce que je vois, ils pensent qu'il est du bluff et il n'y a rien à craindre. Ce étaient des problèmes que je propose de résoudre ensemble.

Qu'est-ce que j'ai fait? J'ai contacté un entraîneur de tantra qui m'a guidé à travers mon auto-découverte. Je commençais à comprendre ce que signifie vivre dans mon propre pouvoir, ma propre énergie. Mon entraîneur personnel m'a aussi conseillé; « Vous devriez essayer de fonder votre âme à chaque fois que vous vous sentez submergé par l'énergie des autres. Je l'ai fait ces formations et suivi les instructions tout au long de mes journées universitaires. En outre, j'ai rencontré des coachs de vie qui m'a fourni des conseils sur les compétences des obédiences. parfois, « apprendre à Nag jusqu'à ce qu'ils vous donnent un oui », être un bon auditeur et essayer de fournir une alternative à ce que vous voyez. Je lis beaucoup de bons livres aussi.

À la fin des cours, je savais que j'étais un autre empath. Je me suis changé et je suis moins absous dans l'énergie des autres. Je pouvais écouter plus et offrir des suggestions et des gens pense pas que ce soit un bluff. Il est la raison pour laquelle les gens sont ravis d'entendre mes suggestions et ils sont ravis de les utiliser à mon magasin d'art.

Équipe: Comment conseils donneriez-vous empaths pour se retrouver afin qu'ils puissent vivre une vie palpitante?

Mme Richard: Si vous êtes un empath et vous rencontrez des problèmes vous trouver. Mon premier conseil est que vous devez prendre tout le temps dont vous avez besoin pour vous retrouver. Sois patient. Ensuite, prendre des leçons tantra, il va vraiment vous aider à vous découvrir. Apprenez à vous sol et construire une équipe de personnes qui peuvent la vie de votre esprit. Il y a des gens qui se soucient certainement. Parlez-leur. Faites-leur comprendre combien vous avez besoin pour vous garder dynamique et vivante. Restez à l'écart des gens négatifs aussi, et assurez-vous de passer un peu de temps pour vous régler seul.

Équipe: Que diriez-vous de votre vie amoureuse?

Mme Richard: Ma vie amoureuse est la plus étonnante partie de l'histoire. Mon mari sait que je suis empathique, et je n'avais du mal à savoir qu'il est un aussi. Nous l'avons trouvé facile de parler les uns aux autres, et parfois, de rester loin de l'autre. Nous avons entendu des histoires de empaths qui ne vivaient pas dans une chambre avec leur partenaire, mais ce n'était pas notre histoire, nous étions ensemble quand nous pourrions être. Mon mari pense souvent à mes problèmes, trouver des solutions pour moi pendant que je passais mon temps à penser à propos de ses propres problèmes. Donc, je suis toujours amusé quand il entre dans la pièce pour me dire qu'il avait enfin trouvé la solution à ce que je devrais être inquiet. Dans son cas aussi, il lui ravit. Nous avons toujours pensé à d'autres personnes, et enfin, nous sommes dans les pensées d'une personne au moins.

Beaucoup d'autres personnes approchent encore nous pour des conseils, et mon mari ne me dérange pas si j'ai un chat privé avec un homme. Il peut jurer sur sa vie que je ne triche, je peux aussi. Ainsi, il n'a pas été si difficile dans le mariage.

Équipe: Quel est votre dernier mot sur l'empathie?

Mme Richard: Vous êtes très chanceux d'être empathique. Vous et je peux aider les gens à vivre une vie heureuse. Nous pouvons résoudre des problèmes et nous pouvons faire nos voix connues sans compromettre notre nature. Trouvez votre voix, vous découvrir et suivre les conseils des experts. La vie est une expérience que vous apprécierez.

Conclusion

Phew! Ce fut une longue conversation! Mais ce qui était bon aussi. Si vous ou votre enfant est empathique et que vous venez de lire chaque mot de ce fait, je parie que vous venez de découvrir un tas de choses différentes sur vous-même. Vous comprenez maintenant qui vous êtes, et ce que la vie peut sembler alors que vous êtes toujours en pleine croissance.

Vous savez ce que vous devriez et ne devriez pas avoir fait dans des cas différents. Vous pouvez imaginer ce que la vie était comme comme empath dans les vieux jours et aujourd'hui, vous pouvez dire quel genre de empath vous. Vous connaissez les différentes façons dont vous pouvez résoudre vos problèmes et la meilleure façon vous pouvez aider votre énergie se développer. Je suis sûr que je vous ai dit ce que la vie peut être comme dans le sexe, les relations et le travail. Je certainement dit à quoi nous attendre au travail aussi. Il y avait une longue liste de styles différents que vous pouvez employer pour convaincre même vos adversaires.

Rien d'autre? Je suis vraiment confiant que vous avez tout ce que vous devez profiter de la vie comme une Empathe brillante que vous êtes. Si vous pensez qu'il ya une autre chose dont vous avez besoin, croyez-moi, il est caché dans ces pages, passer par eux à nouveau. Si vous pensez toujours qu'il ya quelque chose d'autre si, je serai heureux d'assister à vous. J'espère que je suis en mesure de vous aider, au revoir, et souvenez-vous de laisser tomber quelques grands commentaires, merci!

Trop de réflexion

Arrêtez de penser négativement, arrêtez d'être déprimé et de vivre au bord du gouffre en 72 heures [Overthinking, French Edition]

Filippe Blair

Avertissement légal

Les informations contenues dans ce livre et son contenu n'a pas été conçu pour remplacer ou prendre la place de toute forme de conseils médicaux ou professionnels; et ne vise pas à remplacer la nécessité d'une médicale, financière, juridique ou autre indépendant des conseils professionnels ou de services, qui peuvent être nécessaires. Le contenu et les informations dans ce livre ont été fournis à des fins éducatives et de divertissement seulement.

Le contenu et les informations contenues dans ce livre a été compilé à partir de sources jugées fiables, et sont exacts au meilleur de la connaissance de l'auteur, l'information et la croyance. Cependant, l'auteur ne peut pas garantir l'exactitude et la validité et ne peut être tenu responsable des erreurs et / ou omissions. En outre, des modifications sont apportées périodiquement à ce livre comme et en cas de besoin. Le cas échéant et / ou nécessaire, vous devez consulter un professionnel (y compris mais sans s'y limiter à votre médecin, avocat, conseiller financier ou tout autre conseiller professionnel) avant d'utiliser l'un des remèdes proposés, des techniques ou des informations dans ce livre.

Lors de l'utilisation du contenu et des informations contenues dans ce livre, vous engagez à protéger l'auteur de tous dommages, coûts et dépenses, y compris les frais juridiques pouvant résulter de l'application de l'une des informations fournies par ce livre. Cette constatation vaut pour toute perte, dommage ou préjudice causé par l'utilisation et l'application, que ce soit directement ou indirectement, de tout conseil ou information présentée, que ce soit pour rupture de contrat, d'un délit, d'une négligence, des blessures corporelles, l'intention criminelle ou de toute autre cause d'action.

Vous acceptez d'accepter tous les risques de l'utilisation des informations présentées dans ce livre.

Vous acceptez que, en continuant à lire ce livre, le cas échéant et / ou nécessaire, vous devrez consulter un professionnel (y compris mais sans s'y limiter à votre médecin, avocat ou conseiller financier ou tout autre conseiller au besoin) avant d'utiliser l'un des remèdes proposés, techniques ou informations contenues dans ce livre.

Tabla de contenido

Introducción

Félicitations pour l'achat Penser trop et merci de le faire.

Les chapitres suivants discuteront longuement sur se Penser trop est, les dangers et les conséquences de penser trop et comment recâbler votre état d'esprit de penser positif et d'améliorer l'estime de soi.

Penser trop est un critique et un problème mondial qui a des milliards de personnes touchées. Beaucoup de gens ne savent ce qu'il est à la surface, mais n'ont pas une connaissance de la façon dont il revigorer nos esprits en profondeur. En fait, la plupart des gens qui vivent dans le monde ne sont pas une idée qu'ils sont penser tropes. Penser trop est pas une maladie, mais une habitude malsaine qui ne nous mène à rien de bon. Il est plus dangereux et puissant que les armes nucléaires.

Alors, comment savez-vous que vous penser trop questions ? Comment savez-vous que vous n'êtes pas Penser trop ? Comment savez-vous que votre esprit est en bonne santé et que vous ne souffrez d'aucun problème lié Penser trop ? Quelles sont les causes Penser trop ? Comment peut-Penser trop être réduit ? At-il un effet psychologique, émotionnel ou physique sur la victime touchée ? Ceux-ci et beaucoup d'autres sont ce que ce livre tente d'exposer.

En plus de penser trop, ce livre aborde également combien il est important de maintenir un état d'esprit positif, non seulement dans un cadre de travail ou à l'école, mais dans tous les endroits que vous allez et maintenir tout le temps. La question de l'encombrement est à nouveau, un autre problème mondial qui affecte la productivité des personnes et des niveaux de concentration. A un lieu de travail, l'école, les sites industriels, les commerces de détail, ayant un résultat esprit encombrés à zéro progrès. Un esprit est encombré vous bloque de voir les opportunités et les reconnaître. Ce livre explique de façon critique ce que ces sont encombre, pourquoi ils sont présents, qui les reçoit, il est l'effet et les solutions possibles sur la façon de les arrêter. L'une des solutions, comme expliqué en détail dans ce livre pour arrêter votre esprit d'être encombré est positif par la pensée. Nous avons expliqué comment cela écourte un esprit encombré,

Les personnes que vous associez ont également une influence sur vous. Les associer à des négatifs vous faire dérailler d'atteindre vos objectifs et devenir productifs. Le maintien d'un cercle positif, d'autre part est avantageux et de loin, ce que vous devez être progressif. Ce livre a discuté des conseils sur la façon de surmonter ces gens négatifs et comment attirer la positivité dans votre vie.

Beaucoup de gens ne savent pas que l'environnement a un effet psychologique sur une personne. Comment un environnement encombré a déterminé votre niveau d'entrée de travail et de la production. Ce livre a parlé des effets psychologiques de ces encombre ont sur une personne et les moyens de désencombrer un environnement pour un rendement maximum. Ce livre fournit toutes les informations utiles dont vous avez besoin pour désencombrer votre esprit et le libérer des griffes de penser trop. Avec des conseils pratiques énumérés et expliqués dans ce livre, vous, que le lecteur ne manquera pas d'avoir un impact positif après la lecture.

Il y a beaucoup de livres sur ce sujet sur le marché, merci encore d'avoir choisi celui-ci ! Tous les efforts sont faits pour assurer qu'il est plein d'autant d'informations utiles que possible, s'il vous plaît profiter !

Chapitre 1

Penser trop

Qu'est-ce que Penser trop?

Il n'y a pas de définition complexe de se Penser trop est. Il suffit de penser des moyens trop, même quand il est inutile. Lorsque vous analysez les choses plus ou vous avez des pensées répétitives, au lieu d'agir en fait, vous êtes tout simplement Penser trop.

Vous demandez peut-être « est penser trop en bonne santé ? Qu'est-ce que penser trop faire à une personne ? ». La vérité est une personne qui pense est plus à rien de bon. Elle entrave votre capacité à progresser, vous empêche de prendre certaines décisions qui conduiront à vous atteindre vos objectifs, et nous vous tiendrons stagnante., Vous vous déplacez à la place dans les cercles. Comme une personne sur une boucle. Une personne penser trop n'est pas efficace et tout à fait indécise. Parfois, il / elle prétend qu'il est utile au cerveau. Non ce n'est pas ! Une personne qui penser trop est généralement inquiet au sujet des choses qui sont hors de leur contrôle.

Dans certaines situations, parfois, il est tout à fait inévitable de penser. Lorsque mauvais ou quelque chose de terrible se produit, vous ne pouvez pas vous aider, mais à penser et puis, vous finissez par penser trop. Lorsque vous vous voyez faire les mêmes erreurs, vous ne pouvez pas vous aider mais à penser trop. En espérant qu'une solution possible pourrait juste venir. Vous commencez à vous remettre en question et beaucoup de choses sur vous. À ce stade, les pensées négatives commencent à envahir votre esprit. Les schémas de pensée négatifs, les émotions négatives de votre faculté dévore la pensée et vous devenez coincé dans à la recherche d'une solution. Tout cela au nom de penser trop. La plupart du temps, vous pouvez probablement finir par ne pas venir avec une solution. Vous venez perdu votre temps et de l'énergie sur penser trop. Il n'est jamais une solution à tout problème. Plus vous vous livrez, plus vous êtes en colère, mécontent, déçu et malheureux. Notez que la pensée n'est jamais un problème, mais quand vous penser trop, il devient l'un.

Les signes de penser trop

Lorsque vous êtes impliqué dans penser trop, vous ne savez peut-être pas. Il est donc essentiel que vous reconnaissiez les signes qui vous font un penser trop. Voici les bons signes de base. Ces signes vous aideront à réaliser que penser trop fait plus de mal que de bien.

- J'ai du mal à dormir parce que mon cerveau ne faire une pause.

- Je revis situation embarrassante encore et encore.

- Je ne peux pas me faire cesser de se préoccuper de mes problèmes.

- Quand quelqu'un dit ou fait quelque chose que je ne comprends pas, je continue à rejouer dans ma tête.

- J'ai passé beaucoup de temps à se soucier des choses que je ne peux pas contrôler.

- Je dégage constamment mes erreurs.

- Je passe beaucoup de temps à se soucier de sens caché dans ce que quelqu'un me dit.

- Je demande beaucoup de ce « si « des questions sur mes actions et des événements dans ma vie.

Une personne qui pense trop à du mal à contribuer à une conversation. Il / elle est distraite et quand il se remet enfin de penser trop, la conversation est terminée. La personne se comparer / elle-même sans cesse aux gens de son âge ou autour de lui dans toutes les ramifications.

Types de Penser trop

Sont communs Deux types de Penser trop; passé réflexions et préoccupations futures.

Réflexions antérieures est tout simplement habitation sur les événements du passé. Exemple; la mort d'un être cher, une erreur, etc. Ces événements ne peuvent pas sortir de votre esprit, donc, vous continuez à penser trop.

Soucis futurs pense à l'issue des événements à l'avenir. Les incertitudes étant à obscurcir votre esprit et vous ne pouvez pas aider mais penser aux pires scénarios possibles. Vos pensées commencent comme ça, « si je l'ai fait où le faire ? » « Prend cette mesure la bonne chose à faire ? » « Pourquoi devrais-je prendre cette mesure ? ». Une telle personne est inquiète au sujet des événements futurs et s'il / elle est capable d'atteindre certains objectifs. Et puis, toutes vos pensées deviennent négatives.

Les gens qui éprouvent des problèmes penser trop ont généralement un certain nombre de choses en commun, leur gagne-pain et la qualité de vie est mis en danger. La capacité de contrôler leurs émotions est perdu, et ils ont du mal à se faire des amis. Leur vie sociale est compromise, et ils luttent pour communiquer leurs sentiments, leurs émotions, ou de partager leurs problèmes avec les gens. Penser trop crée des problèmes pour vous tous azimuts et peut prendre un péage personnel dans votre vie.

Relation entre Penser trop et des troubles psychologiques.

Il peut vous intéresser de savoir que Penser trop a été liée à des troubles psychologiques, comme les troubles de l'anxiété et la dépression. La plupart des diagnostics de santé mentale, y compris celle des troubles de l'anxiété comme le SSPT, SAD, Phobies, ont tous ruminations constantes ou penser trop comme symptôme potentiel. Une personne qui est obsessionnelle pourrait déclencher un trouble mental aussi bien. Ceux qui ont des troubles mentaux et sont toujours absents d'esprit. Ils revivent le passé en permanence.

Les troubles anxieux sont le type le plus commun des troubles émotionnels. Lorsque l'anxiété atteint un niveau disproportionné, il est dit que personne un souffre d'un trouble anxieux. Étant donné que votre cerveau est toujours inquiet de ce qui va suivre, ou ce qui n'est pas, il déclenche penser trop et de l'anxiété. Penser trop est un symptôme saillant d'une personne qui souffre d'un trouble anxieux. L'anxiété et Penser trop sont étroitement liés.

Donc, si vous remarquez que vous pensez trop, il peut être un signe d'un problème de santé mentale.

Effets de Penser trop

Penser trop a beaucoup d'effets sur la personne concernée. Elle affecte la capacité de la personne à la fonction. Elle affecte la capacité de la personne à fonctionner au travail, à l'école ou dans un environnement de construction. La personne concernée est inquiète de quelque chose, même s'il n'y a absolument rien à craindre. Il y a une perte générale de l'estime de soi. Vous vous voyez comme inférieure à d'autres personnes et que vous sentez que vous êtes constamment menacé par quelqu'un qui n'y a personne.

Effets de penser trop comprend;

Moins de créativité

Lorsque vous penser trop, vous avez tendance à être moins créatif. Le cerveau fonctionne mieux quand il est calme et tranquille par une pensée intense. Penser trop, d'autre part, est destructrice et perturbe les processus cognitifs du cerveau. Il peut faire penser à de nouvelles solutions et de nouvelles idées, un défi.

Il provoque l'insomnie

Il est évident que si vous envisagez d'un événement ou d'une autre, il vous sera difficile de s'endormir. Votre cerveau et le corps besoin d'être dans un état de calme avant de pouvoir dormir. Penser trop, d'autre part, agir en tant que dissuasion. Vous devenez mentalement épuisé et commencer à souffrir de la privation de sommeil.

Il augmente votre niveau de stress

Penser trop ne vient pas seulement de l'air. Il faut une sorte d'énergie mentale pour le faire. Le plus drôle est qu'il ne mène nulle part, autre que stressent votre cerveau qui aurait été réaffectées à quelque chose de plus productif et axé sur les buts.

Penser trop cause du stress et de la fatigue mentale en libérant l'hormone du stress, le cortisol. Cortisol est la réponse au stress du corps. Ainsi, plus le corps est souligné, plus l'hormone est produite, ce qui provoque le corps à appauvrir plus.

Rappelez-vous, nous avons parlé de la relation entre Penser trop, la dépression et l'anxiété. Le stress est un symptôme et une réaction à eux. Lorsque vous penser trop, vous devenez anxieux et cette volonté réponse de déclenchement.

Il affecte l'appétit

Penser trop peut avoir un impact énorme sur votre système digestif. Penser trop provoque le stress, ce qui crée des problèmes gastro-intestinaux. Vous ne mangez que des rafiots et autres aliments malsains qui est préjudiciable à votre santé.

Penser trop affecte votre peau

Le stress est un rejeton de penser trop. Lorsque vous vous livrez, il affecte beaucoup d'ingrédients de la peau et de la structure qui est responsable de garder votre peau saine et éclatante. Affections de la peau comme la dermatite, le psoriasis sont des effets courants de penser trop.

Votre système immunitaire est affecté

Penser trop affecte le système de défense naturelle de votre corps, le rendant vulnérable aux maladies et aux infections. C'est la raison pour laquelle la plupart du temps, vous tombez malade quand vous êtes stressé.

Augmente les chances d'avoir une perte de mémoire

Penser trop peut obscurcir vos jugements et vos processus de prise de décision, parce que votre mémoire est affectée. Une personne qui est en train de revivre les événements dans le passé obtient son / sa mémoire coincé dans ces événements. Une telle personne perd contact avec la réalité actuelle et de ce fait, augmente ses / ses chances d'avoir une perte de mémoire.

Affecte votre processus de décision

Parfois, lorsque vous analysez sur les solutions possibles à un scénario, vous finissez soit pas prendre la bonne décision ou que vous ne faites pas la décision du tout. Ce concept est appelé la paralysie d'analyse.

Vous ne parvenez pas à prendre certaines décisions parce que vous analysez toutes les possibilités possibles de parvenir à un échec. Même si vous ne prendre de telles décisions, vous faites le mauvais parce que vos pensées ont obtenu tout mélanger avec la négativité et de l'incertitude. « Et si je le fais et ça ne va pas bien ? » « Quel sera le résultat si je prends cette étape ? Des questions comme cela va vous empêcher de prendre des mesures à la fin de la journée. Une personne qui penser trop a du mal à prendre des risques, peu importe à quel point il peut être. C'est parce qu'à chaque jonction, une telle personne est de trouver une échappatoire à l'échec. Prendre des risques fait partie de la réussite. Chaque personne qui a réussi là-bas a pris un risque ou l'autre. À un moment donné dans le temps, ils auraient pu en fait échouer, mais cela n'a pas été la fin. Une personne qui penser trop ne voit jamais les choses de cette façon.

Penser trop est à la base des problèmes de santé

Le stress émotionnel, qui est la suite de penser trop déclenche beaucoup de maladies de santé que vous ne pouvez pas imaginer. Les causes penser trop; maux de tête, des étourdissements, des nausées, et même un arrêt cardiaque. La dépression devient l'ordre du jour si elle n'est pas traitée.

Il provoque des problèmes de santé cardiovasculaires

L'hypertension artérielle, douleurs à la poitrine, sont quelques-uns des problèmes de santé cardiovasculaires Penser trop causes. Penser trop provoque également vos vaisseaux sanguins à être plus minces, ce qui rend difficile pour le sang de circuler correctement et provoque plusieurs autres glandes dysfonctionnement à bien.

Une personne qui penser trop augmente le risque de mourir prématurément.

La recherche a montré que les gens qui sont morts à un âge précoce ont un niveau inférieur d'une protéine appelée REST. Cette protéine est connue pour calmer le cerveau, si elle devient trop active. Si vous êtes un penser Troper, vous risquez votre santé de réduire votre taux de protéines de repos, ce qui signifie que vous mettez votre vie en danger de mort précoce.

Penser trop augmente le risque d'alopécie

Remarqué que la plupart des penser tropes ont des têtes chauves ? Eh bien, tout cela se résume à Penser trop. Lorsque vous penser trop, vos cheveux tombe à un rythme beaucoup plus rapide.

Chapitre 2

Causes de penser trop

Penser trop est un problème grave qui affecte 80% de la population mondiale. Il est tout à fait normal pour l'homme à penser, mais quand nous penser trop problèmes, des événements et des situations, il devient malsain et il entraîne d'autres choses malsaines dans nos vies.

Alors, qu'est-ce donc, sont les causes de penser trop ? Quels sont les facteurs qui déclenchent son existence en nous, les humains ?

Manque d'estime de soi

Lorsque vous la foi et croire en perdre vos capacités à Affrontez d'autres personnes, vous commencez à penser trop. Une personne qui manque d'estime de soi se voit constamment comme des êtres inférieurs et pas assez bon. Il / elle pense qu'ils ne méritent pas d'être là où ils sont. Ils supposent que les gens les critiquent derrière leur dos. Ils se sentent les gens regardent sur eux tout le temps, même si l'inverse peut être le cas. Les problèmes de ces personnes et peut même se retirer / elle-même du public. Puis, ils se dissocient de toute forme de socialisation. Lorsque vous manque de confiance pour faire quelque chose, vous commencez à imaginer des choses. Vous commencez à vous imaginer comme un échec. Lorsque vous complimenté pour faire quelque chose de bien, vous sentez qu'il est une forme de plaisanterie. Vous supposez que vous n'avez pas ce qu'il faut pour réussir dans le monde réel. Toi alors,

Peur

Oui ! La peur provoque penser trop. La peur de l'inconnu, la peur d'un événement particulier vers le sud, la peur de se tromper, la peur de perdre un être cher sont toute la synthèse de penser trop. Penser tropes à ce désir brûlant de perfectionnisme, donc, ils ne peuvent accepter rien de moins que cela. Ne pas se tromper, l'échec n'est jamais une chose bien, mais les gens qui l'échec penser trop de sensation, juste prouve à quel point ils sont. Ils ne voient pas l'échec comme quelque chose d'inévitable et quelque chose que vous devriez apprendre. Quand vous sentez que votre maison peut être cambriolée à tout instant, parce que vous avez connu un tel incident, vous commencez à penser trop à ce moment. Même lorsque vous êtes en sécurité, vous vous sentez toujours votre vie est menacée, d'une façon ou l'autre. La peur peut aussi être né des comportements irrationnels., Il ne sorte pas de venir dans un modèle. Parfois, les gens qui vivent à son tour la peur constante dépresseurs et de l'alcool pour réprimer leurs pensées négatives. Et puis, ils deviennent toxicomanes et alcooliques.

Anxiété

Désireuse est pas mal. C'est l'une des choses qui nous fait humains. Cependant, quand nous devenons trop anxieux, il devient un problème. Dans ce cas, une telle personne est un penser troper. Une telle personne est inquiète au sujet des résultats des événements, ce qui conduit à analyser et sur l'analyse. Définit la pression et puis, vous stresser. Les gens qui se sentent penser trop ils doivent être dans le contrôle absolu sur tout, y compris leur avenir. Ils ne peuvent pas faire face à ce que l'avenir leur réserve, par conséquent, ils deviennent obsédés puis, penser trop. Ils ont peur des résultats négatifs, ce qui les amènent à contemplent au lieu de le laisser être. Parfois, l'anxiété affecte leur processus de prise de décision parce qu'ils pensent trop.

Manque de confiance

Le manque de confiance sur votre personne est un autre facteur qui cause penser trop et affecte processus de prise de décision. Parce que vous avez peur de prendre la mauvaise décision, vous analysez des situations jusqu'à ce que vous ayez accumulé tant d'options dans votre tête. A la fin de la journée, vous ne pouvez pas prendre une décision sur vos options disponibles. Tout cela parce que vous ne vous assez confiance pour ne pas aller de l'avant. Votre cerveau est bombardé avec plusieurs pensées et vous devenez confus et mentalement épuisé à même arriver à une solution. Vous êtes certainement un penser troper si vous passez par ce processus.

Traumatisme

Que ce soit un traumatisme émotionnel ou psychologique, cela peut amener une personne à penser trop. Par exemple, une victime de viol toujours revivre ces moments où il / elle a été sexuellement violée. Une telle personne estime qu'il est difficile de nouer des relations saines avec le sexe opposé, en raison de l'expérience. Un individu est traumatisé un penser troper et va le détacher / elle-même de socialiser avec les gens, en particulier le sexe opposé.

En dehors de la violence sexuelle, une personne traumatisée peut être en train de revivre les moments, il / elle a perdu un être cher. Par exemple, la mort d'un conjoint peut vous faire à penser trop ces moments que vous avez partagés avec une telle personne avant leur mort. Vous ruminez sans cesse les possibilités et scénarios de vous sauver ces personnes si vous y étiez. Vous commencez à poser des questions sur un scénario possible comme celui-ci, « si j'étais là-bas, vous auriez probablement vécu plus longtemps ». La plupart du temps, il vous est difficile de vous ramener à nos jours. Vous trouvez qu'il est absolument difficile de vous détacher de vos pensées, parce que vous vous sentez accablés.

La dépression

La dépression et Penser trop sont comme cinq et six. Perte et de la frustration, la tristesse, sont autant de facteurs que la dépression cause. Et quand vous devenez déprimé, votre comportement devient régi par des pensées pessimistes, qui donne accès au penser trop et des problèmes de concentration. La dépression aussi, cède la place pour les médicaments, la nourriture, les cigarettes et dépendance à l'alcool. Le traumatisme est une autre cause principale de la dépression, parce que vous renoncez dans les pensées du passé. Une personne déprimée, parfois souffre de problèmes de déréalisation. Il sent que le monde est irréel, plat, terne, et étrange et se sent détaché de la réalité.

Finances

Si vous êtes faible dans la finance, cassé ou vous avez réalisé que vous avez perdu un investissement pour les sites frauduleux, les chances sont que vous êtes susceptibles de boire de suite vos problèmes dans un bar et trop penser. La plupart des gens se remettent de ce bien, tandis que d'autres demeurent dans leur perte et situation pour ensemble.

Obsession

Se soucier sans cesse de bien-être d'une personne est connue comme obsession. Pourquoi est-il normal de s'inquiéter et prendre soin d'un être cher ou quelque chose, d'être obsédé par ces personnes ou quelque chose est malsain et qui vous fait trop penser. Même quand la personne que vous prenez soin de vous est juste à côté, vous supposez que quand un tel congé de personne, quelque chose qui pourrait arriver à lui / elle. Les gens obsessionnels développent souvent un type de trouble d'anxiété parce qu'ils voient se plonger dans penser trop chaque fois.

Chapitre 3

Surcharge d'information

Le cerveau n'a pas été conçu pour traiter un ensemble d'informations en même temps. Lorsque votre cerveau pense à plusieurs choses en même temps à traiter, vous cerveau est stressé. Lorsque votre cerveau devient stressé, votre fonctionnalité est réduite. Votre productivité est presque réduite à zéro. C'est parce que votre cerveau est confus au sujet des informations à traiter vraiment.

Le terme de surcharge d'information signifie simplement l'abondance de l'offre trop d'informations. Il est évident que nous vivons à l'ère de l'information, où nous avons accès aux nouvelles sans fin, des vidéos, et d'autres. La technologie et l'ère numérique a permis que les informations soient à la portée de nos doigts. Les médias sociaux et l'Internet sont largement considérés comme les facteurs les plus influents à cet égard. Nous sommes plus exposés à l'information et consommer de l'information quotidienne. Il y a plus de dépendance à l'égard de l'information. Les gens se connectent à Internet pour accéder à une information ou l'autre. Il y a plus d'informations maintenant à absorber qu'ils ne l'étaient, il y a 10, 15 ou 20 ans. Le cerveau, qui est le centre de traitement devrait absorber et traiter toutes ces informations à la fois. Comment est-ce possible ? Comme expliqué au début de ce chapitre, le cerveau est configuré pour gérer uniquement autant qu'il pouvait. Elle est limitée à la quantité d'informations qu'il peut stocker dans sa mémoire. Ensuite, nous avons l'esprit qui accorde une attention à environ trois à quatre à la fois. Tout ce qui est au-delà de suicidaire. Vous devenez non focalisé, vos pensées et votre devient pas clair processus de décision devient plus lent et moins bonne. La complexité de l'information rend le décideur des difficultés face à déterminer la meilleure mesure possible de prendre. Les décideurs raisonnement cognitif est usurpé par la quantité d'informations qu'il a pris. Le temps et les ressources sont gaspillées et votre performance décider de prise est réduite au minimum. Il est possible d'assister à même un arrêt du cerveau. À ce moment-là, vous ne pouvez pas penser à quoi que ce soit. Vous êtes juste là. Il faudra quelques secondes avant que vous vous rendiez compte où vous êtes et ce que vous aviez l'intention de le faire. Ce sont les gens d'expérience avec la surcharge d'information subissent.

Si vous voulez faire avancer les choses plus vite et être plus créatif avec votre pensée positive, vous devez limiter la quantité d'informations que vous assimilent. Vous devez fixer des limites à la quantité d'informations que vous absorbez. En faisant cela, vous dépensez moins de temps à obtenir des tâches effectuées.

Les causes de la surcharge d'informations

Plusieurs causes de la surcharge d'abonde d'informations. Il y a autant de causes comme il y a des avantages. Être au courant des dernières nouvelles ne sont pas un problème. Le problème ici est que nous prenons tellement que notre cerveau ne peut pas traiter. Personne ne peut prendre autant que des milliers de nouvelles quotidiennes. Alors pourquoi nous insistons toujours notre cervelle, même si elle a atteint sa limite ? Creuser des informations peut être écrasante et elle conduit à la confusion et bien sûr, la surcharge d'information.

Causes de la surcharge d'information comprend;

- Pression pour rester à jour - Vous voulez toujours être le premier à savoir quand quelque chose est arrivé. Des facteurs tels que l'ennui est aussi responsable. Vous restez scotché aux prises de nouvelles et toujours voulez quelque chose à consommer pour satisfaire votre ennui. Vous êtes plongés dans le flot d'informations parce que vous êtes sous pression pour obtenir une chose ou l'autre. Dans la quête de savoir plus, vous vous donnez réellement la surcharge d'information, qui vous laisse déprimé, stressé et confus la plupart du temps.

- L'abondance des canaux d'information qui sont disponibles pour nous - Téléphone, e-mails, les réseaux sociaux sont facilement les canaux les plus utilisés pour la diffusion d'informations. Email par exemple, reçoit plus de 300 milliards d'e-mails tous les jours dans le monde entier. Les gens ont constamment des problèmes en passant par leurs e-mails, suivre le taux d'e-mails entrants et le filtrage des messages de spam, ainsi que la suppression de messages indésirables. Les lieux de travail, les entreprises, les entreprises se concentre sur l'utilisation des e-mails pour atteindre des milliards de consommateurs, les travailleurs et les associés d'affaires. Des millions de personnes inscription pour les bulletins sur les sites Web pour recevoir les dernières nouvelles sur un créneau avec les e-mails. La quantité d'informations on est exposé à travers les canaux, il est difficile pour la personne de penser droit. Imaginez filtrer votre boîte e-mail pour une journée entière ? Il pourrait avoir un impact sur votre processus de pensée.

La même chose va pour le canal des médias sociaux. Milliards d'information sont passés par ce canal tous les jours et c'est la raison derrière la surcharge d'information. Vous voyez différents points de vue sur les questions de sujet. Certains qui semblent confus et certains qui ont l'air insultant. Ces choses peuvent provoquer une surcharge d'information parce que vous serez ses racines dans vos pensées, l'analyse des informations consommées, les différents points de vue, et les réactions sur le sujet.

- La quête de diffuser et de partager des informations avec des amis et collègues - Vous voulez être dans le cercle de la « sait ». Vous voulez toujours être la première personne à partager une information avec un ami, un collègue ou un parent et être étiquetée « la plaque tournante de l'information ». La croissance rapide des applications et des canaux de diffusion tels que Facebook et d'autres réseaux de médias sociaux a grandement influencé la recherche d'informations Over Share avec d'autres utilisateurs. Vous voulez être la première fois à toujours frapper le bouton de partage ou le bouton de message. Les médias sociaux créent une distraction que les gens sont consommés par la quantité d'informations à leur disposition, tant qu'ils deviennent les contrôleurs de la façon dont ils utilisent ces informations. La surcharge des médias sociaux a eu un impact négatif sur la productivité et a donné lieu à un mauvais processus de prise de décision.

- Le désespoir d'accumuler plus d'informations à des fins de stockage - Selon un célèbre développeur de jeux, les gens veulent consommer de l'information, non pas parce qu'ils en ont besoin à ce moment-là, mais parce qu'ils en ont besoin, juste au cas où quelque chose de genre surgit., Ils consomment donc des informations à des fins de stockage. Il est appelé, « la juste situation de temps par rapport au cas où ».

La plupart du temps, parce que les informations que vous consommez ne dispose pas d'un but immédiat, vous pouvez trouver la digestion difficile et peut même oublier sur le long terme. Prenons, par exemple, vous apprenez un sujet à l'école parce qu'il est obligatoire et, vous apprenez une autre qui n'est pas obligatoire ou non pertinentes à l'établissement scolaire. Il y a une plus grande chance de vous conserver ces informations, parce que vous savez que vous en avoir besoin pour un test ou d'examens, par rapport à vous apprendre un sujet en dehors de l'école parce que vous sentez que vous pourriez avoir besoin de telles informations à l'avenir. Et parce que vous apprenez un sujet qui est en dehors du cadre scolaire et non liés à quoi et pourquoi vous avez besoin d'apprendre à ce moment-là, vous trouverez l'apprentissage difficile.

- Le taux alarmant auquel les nouvelles informations est produit par jour - Les médias d'information est une industrie compétitive, avec des entreprises qui tentent d'affirmer leur autorité. Il y a un prime mis sur la façon dont rapide nouvelles atteint le public. Cela conduit à la compétitivité des entreprises de médias dans le monde des nouvelles. Maisons des médias se concentre sur la façon de gagner le public avec la façon fiable et rapide les nouvelles atteint le public, afin qu'ils veuillent être au sommet de leur jeu « A ». Cependant, la recherche de maisons de médias d'avoir un avantage concurrentiel par rapport à l'autre, conduit parfois à la diffusion de faux ou de faux rapports. La qualité des nouvelles est affectée et il nous reste à délibérer si le rapport est en fait vrai ou faux. A la fin de la journée, il est la quantité sur la qualité. Au cours du processus d'analyse des informations, nous dépassons notre cerveau avec des pensées inutiles.

- Et la désinformation des inexactitudes données disponibles - La fiabilité de l'information dépend entièrement de la source. L'Internet par exemple, compte plus d'un million de sites, plus d'un milliard de pages d'informations et plus de 2,5 billions d'octets de données par jour, qui est accessible aux chercheurs. Cela a permis aux utilisateurs de trouver rapidement les informations qu'ils veulent, à condition que les informations sont disponibles. Cependant, certaines de ces informations peuvent être incorrectes avec précision. En effet, il est l'autorité officielle qui est soutenue par la loi pour vérifier l'authenticité de ces informations avant publication. Ainsi, conduisant à la désinformation du public. Depuis, les informations sont échangées et partagées, il devient difficile de contrôler les informations, voler autour de l'Internet. Le résultat évident est que les gens, les faits avant recouper pour atteindre une certaine décision.

- Une mauvaise méthode cognitive pour approcher et assimilant les différents types d'informations - Ceci est un cas de compréhension de l'information assimilée, car il est nécessaire par rapport à comprendre l'information obligatoire. Ce que cela signifie est notre approche et de l'information assimilent détermine la façon dont les processus du cerveau et comment la mémoire conserver. Certaines informations ont différentes manières d'approche. Certaines informations sont mieux absorbées en bits que dans son ensemble, tandis que d'autres peuvent être absorbés dans son ensemble. Si l'information est lourde, il est préférable de vous assimiler les bits par des bits. Cela permettra au cerveau de ne pas obtenir stresser. Cependant, en essayant d'assimiler des informations encombrantes à la fois seront tout simplement perturber les processus du cerveau et provoquer une surcharge d'informations.

- La forte demande de données historiques - Les historiens utilisent Internet tous les jours pour creuser des faits historiques. Les non-historiens font également l'utilisation de l'Internet et la presse écrite pour savoir certaines choses qui est connecté au passé. Ils naviguent à travers de nombreux sites et analyser les faits chaque source publiée pour tirer quelques éléments de vérité et d'originalité. Au cours de ce processus d'analyse, ils surchargent leur cerveau avec des informations. Il y a un choc de fait au sujet d'une incidence et la personne essaie de découvrir ce qui est vraiment mal. Ainsi, en insistant sur le processus du cerveau et de provoquer une surcharge d'information.

Comment éviter de surcharger le cerveau avec l'information

Il y a un nombre croissant d'efforts et des solutions à l'échelle mondiale pour réduire la surcharge d'information au plus strict minimum. Certains sont des suggestions et d'autres ne sont que des essais. Certains pays mettent des règlements à l'utilisation d'Internet et les médias sociaux pour lutter contre la surcharge d'information. Cependant, la solution générale de la lutte contre la surcharge d'information est;

La réduction de la quantité d'information absorbée

Choisissez uniquement les informations dont vous avez besoin. Ne pas aller à prendre des informations parce que vous le voulez. Au contraire, digérer l'information parce qu'il est nécessaire. Plutôt que de lire toutes les histoires que les tendances en ligne, choisir celui qui est le plus important pour vous. Cela ne me vous ne devriez pas que diriez-vous la recherche du savoir. La chose la plus importante est que vous ne devriez pas surcharger le cerveau avec des informations qui ne sont pas forcément nécessaire pour le moment. Filtrer la quantité d'informations que vous avez besoin. S'il est impossible de nouvelles du filtre, les shunt médias pour seulement une journée et vous verrez comment vous deviendrez efficace.

Cognitive adopter une approche pour une meilleure information Assimiler

La prise de l'information est non seulement la chose principale. La principale chose est de savoir comment le cerveau traite les informations. Comment la mémoire conserve les informations que vous venez digérer ? C'est là que vous avez besoin d'utiliser des méthodes cognitives pour conserver les informations dans votre cerveau.

D'autres méthodes permettant d'éviter la surcharge d'information sont;

Limiter la quantité d'e-mails et les bulletins d'inscription

Malgré la baisse du nombre de courriels qui sont envoyées et reçues, une quantité considérable de courriels déborde encore votre boîte de réception. L'utilisation du courrier électronique a causé beaucoup de consacrer leur temps à les lire et de préparer des réponses. Afin de limiter cette dépendance e-mail, limiter le nombre de bulletins inscriptions et le travail sur le tri de vos mails. Vous ne devriez pas lire tous les e-mails qui tombe dans votre boîte de réception. Trier vos e-mails en fonction de l'importance dans des dossiers et de supprimer les messages inutiles. Faire ces vient avec la discipline. Ce qui signifie que si vous manque la discipline, vous ne serez pas avoir le courage de trier vos e-mails. Désactiver toute notification par courrier électronique, en particulier sur votre téléphone, car il est la première source de distraction.

Réduire l'utilisation fréquente des médias sociaux et désactiver les notifications médias sociaux

Pour les profils individuels, il est nécessaire que vous donniez la priorité des mises à jour de personnes que vous connaissez et désactiver toutes les notifications. Notifications vous permet de vérifier rapidement ce que la notification est sur le point. La plupart du temps, vous êtes coincé en train de faire d'autres choses sur les médias sociaux comme bavarder avec d'autres amis en ligne, lire les nouvelles, regarder des vidéos virales, etc. Les notifications sont distractions et doivent être complètement désactivé ou la priorité à l'efficacité. La clé ici est l'utilisation de la limite et la quantité d'informations partagées par des amis.

Réglementer la quantité de temps que vous passez sur Internet

L'Internet est un endroit très vaste avec beaucoup d'informations provenant de sources fiables et peu fiables. La plupart du temps, les informations que vous cherchez sur Internet sont des nouvelles. Pour réduire combien vous comptez sur Internet pour les nouvelles, choisissez une source fiable de nouvelles et inscrivez-vous pour leurs bulletins d'information. De cette façon, vous êtes sûr que les nouvelles que vous allez obtenir ne sont pas seulement des nouvelles fausses ou non vérifiées. Dans le cas de faire une recherche approfondie, utiliser Internet à bon escient et avec modération.

Mettez vos pensées à papier

Quel que soit ce qui se passe dans cet esprit de la vôtre, assurez-vous de l'écrire. Ces pensées sont interférées avec votre capacité à se concentrer. Ensuite, fixer des priorités claires. Déterminer s'il y a des tâches qui peuvent être complétés ou non dans un laps de temps donné. Commencez par le plus petit et Ascend. Écrire vos pensées vers le bas efface votre esprit et libère l'espace mental pour d'autres activités mentales.

Groupe Tâches similaires Ensemble

Semblable à prioriser les tâches. Effectuer des tâches similaires en cours d'exécution. Si vous prévoyez de voir un ami dans la rue et vous rappeler que vous avez une ou deux choses pour obtenir dans un supermarché, les faire à la fois. Il améliore l'efficacité du temps et des ressources. Il vous permet d'être concentré et finir vos tâches en peu de temps.

Évitez multitâche

La simple vérité est multi-tâches est mauvais et trompeur. TROMPEUSES dans le sens où il est fait vous supposez que vous gérez réellement le temps et les ressources de manière efficace. Alors, il vous coûte plus cher. Cela ne vous coûte plus de temps, plus de ressources et vous finissez de remplir les tâches demi-cuite au four.

La commutation entre les tâches est aussi exhaustive qu'un athlète non professionnel courir un marathon. Multitâche vous fait sentir déformé et désorganisé. Prenez une tâche à la fois. Remplissez avant de commencer une autre. Prenez un peu de repos entre chaque tâche. Il maintient votre cerveau ravitaillé pour les tâches suivantes.

Commencez la journée avec un positif Manset

Avez-vous déjà remarqué que les décisions que vous prenez et comment vous préparer votre matinée détermine la façon dont le reste de la journée irait ? Les matinées sont temps calme pour vous de faire quelques réflexions et faire des choix de la journée. Ne pas hésiter à prendre des décisions dans cette période. De même, ne pas commencer votre journée sur une mauvaise note. L'énergie pour commencer les luttes de la journée est le plus élevé le matin, mettez donc à une bonne utilisation. Faites des exercices. Faites des activités qui gardera votre brillante du matin et facile à vivre. Décision seulement faire qui sont nécessaires et immédiates. Ne pas passer la moitié de votre temps, délibérant sur la raison pour laquelle vous devez prendre certaines décisions. Ils sont égouttoirs énergie.

Repose toi

Nous avons parlé d'avoir un peu de repos entre-deux tâches. Faire cela augmente vos niveaux d'efficacité et de concentration sur le long terme que ceux qui ne le font pas. Votre cerveau est ravitaillé à chaque intervalle de repos. Donc, en prenant une petite pause est un grand pas à être plus créatif et productif sur votre lieu de travail. Cela peut sembler stupide et contraire à l'éthique si vous êtes vu faire une sieste pendant les heures de bureau ou à l'école, mais il est très efficace. Une sieste 15-30 minutes augmente votre QI de plus de 10 points.

Chapitre 4

Comment Declutter votre esprit

L'esprit est un outil puissant qui peut façonner votre vie et de la réalité. S'il est encombré avec des négatifs, alors vous êtes zéro progrès et la régression progressive. Il n'y a absolument rien de pire que d'avoir un esprit encombré. Il vous déraille, draine votre énergie et vous fait rien d'autre que la douleur et la souffrance. Vous faites les choses très peu parce que votre esprit est encombré, se déplaçant dans des directions différentes et penser à beaucoup de choses à la fois. Si vous avez un esprit encombré, vous devenez floue et incapable d'atteindre vos objectifs.

Un esprit est encombré évidemment occupé par des choses qui ne bougera pas votre vie avant. Il occupe l'espace mental que vous auriez pu utiliser pour faire des choses plus progressistes et penser plus progressivement. Si vous avez un esprit encombré, vous avez tendance à se concentrer sur les pensées négatives et l'inquiétude sur les choses que vous sentez que vous pouvez contrôler, mais il est évident que vous ne pouvez pas. Vous tenez aussi à des émotions négatives, et votre esprit est toujours déformée. Un esprit vous retire de encombrés réalité présente et vous garder empêtré dans le fruit de votre imagination. Ce que vous devez faire est de désencombrer l'esprit que la vôtre, libérez les barrages routiers dans votre tête et lâcher quelques habitudes.

Alors, comment une personne peut-désencombrement son / son esprit ? Comment une personne peut se débarrasser de l'excédent de bagages qui occupe l'esprit créatif et le rendre impuissant de penser à la réussite ? Comment pouvez-vous laisser partir des habitudes mentales qui est, en gardant Unfocused indécise et vous obligeant à être improductif ?

Penser positivement!

Il faut beaucoup de penser positif. C'est parce que nos cerveaux sont câblés à penser positivement que négativement. 80% d'environ 60 000 pensées qui ruminent dans l'esprit sont des pensées négatives. Cependant, rien de bon sort négatif de la pensée. Peu importe la façon dont le cerveau est câblé, vous pouvez décabler à penser positivement souvent. Les pensées négatives sont dangereuses, le mal et quelque chose que vous devez vous débarrasser de par tous les moyens possibles. Un esprit encombré donnera dans la pensée négative, donc la première étape à désencombrer votre esprit est positif par la pensée.

Pour que vous puissiez commencer à penser positif, vous devez cultiver un état d'esprit positif. Le pouvoir de créer et détruire commence à partir de l'état d'esprit. L'état d'esprit est le cadre de l'esprit et abrite le modèle auquel vous pensez. L'adoption de la bonne mentalité va agir comme un bouclier contre toute pensée négative et les bagages qui peuvent dévorer l'esprit. En adoptant un état d'esprit positif, vous enfermer tout ce qui est préjudiciable à votre succès et de progrès. La vérité est un esprit encombré pense rien de positif ou progressive. Il / elle est dans une boucle de ses / ses pensées. C'est, une telle personne va tourner en rond. Lorsque vous avez un état d'esprit négatif, votre fermant les portes des opportunités, des idées à votre visage. A la fin, vous n'avez rien. Libérez de cet esprit de la vôtre par la pensée positive.

L'un des moyens simples mais efficace de penser positif en affirmant positivement. Les mots sont puissants. Quand vous regardez constamment vous-même dans le miroir et dire un mot ou deux positivement, les chances sont que vous êtes prêt à relever les défis et les obstacles que vous pouvez rencontrer ce jour-là. Toutes les pensées négatives ou tout ce qui va garder votre esprit occupé est inutilement mis de côté parce que vous avez affirmé que vous allez faire et que vous ne vont pas laisser cela vous arrive. La pensée positive positif, l'affirmation est l'une des façons de contrôler vos pensées et tout shun qui encombrent votre esprit.

La pensée négative ne peut être entièrement arrêté, peu importe comment vous essayez. Cela fait partie de la psychologie humaine de penser négatif parfois, mais le but est de penser plus souvent, de manière positive. Penser de façon plus positive, vous devez réduire votre façon de penser négatif. Une partie de l'équation équilibre l'autre. Vous ne pouvez pas penser négativement et positivement à un niveau égal. L'augmentation conduit à la diminution de l'un.

Une autre façon de penser positif et shun un esprit encombré est en se livrant à des séances d'entraînement. Si vous n'êtes pas le type occupé ou le matin pour le type de travail du soir, vous pouvez consacrez 20-45 minutes de votre temps et de la tête à la salle de gym. Il efface votre esprit, égayer votre matin et boire une bonne pensée dans votre esprit. Si vous ne pouvez pas la tête à la salle de gym, vous pouvez faire un simple footing du matin. Il répudier toute chance de vous avoir à penser négatif ou d'avoir un esprit encombré pour le bien. Il recentrera votre esprit et canaliser votre énergie dans la réalisation de vos objectifs.

Une autre façon de penser est positif par vous-même avec la société environnante positive. Bien sûr, vous savez que les gens sont grandement influencés par la société qu'ils gardent. Votre entreprise peut soit vous garder heureux ou sombre. Ils peuvent vous influencer positivement ou négativement. Si vous êtes dans une entreprise de mauvaises personnes ou userions, votre tête sera remplie de choses hors de propos, dérangeant. Nous vous rappellerons des choses que vous ne voulez pas. Vous serez contraint de faire des choses que vous n'êtes pas prêt, au nom des suggestions. Votre esprit sera si encombré que vous pouvez devenir déprimé, stressé ou même développer une forme de maladie à l'autre. Si vous devez changer votre cercle d'amis pour éviter d'avoir un esprit encombré, faites-le. Ils agissent comme un effet dissuasif sur vos objectifs, l'ambition et le progrès.

Une autre façon efficace pour désencombrer votre esprit est en adoptant la pause et technique respirer. Cela signifie simplement que lorsque votre tête est sur le point d'exploser de nombreuses pensées, prendre une minute, pause et prendre une profonde respiration. Répéter l'opération deux ou trois fois. Vous ferez l'expérience une sorte de soulagement en vous-même. Vous verrez que vous êtes devenu meilleur, plus orientée vers un but et ciblée.

Vous pouvez également vous distraire lorsque vous voyez que votre pensée a été encombré. Pensez-vous faire quelque chose de fou, que vous ne pouvez pas imaginer faire. Mieux encore, vous pouvez appeler un proche, un parent ou un ami invité à dîner ou prendre un verre. Faire une de ces distractions désencombrer votre esprit et soumettre toutes les pensées qui ne contribuent pas au bien de votre bien-être.

Rappelez-vous, imbiber un état d'esprit positif afin de penser positif.

arrêt Penser trop

Comme le dit le dicton, la clé de la survie dans la vie est la modération. La pensée est bonne, mais quand vous exagérez le faire, il devient une menace. Rien d'étonnant de voir que tout dans la vie est centrée sur vos pensées. Penser trop est un problème critique et si vous devez désencombrer votre esprit, vous devez arrêter de penser trop. Vous devez arrêter l'analyse et sur l'analyse sur les mêmes pensées. Il n'améliore une situation. Au lieu de cela, il aggrave la situation.

Si vous êtes prêt à arrêter de commenter, analyser et aborder la question de penser trop, vous devez être conscient de vos pensées. Vous devez savoir que vous avez commencé à trop penser. Être conscient sonnera une cloche dans votre tête que vous outrepassent ou de franchir la limite de vos pensées. Tout ce que vous avez à faire est de vous ramener et se détourner de penser. Donc, avant de commencer à trop penser, vous êtes déjà prêt à l'empêcher de vous accabler. Vous pouvez empiler les activités que vous pouvez utiliser pour la contrer. Mieux encore, vous pouvez vous distraire en redirigeant votre esprit vers quelque chose qui est amusant et intéressant.

Une autre méthode efficace pour arrêter Penser trop est réaliste. Face à des situations avec pragmatisme et ne pas le laisser avoir le contrôle sur vous. Être réaliste se penche sur un problème tel qu'il est et ne pas gonfler la solution. Être réaliste est pas de problèmes soufflant hors de proportion. Lorsque vos attentes sont élevées et le résultat ne vient pas votre chemin, vous résultat à penser trop. Être réaliste; ne soulèvent pas vos espoirs trop.

Une autre façon d'arrêter Penser trop est de laisser vous savez que vous ne pouvez pas être dans le contrôle de chaque situation. Parfois, on ne peut pas toujours avoir ce que nous voulons. Il y a des situations que vous avez tout simplement aucun contrôle. Donc, quand vous voyez résultat négatif dans une situation, ne paniquez pas. Vous pouvez vous plaindre un peu, mais ne permet pas la chose la plus importante, il a le contrôle sur la façon dont vous voyez toute autre chose. Vous pouvez choisir comment réagir face à des résultats négatifs. Si une situation est hors de votre contrôle, ne prenez pas la responsabilité si elle finit par échouer. Il suffit de laisser aller, apprendre et passer à autre chose. Ne pas penser trop-il. Penser trop vient de vous être trompé que tout est sous votre contrôle. Il ne fera que créer plus de problèmes, vous causer plus de troubles et de jouer le blâme de jeu avec vous. Plutôt se concentrer, sur la recherche de solutions et l'apprentissage des moyens pour éviter de tels problèmes, il doit se produire. La même chose vaut pour l'avenir. Vous ne pouvez pas contrôler ce que vous ne pouvez pas prédire. Même si vous réussissez à prédire, il est juste une prédiction. Il est soumis à un changement. Certaines choses ne sont pas planifiées, vous ne pouvez pas toujours préparer à l'inattendu. Certaines choses valent mieux laisser la façon dont ils sont. Alors penser trop arrêt et se soucier de l'avenir. La plupart des gens qui se livrent à ce pensent toujours qu'ils sont parfaits. Ils veulent que les choses aillent comme ils ont conçu, mais il ne fonctionne pas toujours comme ça. Alors arrêtez d'être perfectionniste. Vous ne serez jamais faire des progrès en étant l'un vous ne pouvez pas toujours préparer à l'inattendu. Certaines choses valent mieux laisser la façon dont ils sont. Alors penser trop arrêt et se soucier de l'avenir. La plupart des gens qui se livrent à ce pensent toujours qu'ils sont parfaits. Ils veulent que les choses aillent comme ils ont conçu, mais il ne fonctionne pas toujours comme ça. Alors arrêtez d'être perfectionniste. Vous ne serez jamais faire des progrès en étant l'un vous ne pouvez pas toujours préparer à l'inattendu. Certaines choses valent mieux laisser la façon dont ils sont. Alors penser trop arrêt et se soucier de l'avenir. La plupart des gens qui se livrent à ce pensent toujours qu'ils sont parfaits. Ils veulent que les choses aillent comme ils ont conçu, mais il ne fonctionne pas toujours comme ça. Alors arrêtez d'être perfectionniste. Vous ne serez jamais faire des progrès en étant l'un

Pour désencombrer votre esprit, sachez toujours que des situations négatives sont parfois inévitables et que vous avez aucun contrôle que ce soit au-dessus de se produire.

Une autre façon d'arrêter Penser trop est en se débarrassant des émotions négatives. Les émotions négatives vont main dans la main avec penser trop. La plupart du temps, lorsque vous pensez trop, il y a cette émotion que les nuages vous et est jamais bon. Par exemple, si vous songez à la perte d'un ami proche ou un membre de la famille, les émotions habituelles que vous obtenez sont regret, le ressentiment et la tristesse. Vous sentez que vous auriez dû être là pour personne un tel. Que diriez-vous que vous déviez vos émotions à autre chose ? Que diriez-vous que vous canaliser vos émotions en quelque chose de plus positif ? Parfois, quand vous tuez ces émotions négatives, vous arrêtez soudainement trop réfléchir. Les émotions viennent avec penser trop, donc si vous tuez un, l'autre est tué aussi.

Il y a l'aspect multi-tâches. Faire plus d'une tâche en même temps vous fait penser trop et le stress de votre cerveau sur. Vous pouvez penser que vous enregistrez le temps, mais la vérité vous est compliquez questions pour vous-même. Si la tâche est terminée au petit bonheur, il y a une chance que vous pourriez avoir à répéter à nouveau

Dans ce cas, vous avez perdu le temps que vous auriez pu utiliser pour une autre tâche. Multitâche réduit la productivité et composés votre cerveau avec des activités. Vous avez tendance à perdre le focus et à la fin, vous ne réalisez pas un succès à 100% dans vos tâches.

Une façon d'arrêter multitâches à vous assurer de ne pas est penser trop en fixant des priorités claires. Vérifiez votre liste des tâches, sélectionnez celui que vous pouvez accomplir plus rapidement. Ensuite, la liste est longue jusqu'à ce que vous ayez terminé. Faire une tâche à la fois veillera à ce que vous n'avez pas une surcharge mentale. Après avoir terminé chaque tâche, vous cochez. Elle conduira à une plus grande productivité et une meilleure organisation, parce que les chances de répéter une telle tâche est au plus strict minimum.

Méditation

La méditation est une approche commune des gens utilisent pour obtenir leur esprit et leur corps détendu. Il est une méthode utilisée pour former l'esprit pour atteindre un état clair et stable, dépourvu de tout encombrement. La personne utilise des techniques telles que la pleine conscience, ou diriger l'esprit de se concentrer sur une activité spécifique ou d'un objet. Il y a tellement de raisons pour lesquelles vous devriez méditer. Par exemple, 10 - 15 minutes La méditation diminue l'anxiété, augmenter la rétention de la mémoire et l'apprentissage, réduire les émotions négatives et les tensions et augmenter le flux sanguin. La méditation est l'un des facteurs clés à employer si vous devez désencombrer votre esprit.

La méditation est comme vous regardant dans le miroir et le questionnement qui vous êtes, ce que vous êtes, ou où vous allez. Il est d'examiner votre homme intérieur, en essayant de déterminer qui vous êtes réellement et pourquoi vous êtes qui vous êtes. Si vous devez pratiquer la méditation, il est préférable que vous le fassiez dans un endroit calme. Un endroit où vous pouvez sentir la nature et tout ce qu'il a en dessous. En effet, la nature sera toujours la nature. Il n'a pas de substitut et vous rafraîchit. La méditation aidera alléger le fardeau sur l'épaule, se débarrasser de tout encombrement dans votre esprit et vous aider à définir clairement vos priorités. Il sera également resté concentré et de réduire toute forme de distractions. La méditation peut améliorer votre productivité, vous aider à comprendre votre esprit à canaliser plus vers la positivité et vous garder le contact avec vous et votre environnement. La méditation vous aide à être mentalement alerte et conscient de vos sens et votre état du corps. La méditation améliore le bien-être général d'un individu.

Il existe plusieurs types d'experts de la santé de la méditation et spiritualistes ont développé au fil des ans. Cependant, nous allons discuter des types communs qui se pratique plus.

Les types les plus courants de la méditation sont les suivants :

- Scanbody méditation - La méditation de la tavelure du corps est une pratique qui permet aux gens de se concentrer sur les différentes parties de leur corps à libérer la tension. Autrement connu comme la méditation progressive, la personne commence en se concentrant sur une partie de leur corps, généralement de la tête et de travail à travers jusqu'à ce que leurs pieds.

- Méditation Pleine conscience - Ce type de méditation est utile contre les sentiments spontanés. Il encourage la personne à être actifs et conscients de leur environnement. Pleine conscience est utile contre les émotions négatives de, améliore la mémoire et améliore la santé.

- Souffle La méditation de sensibilisation - L'utilisation de la respiration pour atteindre un état métallique stable est connu comme la méditation de conscience de la respiration. Comme la pleine conscience, la méditation de conscience de la respiration améliore la concentration, à réduire l'anxiété et la dépression et améliore la sensibilisation.

- Méditation Zen - Ce type de méditation a été utilisé par des fidèles bouddhistes. Ce type de méditation implique une série d'étapes qui nécessite un certain niveau de discipline pour pouvoir l'utiliser. Il est plus d'une méditation religieuse.

- Metta Méditation - L'amour - la méditation de la bonté est utilisée pour imprégner l'attitude de bonté ad amour dans tout ce que la personne fait. La personne ouvre son esprit à recevoir de l'amour et de bonté, puis, se propager à d'autres. Il est écru être pour ceux qui ne savent pas comment l'amour ou qui ne comprennent pas ce qu'est l'amour.

- Kundalini Yoga - Cette forme de méditation améliore la santé mentale et réduit les problèmes liés au stress. Il est fait en pratiquant l'art de la respiration profonde et mantras. Un mantra est un mot ou une phrase que vous répétez à entrer dans un état méditatif.

- La méditation transcendantale - Cette méditation est semblable à la méditation de conscience de la respiration. Le but de cette prise de conscience est la personne à élever au-dessus de son état d'être. La personne utilise un ensemble de mots répétés ou mantra pendant la méditation, jusqu'à ce qu'une telle personne soit dans un état de méditation profonde.

La méditation est assez simple à la pratique. Comme nous l'avons expliqué, si vous voulez méditez, vous devez chercher un endroit calme, proche de la nature à le sentir. Un environnement paisible vous permettra de mieux se concentrer et d'éviter toutes les distractions que ce soit. Vous pouvez accompagner votre méditation avec une musique douce et calme si vous voulez. L'étape suivante consiste à mettre des vêtements confortables. Le port de vêtements TRG vous déconcentrer, ce qui est un ingrédient majeur pour la méditation. Être aussi confortable que possible est nécessaire pour la méditation.

L'étape suivante consiste à décider combien de temps vous wiling à consacrer à la méditation. Le temps recommandé est généralement de 20 minutes, deux fois par jour, mais vous pouvez choisir votre temps flexible. La chose la plus importante est de décider du temps et de s'y tenir. La méditation prend la pratique et le temps avant d'arriver à voir les résultats. En outre, trouver un moyen pacifique de ne pas se laisser distraire par vous, toujours vérifier le temps. Régler une alarme pour vous avertir lorsque votre temps de jeu est en place. Faites un suivi avec un bref exercice

Vous dégourdir les jambes pour libérer des articulations. Vous allez être assis dans un endroit pendant une longue période, vous avez donc besoin de se débarrasser des souches et la raideur qui agissent comme une distraction. Étirez vos articulations, surtout les cuisses. Rappelez-vous d'enlever vos chaussures. Vos pieds doivent sentir le sol.

Asseyez-vous dans la meilleure position. Rappelez-vous, l'objectif est ici de méditer, donc vous assurer que vous obtenez dans l'endroit le plus confortable. La plupart des gens choisissent de rester dans le sol, avec ou sans croiser les jambes. Chaque fois que vous vous asseyez et cependant, essayer de redresser la colonne vertébrale. Cela permettra d'assurer que vous êtes à l'aise.

Fermez vos yeux et se concentrer sur votre respiration. La respiration est la façon la plus courante de la méditation. Respirez normal. Il n'y a pas de technique particulière de la respiration qui est nécessaire pour la méditation. Pendant que vous respirez, concentrez-vous sur certaines images dans votre esprit. Vous pouvez imaginer quoi que ce soit, aussi longtemps qu'il suit votre respiration. Vous pouvez essayer le corps technique de balayage lorsque vous essayez de se concentrer sur les différentes parties de votre corps de la tête aux pieds pour la détendre. Maintenant, utilisez la technique de mantra. La technique de mantra implique que vous utilisez un jeu de mots ou d'exclamations répétées jusqu'à ce que votre esprit soit dans un état calme. Vous pouvez silencieusement répéter des mots comme « paix », « tout », ou utiliser des mots de méditation traditionnels comme « Chit », ce qui signifie la conscience. Lorsque vous faites cela, vous devriez remarquer votre esprit vagabonder sans vous penser consciemment de celui-ci. Il vous montre à quel point l'esprit se déplace. Chaque fois que cela se produit, essayez d'apporter votre dos d'esprit à l'objet de mise au point. Si votre objectif était votre souffle, essayez de vous concentrer errer l'esprit de revenir à votre souffle. Vous pouvez vous endormir, mais ne vous inquiétez pas. Quand vous vous réveillez, prenez une grande respiration et essayer de revenir à ce que vous rappeliez dernière. Lorsque l'alarme se déclenche, ouvrez doucement vos yeux et attendre. Vous vous sentirez une sorte de fardeau a été levé sur vos épaules. Remarquez comment vous êtes devenu différent et comment vous étiez avant de méditer. Vous pouvez essayer cette fois ou deux fois tous les jours et assurez-vous méditez dans le même temps de sorte qu'il sera plus facile de l'intégrer dans votre emploi du temps quotidien. Prenez une grande respiration et essayer de revenir à ce que vous rappeliez dernière. Lorsque l'alarme se déclenche, ouvrez doucement vos yeux et attendre. Vous vous sentirez une sorte de fardeau a été levé sur vos épaules. Remarquez comment vous êtes devenu différent et comment vous étiez avant de méditer. Vous pouvez essayer cette fois ou deux fois tous les jours et assurez-vous méditez dans le même temps de sorte qu'il sera plus facile de l'intégrer dans votre emploi du temps quotidien. Prenez une grande respiration et essayer de revenir à ce que vous rappeliez dernière. Lorsque l'alarme se déclenche, ouvrez doucement vos yeux et attendre. Vous vous sentirez une sorte de fardeau a été levé sur vos épaules. Remarquez comment vous êtes devenu différent et comment vous étiez avant de méditer. Vous pouvez essayer cette fois ou deux fois tous les jours et assurez-vous méditez dans le même temps de sorte qu'il sera plus facile de l'intégrer dans votre emploi du temps quotidien.

La méditation n'a pas besoin de faire partie de votre programme avant de le faire. Vous pouvez pratiquer la pleine conscience à tout moment pour se débarrasser du stress ou des troubles émotionnels. Ce que vous avez besoin est de prendre une minute ou deux, se concentrer sur votre respiration et vide que les émotions négatives de la vôtre. Essayez de prendre conscience des événements autour de vous. Il améliore la pleine conscience. La méditation n'est pas fixée résultat. Il se concentre plutôt sur l'état présent à ce moment-là. La méditation est une pratique qui prend du temps à maîtriser. Vous vous sentirez comme arrêter de fumer à un moment, mais la pratique apportera des effets. Il est l'une des meilleures façons de désencombrer votre esprit et libérer de la charge.

Pleine conscience sera discutée plus au chapitre 8 de ce livre.

Pen vos pensées sur papier

Si vous voyez que ces pensées de la vôtre ne peuvent pas arrêter flottant autour de votre cerveau, trouver un papier, les écrire. Ceci est l'un des moyens les plus efficaces pour désencombrer votre esprit. Les écrire sur une passe libérera votre esprit d'avoir à les stocker ou ruminer sur eux.

La même chose pour une personne qui pense régulièrement de nouvelles idées ou des solutions à un problème. Au lieu d'empiler tout dans votre esprit, d'un ordinateur portable ou un journal et les écrire. Lorsque vous empilez des idées dans votre tête, il devient difficile de les traiter et de les gérer efficacement, car ils sont lourds. Si vous avez un endroit où vous écrivez vos pensées et vos idées, il deviendra plus facile pour vous de les trouver et les évoquerai un à la fois, au lieu de les traiter à la fois.

Nous avons fait mention de revues de conservation. Oui ! Tenir un journal est une bonne façon de désencombrer votre esprit, ce qui crée un espace dans votre tête pour accueillir d'autres activités mentales. Journaling est une façon de se détendre l'esprit et aide à garder l'organisation de vos pensées. Selon une recherche publiée, l'écriture de vos pensées positives ou négatives sur un journal vous donnera une meilleure chance d'y faire face. Il améliore la mémoire et efficace dans la gestion de la dépression, anxiété, les émotions négatives et d'autres questions liées au stress. Journaling créer une prise pour vous de libérer les tensions et ces émotions. Vous pouvez employer toute technique d'écriture pour la journalisation et il sera ok. Tant que vous avez fait vos points. Vous n'avez pas besoin d'être un expert de tenir un journal.

Sommeil

Si vous avez un brouillard de cerveau, ont une difficulté assimilant les idées ou la pensée droite, les chances sont que vous avez besoin de dormir. Les bienfaits du sommeil sont nombreux et est quelque chose qu'on ne peut jamais se passer. En effet, lorsque vous ne dormez pas, vous causez directement vos cellules du cerveau meurent. Lorsque vous ne dormez pas, vous vous privez de générer de nouvelles idées. Vous vous obligeant à être improductif au travail. Et puis, votre capacité de penser sera directement entravée. Vous souffrez défaillances mentales partielles ainsi. Le sommeil aide à améliorer votre état mental et augmenter votre niveau de concentration. La bonne chose au sujet du sommeil est que vous n'avez pas besoin de dormir pendant de longues heures pour obtenir votre cerveau et vous rafraîchir. A 30 minutes sieste pourrait être juste ce dont vous avez besoin. Essayez d'obtenir un peu de sommeil si vous devez désencombrer votre esprit.

Apprendre à être Décisive

Avez-vous été dans une situation où votre tête est remplie de pensées et vous êtes incapable de comprendre quoi faire ? Si vous travaillez dans un bureau et votre table regorge de demandes, des lettres et des factures et vous ne vous présentez pas immédiatement à eux, ce qui se passe ensuite ? Bientôt, votre table sera remplie tant que vous ne voudriez pas voir la surface de votre table. Si vous éprouvez cela, avez-vous une décision immédiatement ? La réponse évidente ne sera pas.

Le simple fait est quand votre tête est encombrée, vous ne pouvez pas prendre des décisions rapides. Être incapable de prendre une décision vous fera empilez plus de pensées dans votre tête, accumuler plus de documents sur votre table. De ce fait, ce qui aggrave votre processus de décision. A la fin, il est difficile de choisir qui de décider. Plus vous retardez, plus il devient difficile. Vous remettre à plus tard et vos décisions Devient en attente. Tout à fait d'accord, certaines décisions sont simples, tandis que d'autres sont difficile, mais si vous ne prenez pas un pas, quelles que soient les conséquences, vous deviendrez une victime de la paralysie de l'analyse.

Parfois, le facteur qui cause les décisions retardées est la peur. Peur de l'échec. La peur de votre décision d'obtenir un résultat négatif. La peur de vous répéter la même erreur encore et encore. Tout simplement parce que vous avez fait une mauvaise décision une fois, ne signifie pas que vous retenir de faire d'autres choix de vie. Les erreurs ne se produisent. La vie est pleine de choix et parfois, vous ne faites pas toujours les bonnes décisions. Un esprit déluterez est toujours en train de revivre les erreurs du passé.

Si vous éprouvez des difficultés de prendre une décision, utiliser les avantages et les inconvénients approche de la liste. Faites une liste des effets positifs et des effets négatifs de la prise de décision d'un tel. Lorsque vous arrivez enfin à une réponse, ne regardez pas en arrière. Simplement fais-le !

Réglez une minuterie pour vos soucis

Définir un moment donné et le moment pour vous d'épancher tous vos soucis. Son tout à fait naturel de s'inquiéter. Il pourrait être un jour particulier de la semaine ou une heure par jour. La chose la plus importante est de choisir un moment opportun où vous pouvez aller sur des choses que votre esprit ne peut pas laisser aller. Ne laissez aucun souci ou pensées dos. Versez-le tout. Incorporer le temps de réfléchir sur vos pensées dans votre horaire quotidien. Lorsque vous faites cela, vous ne donnez pas votre temps de ruminations submerger votre esprit et contrôler votre vie.

Réglementer la quantité d'informations assimilées

Votre esprit est déjà composé avec des pensées et des informations. Pourquoi voudriez-vous assimiler plus encore quand votre cerveau n'a pas traité toutes les informations sensorielles dans votre esprit ? Ce sature votre cerveau avec des informations. Passer votre temps de lecture en ligne, discuter sur les médias sociaux, et de faire plusieurs autres activités en ligne ne finissent par consommer votre cerveau avec des informations. Limiter la quantité de temps que vous passez sur les médias sociaux et en ligne. La surcharge d'information Cutter votre cerveau, vous obligeant à être soumis à une contrainte, anxieux et déprimé. Organisez-vous et vos tâches. Terminer une tâche avant de commencer une autre. Évitez multi-tâches !

Nutrition et exercices

Le type de nourriture que vous mangez détermine le niveau de vigilance et activées du cerveau. Il a un effet sur la façon dont le cerveau est en bonne santé. Certains aliments dégénèrent cellules du cerveau et les résultats aux maladies du cerveau telles que la maladie d'Alzheimer. Les aliments gras et frits repas affecte la santé mentale et le bien-être d'un individu. Il augmente le taux de dépression et de l'anxiété et obstrue votre cerveau. Si vous devez désencombrer votre esprit, éviter de manger des aliments qui sera préjudiciable au bon fonctionnement du cerveau. Mangez plus de fruits, les légumes, les poissons gras, les baies, le café, les œufs, les noix et les repas légers. Ces aliments ont les ingrédients nécessaires pour stimuler les fonctions cérébrales et à accélérer le processus du cerveau. Ils contiennent des antioxydants, des vitamines et des acides gras oméga 3. Manger de la nourriture de saisir tard, l'alcool, et ne pas suralimenter. Assurez-vous que vous n »

Souvent l'exercice. Elle conduit à une meilleure concentration et l'acuité mentale. La combinaison des exercices et la bonne nourriture est une excellente façon de prolonger les cellules du cerveau. Des exercices comme le yoga, est utile pour atteindre un état stable de l'esprit et du corps. Des exercices réguliers sont antidotes pour la dépression, l'anxiété et la faiblesse du corps.

Prendre un certain temps

Faites une pause du travail, des affaires, de tout ce qui est vous tenir occupé. Votre cerveau a besoin de se reposer, se rafraîchir, et dégagé de toute activité liée au travail. C'est ce dont vous avez besoin au moment; un peu d'espace pour être libre et profiter de la nature. Vous pouvez prendre un court séjour ou une longue à la plage, à certains endroits, vous n'avez pas ou même payer vos parents une visite. Tout simplement explorer et amusez-vous !

Il est difficile de désencombrer votre esprit. L'utilisation de ces étapes prend du temps, mais efficace. Compte tenu de ces étapes effacera votre esprit et vous aider à construire de bonnes habitudes mentales. Ils augmentent votre productivité et améliore votre santé générale.

Chapitre 5

Comment Declutter votre environnement

Pour désencombrer votre esprit est une partie de l'équation, alors que pour désencombrer votre environnement est l'autre. Beaucoup de gens ne savent pas que vous pouvez également désencombrer votre environnement, tout comme leur esprit.

Sans faire les deux processus, il n'y a aucun moyen que vous allez laisser les encombrer délivra. C'est parce que votre environnement est un facteur important qui contribue à ceux qui le désordre dans votre tête. Désencombrement votre environnement et désencombrement Votre esprit !

Votre environnement a un impact majeur sur votre santé psychologique. Pour que vous puissiez être déclaré une personne en bonne santé, votre état mental et l'environnement doit être exempt de tout ce qui pourrait compromettre votre bien-être. Prenons, par exemple, si vous entrez dans un environnement qui ne sont pas correctement filtrées comme un étranger, et les chances sont que, dans vos quelques jours de séjour, votre environnement aura une incidence sur votre état de santé physique. Cela signifie que vous êtes susceptible de tomber malade. Pourquoi ? Parce que votre environnement actuel est en désordre, désordre et impur.

La même chose vaut pour les gens qui marchent dans une pièce qui est en désordre et encombrées. Vous êtes susceptibles d'être affectés par l'état de votre chambre. Alors qu'est-ce qui se passe quand vous ne pas ranger jusqu'à ? Vous êtes censé être stressé et devenir floue.

Au travail, vous pouvez être submergé par les tâches et d'autres que vous gérez habituellement. Qu'est ce qui a changé ? Vérifiez votre environnement. Il pourrait y avoir quelque chose qui réduire votre productivité. Votre bureau, ordinateur, ou même des collègues sont des choses qui peuvent vous rendre improductif. Tout ce qui vous entoure est votre environnement, et si cela ne vous aide, cela signifie que vous avez besoin de faire quelque chose. Désencombrement It Si elle est vous distraire de votre travail ou d'études, désencombrer le !

Une étude dans un journal ayant déclaré que plusieurs stimuli devant vous seront en compétition pour votre attention. Ceci est tout à fait vrai. Comme la chambre en désordre qui a été utilisé, par exemple, vous découvrirez que le désordre dans votre chambre finira par vous distraire si vous ne le faites pas désencombrement votre chambre. Alors que les encombrent Compètes pour votre attention, vous laisser distraire et devenir floue. Plus encombré votre environnement physique est, plus votre cerveau dépense d'énergie, filtrer ces choses dans votre environnement qui peuvent causer une distraction. Et à cause de cela, le cerveau ne peut se concentrer, penser ou résoudre des problèmes complexes. En d'autres termes, il est l'attention est détournée de réellement vous aider à obtenir une productivité accrue.

Nous savons que le cerveau est destiné à maintenir le corps en vie. Il est un élément de survie. Si le cerveau perçoit que votre environnement est rempli de choses qui pourraient saboter votre sécurité, il détourne son attention pour vous assurer que vous respirez encore. Cette productivité entrave. Le cerveau est occupé à la recherche d'éléments de survie, alors que votre productivité est en danger. La plupart des gens pensent qu'ils ont cette capacité unique de changement de distraction à leur travail sans aucun problème rapidement, mais c'est faux. C'est semblable à multi-tâches, et nous ne savons que vous ne pouvez jamais accomplir une tâche efficacement avec le multitâche. Votre cerveau ne peut pas passer d'une tâche à ou de votre distraction au travail sans passer par des difficultés. Votre distraction vous tire loin du travail à façon telle que vous ne pourriez pas vraiment préavis. Un environnement déluterez est un esprit déluterez ! Prenez note.

Rappelez-vous, l'encombrement ne doit pas être physique. L'image de fond peut être numérique aussi bien. Ils peuvent être vos trop de fichiers sur votre ordinateur, trop de vidéos inutiles, trop de programmes, ou trop d'applications sur votre téléphone. Ce sont des formes de distractions. Ils vous égarer et détourner votre attention du vrai travail ou une tâche que vous faites. Ils affectent votre productivité au travail et vous garder les choses importantes non focalisée.

Regardez cette statistique. Chaque fois que votre mise au point est entravée en raison de la commutation entre les distrayant tâches; votre attention n'est pas complètement de retour qu'après 23 minutes. En d'autres termes, il faut 23 minutes avant de récupérer votre attention après RODAGE distractions. Cela signifie que vous avez perdu 23 minutes de votre temps pour parvenir à l'achèvement d'une tâche, perdu le focus sur le démarrage d'un autre emploi, et même perdu du temps pour faire de l'argent pour vous-même et votre lieu de travail. Vous avez perdu la capacité d'atteindre votre plein potentiel.

Ce n'est pas si facile à désencombrer votre environnement. Si vous avez décidé de passer à l'étape de désencombrer votre environnement, sachez que vous serez dans un long trajet. Il faut de la discipline pour désencombrer votre environnement. Il ne suffit pas de jeter des papiers loin ou déplacer des boîtes à un coin qui désencombrer votre environnement. Il est d'avoir l'effort conscient et délibéré de changer votre environnement que vous vivez. Il ne se limite pas à seulement votre lieu de travail ou de résidence. Il est comme vous, cheminant de découvrir votre nouvelle auto pour le séparer de l'ancien moi.

Dans le chapitre précédent, nous avons appris des façons diverses humains peuvent efficacement désencombrer leur esprit. Dans ce chapitre, nous mettrons l'accent sur la façon de désencombrer l'environnement. Nous allons apprendre à désencombrer la maison et le bureau / lieu de travail.

Votre maison désencombrement

Se sentir submergé est facile, surtout si vous avez une maison de désordre. Il y a quelque chose que vous devez savoir sur quitter votre sale maison pour le travail ou l'école. En quittant votre maison en désordre aura une incidence sur votre efficacité au niveau de travail et de concentration. C'est parce que vous avez quitté avec l'idée que votre maison n'est pas propre, organisé, et ainsi de suite. Sachant que votre maison n'a pas été organisée avant de quitter instiller l'idée de ne pas vouloir revenir. Après tout, vous allez toujours revenir en arrière pour rencontrer cette maison en désordre vous avez quitté le matin. Alors, pourquoi la peine de revenir ? Vous n'avez pas l'attachement affectif, et cela risque de stress cause et videz votre énergie mentale, conduisant ainsi à improductivité.

Le regard Let les avantages de désencombrer la maison avant de procéder au processus de désencombrement.

Causes Accueil Votre désencombrement moins de stress

Comme expliqué plus haut, laissant la maison pleine de cutters augmentera votre niveau de stress et apporter improductivité. Juste pour que vous le savez, les hommes, par statistique, sont plus enclins à être dans un environnement encombré que les femmes. Donc, en tant qu'homme, vous devez vous-même accolade à prendre des responsabilités, ce qui rend votre maison aussi propre que possible. Mais, quand vous réalisez que votre maison est propre et bien rangée, vous partez avec une tranquillité d'esprit, et que les garanties la qualité de votre matin et ce jour-là au travail partirez.

Votre maison est organisée lorsque vous déluter votre maison

Avez-vous déjà remarqué un élément ou d'un bien disparu pendant des semaines, et vous trouverez tout à coup dans une armoire ou un tiroir abandonné, juste parce que vous avez décidé de nettoyer votre maison ? Trouver des choses devient plus détendue, et les choses ne vont pas dans la disparition de nouveau. Une fois que vous déluter votre maison, vous avez directement créé un espace pour se déplacer sans aucune perturbation.

Un moyen de domicile déluterez moins de nettoyage

Nettoyage tous les jours suffit à vous causer des souches et des douleurs articulaires. Plus une maison encombrée, plus vous trouvez qu'il est plus difficile à nettoyer. Vous êtes empêtré dans l'esprit comment et où commencer le nettoyage. Toutefois, si vous déluter votre maison, vous ne serez pas besoin de nettoyer votre maison à chaque fois. Cela signifie que vous auriez le temps pour d'autres tâches, autres que le nettoyage et la lourdeur mentale est soulevée de votre esprit.

Un délutera conduit à la maison à un mode de vie sain.

L'Association américaine des infirmières et infirmiers anesthésistes a publié une étude fascinante que les gens avec des maisons désordonnées sont environ 77% plus susceptibles d'être obèses que ceux dont la maison est bien rangée. Il est également important de noter qu'une maison pleine de désordre aura probablement une cuisine qui est plein d'aliments malsains comme des collations et autres aliments gras. Dès que cette personne se promène dans la porte de sa maison encombrée, un sentiment d'épuisement accable lui immédiatement. Une telle personne se / se retrouve dans un état de monologue négatif, puis, les pensées de ne pas savoir où commencer à suivre suivant.

Si vous déluter votre maison, ces pensées malsaines disparaissent. Votre santé mentale et la santé physique deviennent son, et il se traduira par une meilleure alimentation et un mode de vie plus sain de. Ils déciment toute forme de dépression et d'anxiété.

La dépression est réduite avec une maison déluterez

Les experts ont établi un lien entre le cortisol et l'encombrement. En d'autres termes, une maison encombrée augmente l'hormone du stress, le cortisol qui se traduit par la dépression et d'autres problèmes mentaux. Ceci explique pourquoi les gens les plus déprimés vivent dans une maison encombrée ou de caractère brouillon. Votre environnement reflète qui vous êtes, et qui comprend où vous résidez. Et untidiness manque d'organisation diminuent l'estime de soi et la confiance jour après jour d'une personne. Une maison encombrée rend peu attrayante pour les visiteurs car ils seront gênés à la fin de la journée. Vous commencez à vous sentir coupable et de jugement sur les inviter à un endroit qui est plein de désordre.

Une maison déluterez, d'autre part, renforce l'estime de soi, favorise l'esthétique, et à repousser toute dépression.

Une maison déluterez améliore la qualité de l'air

La qualité de l'air qui est distribué dans votre environnement est affecté si votre maison est encombrée. Avez-vous observé qu'une sorte d'odeur émane d'une maison en désordre, déchiré en lambeaux, et désorganisé ? C'est parce que vos possessions recueillent les particules de poussière, et ces particules augmentent le nombre de contaminants propagation dans l'air. En outre, étant donné que vos propriétés sont compactes, pas d'air est les pénétrait. Ainsi, vos possessions émettent une odeur.

En outre, la collecte des grains de poussière résulte de la toux, une irritation des yeux et de la saisie de la respiration. Les chances de développer des crises d'asthme augmentent également. Désencombrement votre maison va se débarrasser des nuages de poussière, la collecte sur vos propriétés. Arranger votre maison améliorera la qualité de l'air, qui se traduit par une vie plus saine. Une maison sans pollution est une maison saine !

Votre objectif est renforcé

Sans doute, vous aurez un esprit plus stable lorsque vous vous rendez compte que vous avez quitté une maison déluterez pour le travail ou l'école. Il reflète que sur vous-même et améliore l'estime de soi.

Une maison encombrée, d'autre part, conduit à la désorganisation totale de l'esprit. Votre esprit est assombri par des pensées, des objets et l'idée que votre maison est en désordre pour les visites. Votre esprit est possédé des solutions sur la façon d'obtenir votre propre maison après la fin de la journée. Tous ces concurrences pour votre attention, vous nier la capacité de se concentrer sur votre tâche.

Si vous décidez finalement de désencombrer votre maison avant de sortir, il est un signe certain que vous serez en mesure de se concentrer sur votre tâche et tout donner absolue.

Votre maison désencombrement signifie plus d'économies

Votre maison est susceptible de ne pas se rempli cher ou beaucoup d'articles que vous n'avez pas besoin lorsque vous désencombrement-il. Ce que cela signifie est, avec une meilleure organisation de la maison, vous saurez les choses que vous voulez et les choses que vous ne le faites pas dans la maison. Vous passez moins de temps à faire du shopping pour les articles. Il en résulte d'économiser plus et d'être libre de dettes.

Dans la plupart des ménages américains, selon une enquête réalisée en 2019, 29% sur près de 59% qui vivent par jour de paie de jour ont des dettes de carte de crédit. Donc, votre maison désencombrement se traduira par une meilleure gestion du budget, mieux votre épargne et vous aidera à se préparer en cas d'urgence.

Mais, si vous êtes dans des articles pour faire du shopping une maison surchargée, vous finissez par ce qui complique la situation. Vous ajoutez plus d'articles à une maison encombrées, créant ainsi plus encombre. Et cela rendra encore plus, plus difficile à obtenir votre maison déluterez.

Votre maison améliore désencombrement un bon sommeil

Votre qualité du sommeil est améliorée lorsque votre maison est délutée. Vous vous sentez à l'aise que votre espace de vie est exempt de toute saleté et encombre. Et cela rend votre capacité mentale à régler, et cela améliore votre qualité du sommeil.

Comment Declutter votre maison

Maintenant que nous avons examiné les avantages de votre maison désencombrement, nous allons faire preuve de créativité sur la façon de désencombrer votre maison. Ces simples, mais efficaces conseils vous aider à démarrer sur la façon dont déluter votre maison.

Déterminer le département de la maison que vous voulez commencer désencombrement.

Ceci est la première étape et avant tout que vous devez entreprendre. Vous ne pouvez pas désencombrement tous les domaines de la maison en un jour. Même si vous le faites, cela signifie que vous, quitter le travail, l'école ou cette tâche vitale que vous étiez censé poignée pour la journée. Il peut être si écrasante, si vous pensez que vous pouvez désencombrer votre maison en un jour, surtout si elle est votre première fois. Il peut aussi prendre beaucoup de temps, donc vous devez décider où vous allez commencer à partir désencombrement. Il pourrait être votre chambre à coucher, salle de bains, cuisine, salon, la salle à manger ou même le garage. Commencez par le plus facile afin que vous ne vous lassiez pas facilement. Ensuite, monter dans des zones plus difficiles. Lorsque vous avez choisi une zone à désencombrement, il est temps de passer à l'étape suivante sur cette liste.

Offrez-vous 5-10 minutes désencombrement période.

Decluttering est un processus graduel. Un processus que vous ne devez pas se précipiter. Vous pouvez consacrer 5 ou 10 minutes de votre temps chaque jour pour désencombrer votre maison. A mesure que vous, augmenter le temps et ajouter plus de tâches sur votre liste que vous allez sur. Par exemple, le premier jour peut-être 5 minutes. La seconde peut être 10, le troisième peut être 15, et ainsi de suite. Ne commencez pas désencombrement avec 10 minutes sur votre premier jour et passer 5 minutes le lendemain. Il ne fonctionnera pas. Avant de réaliser, vous trouvez qu'il est difficile de consacrer même une minute t désencombrement votre maison. Commencez par le plus rapidement possible (5 minutes au moins) et Ascend en conséquence.

Obtenez un sac poubelle prêt

Vous voulez vous débarrasser de ces éléments qui sont à l'origine de votre maison pour être encombrés. Obtenez un sac poubelle, les jeter à l'intérieur. Les vieux articles que vous sentez que vous ne voulez pas se débarrasser, de leur donner à la charité. Si vous allez stocker tout élément, obtenir de grandes boîtes. Les déplacer vers les endroits appropriés et créer de l'espace dans votre maison. Vous serez étonné de voir le nombre de sacs poubelles que vous avez enlevées.

Créez-vous voulez jeter à faire la liste des articles à la poubelle

Certes, il y aura un bon nombre d'articles dans des sacs poubelles que vous voulez vous débarrasser. Obtenez un papier, écrivez tous les éléments que vous voulez vous débarrasser de. Chaque élément que vous prenez à la poubelle les croix sur votre liste. En outre, il est important que vous créiez une tâche à faire la liste de toutes vos tâches, de sorte que vous traversez chacun que vous avez accompli. Comme vous vous débarrasser de chaque élément, les Cutter se réduit. La création de ces listes vous aidera à garder une trace des tâches que vous avez terminé et ceux que vous n'avez pas. Il est plus facile de désencombrement si vous avez une image où et comment commencer.

Consacrer pour supprimer un élément de tous les jours.

Chaque jour que vous décidez d'encombrer votre maison, essayez d'obtenir au moins un élément indésirable de votre maison. Imaginez faire cela pendant un mois ? C'est 30 articles. Pour ce faire, pendant un an, et vous devez avoir pour débarrasser de 365 articles. Que diriez-vous d'augmenter à 2 articles par jour ? En aucun temps, vous serez en mesure de désencombrer votre maison et obtenir ces articles jetés dans la poubelle. Votre maison restera complètement propre et sans poussière.

La même chose vaut pour le nettoyage de la maison. La plupart des gens qui font 9-5 emplois ont souvent du mal à nettoyer toute la maison, et il est tout à fait compréhensible. Il prendra votre temps. Si vous n'êtes pas en mesure de nettoyer votre maison, commencer par le nettoyage d'une partie. Vous pouvez simplement décider de nettoyer votre salle de séjour pour ce jour-là et nettoyer une autre chambre le lendemain. La chose la plus importante est d'établir un objectif et le bâton vers lui.

Prendre une photo

Ce n'est pas nécessaire, mais il est tout à fait utile. Vous pouvez décider de prendre une photo d'une zone encombrée, comme votre cuisine, puis, prendre une autre photo de votre cuisine. Cette fois-ci, un délutera un. Observer ces photos, et vous verrez la fierté que vous êtes devenu que vous avez commencé l'étape dans votre maison désencombrement.

Utilisez le système à quatre boîte

L'établissement d'un système plus facile à désencombrer votre maison que d'avoir aucune. Le système à quatre boîtes est un exemple de ces systèmes qui vous aideront à devenir plus efficace dans le nettoyage de votre maison. Obtenez quatre boîtes et de les étiqueter comme suit avec des descriptions;

- Donner : Ce sont des boîtes qui doivent être remplies de choses que vous n'avez pas besoin ou utiliser, mais sont toujours bien. En d'autres termes, ce sont des éléments que vous pouvez vendre en ligne ou faire un don à des organisations caritatives.

- Gardez : Ces boîtes doivent contenir des éléments que vous envisagez de garder. Ce sont des objets que vous ne pouvez pas faire sans. Ce sont les éléments que vous utilisez fréquemment. Des exemples de ces articles sont vos vêtements, système sonore, chaises, etc. Ils ont la plupart du temps un lieu fixe où ils sont conservés.

- Retour : Dans cette boîte, les choses qui sont mal placées dans votre maison doit être conservé dans cette case. Par exemple, votre savon ne doit pas être dans la salle de séjour. Vos couverts ne doivent pas être dans la salle de bain, et ainsi de suite. Ces articles doivent être conservés dans leurs endroits appropriés et non l'inverse.

- Trash : les objets ou biens qui ne valent rien doivent être conservés dans cette case.

Chaque chambre que vous entrez d'identifier les éléments qui doivent être placés dans leurs boîtes respectives. Tout élément du tout, quelle que soit sa taille, doit entrer dans leurs cases appropriées. Il peut prendre un certain temps, mais ça vaut le coup. Vous découvrirez des articles et va maintenant ce qu'il faut faire avec eux.

Ne pas avoir peur de demander de l'aide

Demander de l'aide d'un ami ou d'un parent est un moyen cool pour obtenir des suggestions sur la façon de désencombrer votre maison. Votre ami ou un parent peut passer par tous les éléments de votre maison et de suggérer que l'on doit être jeté, remis ou que l'on doit être maintenu. Vous pouvez défendre vos raisons pour garder un tel élément, qui est tout à fait refroidir. Si votre ami ou un parent voir les mêmes raisons que vous faites, votre décision est valide. Dans le cas contraire, il est sage de se débarrasser de cet élément.

La meilleure chose à ce sujet est que votre ami ou un parent n'a pas besoin d'être un professionnel pour vous aider à vous débarrasser de tout encombrement. Juste que d'avoir quelqu'un à vos côtés tout au long du processus désencombrement sera plus facile et plus rapide pour vous de se débarrasser de certains éléments que vous avez des doutes se débarrasser.

Quel est le bon moment pour désencombrer votre maison?

Cette question est plus de personnel que général. Normalement, quand vous voyez comment désorganisé et déchiré en lambeaux votre maison est, il sonne une cloche dans votre esprit que votre maison besoin désencombrement. Pour certaines personnes, il n'y a pas de paramètres ou une sorte de signes qu'ils devraient désencombrer leur maison. Votre temps droit peut être mauvais moment d'une autre personne et vice versa.

Désencombrement est personnel, mais très important. Chaque maison dont il a besoin pour améliorer l'apparence de leurs chambres. Si vous voulez vivre une vie plus saine et de garder votre maison aussi bien rangée que possible, en faisant l'un de ces conseils désencombrement vous garantir le succès. Il pourrait ne pas être immédiate, mais avec certaines formes de cohérence et de courage mental, désencombrement sera beaucoup plus facile. Un équilibre entre votre personnalité et votre appartement résidentiel apporte une coexistence pacifique et vous influencer positivement, psychologiquement et physiquement.

Désencombrement votre espace de travail

Il n'y a rien de plus inspirant et énergisant que d'aller travailler pour répondre à votre bureau bien rangé. Un environnement de travail sans encombrement peut vous faire pour être plus productif, efficace dans le traitement des tâches, et vous garder super concentré au travail. Vous serez également exempt de distractions et tout ce qui se disputeront votre attention, ce qui est important dans un environnement de travail. Cependant, beaucoup de gens là-bas passent par des moments difficiles, désencombrer leur espace de travail. Cutter vous influencer et votre travail négativement. C'est parce qu'ils sont encore attachés à ces encombres dans leur milieu de travail. Ces encombres seront en compétition pour votre attention et de temps. Ainsi, vous donnant un mal à se concentrer dans l'exécution des tâches. Si vous avez essayé plusieurs techniques pour désencombrer votre environnement de travail et cela ne fonctionne pas, cela signifie qu'il Ya quelque chose que vous n'êtes pas en train de faire. Il y a encore quelque chose là-bas que vous ne pouvez pas vous débarrasser, peu importe comment vous essayez.

Rappelez-vous, n'encombre doivent pas être seulement votre environnement physique. Votre smartphone, l'ordinateur peut aussi être un fouillis et servir comme une forme de distractions. Votre espace de travail pourrait être une pièce de votre maison ou un bureau réel.

Avantages de votre espace de travail Désencombrement

Le regard Let les avantages de désencombrer votre espace de travail.

Un espace de travail déluterez booste l'estime de soi

En voyant votre bureau encombré est pas bon et a un impact négatif sur votre estime. Il reflète simplement sur votre personnalité que vous êtes désorganisé, ce qui nuit à votre productivité. Un bureau encombré, il sera difficile pour vous de trouver certains documents que vos besoins de l'employeur. Lorsque ce document important ne se trouve pas, vous êtes insultés dans le visage que vous n'êtes pas bon ajustement pour le travail, qui est démoralisant. Un bureau déluterez va rendre la vie plus facile pour vous. Tous vos documents sont classés en conséquence et vous n'aurez pas à rechercher dans tous les fichiers, juste pour savoir qu'un document. Il est d'augmenter votre confiance, sachant que votre employeur est impressionné par votre réponse rapide à obtenir le document dont il a besoin.

Un espace de travail déluterez stimule la créativité

Vous serez facilement inspiré pour créer de nouvelles idées qui pourraient être bénéfiques pour le progrès de votre lieu de travail. Un espace de travail déluterez insuffle la puissance créatrice en vous pour commencer et terminer un projet, car il ouvrir votre esprit pour voir les choses clairement. Un bureau qui est dépourvue de tout encombre vous encouragera à être encore plus efficace avec vous-même.

Vous devenez un expert dans la gestion du temps.

Une fois que vous avez appris le processus de désencombrement et a incorporé dans votre horaire de travail, vous devenez une meilleure gestion du temps. Cela signifie que vous avez fait votre esprit de consacrer un peu de temps de travail pour nettoyer votre bureau, ce qui se traduit par le développement des compétences de gestion du temps.

Vous sentez accompli

En regardant votre bureau déluterez le matin est déjà une tâche terminée. Il vous fait vous sentir heureux et déterminé à terminer les tâches restantes que vous avez pour la journée.

Un espace de travail déluterez améliore votre confort.

Avez-vous l'air d'être heureux et confortable, voyant que votre espace de travail n'est pas nettoyé ? La réponse évidente est non.

Un bureau bien rangé veillera à ce que vous êtes aussi confortable que possible. Elle peut conduire à une plus grande productivité et votre niveau de concentration augmentera le plus. Travailler dans un environnement confortable améliore la créativité et parce que vous n'êtes pas sous pression à effectuer.

Vous obtenez une bonne impression de votre employeur

Oui ! Votre patron sera parmi ceux qui vous regardent avec de beaux sourires en raison de votre espace de travail déluterez. Il / elle fera une bonne impression sur vous parce qu'ils estiment que la valeur de votre travail vous plus que tout. La plupart du temps, vous serez plus favorisés que d'autres membres du personnel. Vous vous sentez exalté à ce sujet et cela va même vous encourager à fournir plus d'efforts pour réussir. Vous serez considéré comme un de ceux employés avec beaucoup d'éthique de travail.

Un espace de travail déluterez améliore votre mode de vie sain.

Si vous êtes parmi ceux qui tombent sans cesse, je vais une merveille pourquoi, vérifiez votre environnement. Examinez votre environnement de travail. La dernière fois que vous avez eu un bon nettoyage de votre bureau ? La dernière fois que vous avez poussière vos armoires, tiroirs, étagères ? Germes, poussières, bactéries, peuvent persister sur ces surfaces de visites régulières des clients ou des clients. Une fois que vous régulièrement désencombrement votre espace de travail, vous réduisez les risques de maladie de contracter et vous savez ce qu'ils disent, la santé est la richesse !

Vous êtes moins distraits dans un espace de travail déluterez

Un espace de bureau avec encombre, il est difficile pour les employés de se concentrer et de se concentrer sur des tâches importantes dans le bureau. Leurs bureaux sont classés avec toutes sortes de choses comme tâches inachevées, fichiers, etc. Ces choses seront en compétition pour votre attention chaque fois et si vous ne les désencombrements, vous allez vous être improductif tout au long de ce jour-là.

Se débarrasser de ces encombres sur votre bureau devrait être votre priorité absolue. Vous serez mieux ciblé et plus efficace dans la réalisation des tâches existantes.

Nous allons énumérer et discuter des étapes à désencombrer votre environnement de travail pour assurer un environnement de travail en douceur et d'améliorer l'efficacité du travail.

Recommence

Il ne fait aucun doute ce qui est la première étape sur cette liste. Si vous sentez que vous ne savez pas où commencer désencombrement à partir, commencer à partir de votre bureau. Le bureau est généralement rempli de documents papier et toutes sortes d'objets. Retirez tout sur votre bureau et commencer à partir de zéro. Observez chaque élément que vous avez supprimé et rajoutez, peu à peu. Ajoutez uniquement celles dont vous avez besoin. Prenez le repos et dans une boîte. Ne pas les éloigner, vous pourriez avoir besoin dans le travail de cas exige l'utilisation de celui-ci. Donc, quand vous avez besoin d'un élément, vous pouvez aller à la boîte et choisir ce que vous voulez choisir. Rappelez-vous, nous avez parlé des points d'observation. Si vous n'utilisez pas un élément pour une semaine, cela signifie que vous n'ont pas besoin. Donc, juste faire le nécessaire, jetez-le.

Écrivez les articles que vous utilisez

Une autre alternative au premier point. Obtenez un stylo et du papier, notez tout ce que vous utilisez sur votre bureau pour les prochains jours à une semaine. Observer et évaluer chaque élément que vous sentez que vous utilisez. Demandez-vous ces questions; « Cet élément est-il important ? » « Cet élément ont une incidence sur la nature du travail à la main ? » « Dois-je garder ce point ou non ? ». Répondre à une de ces questions déterminera la prochaine ligne d'action. Une fois que vous vous voyez ne pas utiliser un élément fréquemment ou que vous ne l'utilisez pas du tout, les jeter. Les fichiers et les documents sont des exceptions. Bien, vous pouvez déposer ceux d'une étagère ou une armoire. Astuces Cutter il cerveau en pensant que chaque élément sur votre bureau est important, afin que vous ne vous défaussiez pas.

Planifiez un temps pour le nettoyage de votre bureau

Parmi vos tâches planifiées pour la journée, assurez-vous de consacrer un peu de temps pour nettoyer votre bureau et votre environnement de travail quotidien. Pour ce faire, la première fois que vous arrivez dans votre environnement de travail. L'intégration d'un temps de nettoyage dans votre programme veillera à ce que vous obtenez votre lieu de travail bien rangé et prêt pour le travail de la journée. L'intégration d'un temps de nettoyage dans votre programme veillera également à ce que vous traitez votre lieu de travail se nettoyer avec priorité. Toute autre activité sera bloquée à ce moment-là parce que vous savez déjà qu'il est réservé au nettoyage.

Commencez toujours votre journée une heure plus tôt

Cela fait suite au point précédent. Cela a tellement d'avantages que vous ne serez pas en mesure de compter. En utilisant cette méthode prend résistance de la part de la personne parce qu'il peut être difficile, de se lever au moment même lorsque l'alarme sonne deux fois et vous cliquez sur le bouton snobe deux ou trois fois. Si se lever tôt est si difficile, vous ne serez pas en mesure de bien commencer votre journée.

Créer une liste de tâches

Après l'arrivée au travail le matin, généralement les trente premières minutes à une heure sont consacrées à la disposition de bureau, la préparation du café, bavarder avec des collègues et de réfléchir sur les tâches inachevées précédentes qui doit être accompli ce jour-là. Pour faciliter le travail de la journée, la prochaine fois, prenez dix minutes à la clôture du travail la veille de réfléchir sur les réalisations de la journée et notez vos priorités pour le haut lendemain. Création d'une liste des tâches prioritaires est la clé pour garder une trace de vos objectifs et tâches. Au lieu de commencer à travailler sur une nouvelle tâche tout de suite le lendemain, l'ajouter à la liste des tâches et essayer de terminer les tâches existantes. Avec cette méthode, vous éviter d'être distrait par votre activité précédente. Essayez de déguerpir un bureau à la fin des travaux avant de partir. Développer un programme quotidien et de s'y tenir. Il est la meilleure façon d'accomplir les tâches. Vous serez plus concentré et peu susceptible d'être encombré. Accomplissement de vos objectifs sera facile aussi.

tri Démarrer

Maintenant, vous devez avoir compris les éléments à garder et non garder. L'étape suivante consiste à décider où garder ces articles. Nous ne parlons pas seulement votre bureau seul. Nous parlons de grouper vos articles sur l'étagère, tiroirs, etc. La meilleure façon de regrouper vos articles est en les regroupant par ordre d'importance. Les éléments que vous utilisez doivent souvent aller au tiroir de bureau le plus proche. Le reste de vos articles doivent être placés dans les tiroirs de bureau les plus éloignés. Vos documents papier doivent être disposés sur votre bureau de gauche à droite. Le milieu devrait être votre zone de travail.

Remplissez tous les projets existants

La plupart de ces encombres, sont parfois vos tâches inachevées de la veille et de la semaine. Ils viennent de jeter sur votre bureau, occupant une ordure de l'espace et vous distraire. L'une des meilleures façons d'obtenir ces projets de votre bureau est en les complétant. Les éviter ne vous aider à mieux. Si un tel projet vous prendra plus d'une heure, à ce que vous remplissez toutes les tâches existantes avant de poursuivre avec le nouveau jour propre.

Chapitre 6

Comment former de bonnes habitudes

Pour former une bonne habitude, vous devez faire un effort conscient et délibéré de votre part pour atteindre les habitudes. Bonne sont faciles à la forme si vous avez la discipline de le faire.

Il est facile d'entendre votre ami ou un collègue dire qu'il veut faire ceci ou cela et il se fait et quand vous essayez de faire la même chose, il ne fonctionne pas. La formation d'une bonne habitude peut être une lutte parfois, mais si vous êtes déterminé et patient, il peut changer. Cependant, la formation d'une bonne habitude prend du temps pour vous de devenir collé à elle.

Cohérence

La cohérence mondiale implique que vous êtes prêt à faire des sacrifices pour vous permettre de maintenir vos habitudes. La cohérence est la condition essentielle que vous devez former de bonnes habitudes. La cohérence vous fera cesser de voir votre modèle comme tâches. La cohérence aidera à suivre vos objectifs fixés.

En toute honnêteté, vous ne pouvez pas former de bonnes habitudes sans cohérence.

Faire les plans et les objectifs Définir

Faire des plans et ont fixé des objectifs des habitudes que vous voulez forme est la première étape vers la formation d'une bonne habitude. Faire un des objectifs du plan et la mise en implique que vous prenez un regard critique sur ce que vous espérez gagner de l'habitude prévu. La valeur d'habitude il ? Est-ce réalisable ? Est-il même réaliste ? Toutes ces questions sont ce que vous serez en mesure de répondre après avoir effectué les plans et les objectifs fixés sur la bonne habitude que vous voulez former.

Par exemple, vous voulez former l'habitude de l'exercice régulièrement. Au cours du processus d'élaboration des plans et fixer des objectifs, vous saurez pourquoi vous voulez commencer l'exercice régulièrement, comment vous pouvez réussir quand vous devriez commencer aussi bien que ce que vous devez gagner. Comme je l'ai dit plus tôt, les plans de maquillage, et les objectifs fixés sont essentiels pour former une bonne habitude.

Avoir un début peu

Souvent, quand vous entendez des gens se plaindre qu'ils ont du mal à former de bonnes habitudes ou faire de bonnes choses régulièrement, il doit le faire avec eux essaient d'aller les pleins yards trop tôt 9-. Si vous regardez les gens qui veulent perdre du poids, par exemple, et d'essayer de faire du fitness une habitude, vous découvrirez une chose la plupart des tâches. Ils ignorent commencer petit. Ils veulent faire à pied 1 km en une semaine; ils veulent faire 100 push-ups en 2 jours. Bien qu'il soit bon de commencer, il faut souvent une quantité énorme de volonté d'archiver ce niveau de travail. La plupart des débutants ont le pouvoir de volonté nécessaire de le retirer, et qui fait échouer l'habitude.

Toutefois, si vous commencez petit, laissez-dire plutôt que de 1 km à pied, faire un 10ème ou 50 au lieu de 100 push-ups, commencez par 20 et de travailler votre chemin. Commencer petit vous faire voir pas votre habitude nouvellement formée comme une corvée qui doit être fait, mais plutôt comme un moyen de se détendre et vous amuser. Commencer petit réduira la quantité de volonté, vous devrez accomplir pour soutenir votre habitude.

Reconnaître l'importance du temps

La formation d'une nouvelle habitude nécessite une quantité importante de temps. Ne vous attendez pas commencer quelque chose en un jour, et il deviendra une habitude l'autre. Les choses ne fonctionnent pas de cette façon. Reconnaître la vitalité du temps et de vous donner. Vous êtes autorisé à le faire. Vous donnez un peu de temps pour faire votre habitude automatique vous aidera à surmonter la frustration - qui est l'une des choses qui peuvent détruire l'habitude que vous essayez de former.

Connaître votre motivation

Ordinairement, cela devrait faire partie de fixer des objectifs que je parlais tout à l'heure, mais je me sens le besoin d'expliquer plus en détail. Avoir la bonne motivation peut aller un long chemin pour vous assurer de maintenir votre habitude aussi longtemps que possible. La bonne motivation vous donnera un coup de pouce lorsque vous ne sentez plus vous pouvez continuer avec votre bonne habitude.

Par exemple, si vous souhaitez former l'habitude de perdre du poids, écrire votre source de motivation vers le bas vous donnera un coup de pouce quand vous sentez que vous ne pouvez pas continuer.

Changer votre façon de penser (devenir plus conscients)

Beaucoup de personnes sont sur le pilote automatique de nos jours. Le comportement du pilote automatique qui les rend difficile pour former de nouvelles bonnes habitudes. La raison en est qu'ils ne pensent pas à ce qu'ils font ou doivent faire. Cependant, pour former de nouvelles bonnes habitudes, devenir plus conscient de vos actions. Devenir plus conscient de ce que vous faites-vous aider à mieux suivre de temps et vous aider à maintenir votre bonne habitude nouvellement formée.

De plus, un changement de mentalité est essentiel pour former de bonnes habitudes. La raison en est l'esprit contrôle le corps. Pour que vous puissiez vaincre vos vieilles habitudes et former un nouveau bon, il faut surmonter l'ancien premier dans votre esprit. Un changement de mentalité apportera un changement de comportement et aussi vous donner un coup de pouce.

Associé avec des partisans

Vos amis et votre famille peuvent vous aider à former une bonne habitude et vous aider à briser les anciens aussi bien. Le soutien d'amis servira de motivation pour maintenir votre bonne habitude nouvellement formée.

Par exemple, si vous voulez prendre l'habitude de manger sainement, vous devez être amis qui partagent un même mode de vie, ou il sera difficile pour vous de suivre à travers avec votre nouvelle bonne habitude.

En un mot, si vous avez des amis qui ne partagent pas la même habitude avec vous ou ne veulent même pas essayer, il est temps de faire de nouveaux amis.

Alter votre environnement

L'environnement dans lequel nous nous trouvons joue un rôle essentiel dans notre croissance, le caractère et l'habitude aussi. Pour une personne qui est dans un environnement où beaucoup de gens sont obèses et ne mangent pas sainement, il sera difficile pour cette personne pour former une habitude de manger sainement. Par conséquent, si vous voulez former une habitude de manger sainement, il est temps de faire un changement. Déplacer vers un environnement différent ou essayer de faire les gens autour de vous vous joignez à votre nouvelle habitude.

La même chose s'applique à une personne qui veut prendre l'habitude d'aller à la salle de gym tous les jours. Vous pouvez travailler ou changer votre environnement en ayant votre sac de sport à côté de votre lit la nuit. Vous pouvez également mettre vos vêtements de sport sur votre lit ou les accrocher à la porte de votre salle de bain. Ainsi, vous pouvez le voir avant d'entrer pour prendre une douche le matin.

Faire participer les personnes

Pour maintenir votre nouvelle habitude, et se concentrer sur vos objectifs, amener les gens impliqués. Dites aux gens au sujet de la nouvelle habitude que vous voulez former. Ces gens vont vous aider à rester en ligne lorsque vous commencez à perdre de vue ce que vous faites. Ces gens vont vous tenir responsable de votre habitude nouvellement formée. Ils vous feront rester engagés au cours.

Pour vous amener les gens à vous aider à se concentrer, essayer d'avoir une sorte de façon, votre ami vous tiendra responsable. Vous pouvez donner votre propriété ou un peu d'argent pour eux et leur dire de tenir jusqu'à ce que vous ayez commis à votre habitude complètement.

Personnalisez et célébrer votre victoire

Souvent, nous nous réprimander pour ne pas faire la bonne chose. Cependant, nous devons apprendre à nous donner crédit quand nous faisons la bonne chose aussi. Lorsque vous voulez former une nouvelle bonne habitude, il est bon pour vous de célébrer votre succès dans vos objectifs pour la journée.

Si vous vous engagez à votre nouvelle habitude contractée, célébrer votre succès en vous récompensant pour avoir commis à votre nouvelle habitude vous aidera à rester motivé. La motivation est essentielle lorsque vous essayez de créer un nouveau bon modèle. Par exemple, si votre nouvelle habitude est de perdre du poids, vous pouvez vous récompenser avec un nouveau tissu à chaque fois que vous perdez quelques livres. Si votre nouvelle habitude est de manger sainement, vous pouvez vous récompenser par vous-même en prenant à dîner une fois par semaine ou pour maintenir votre mode de vie sain. Faire tout le temps vous motiver.

Créer un Cues autour de votre habitude

Lorsque vous essayez de former une nouvelle bonne habitude, il est de vous retrouver manque la motivation et le courage de passer par votre habitude. Imaginez un scénario lorsque l'alarme se déclenche à 6h30. Immédiatement, vous vous levez, votre première pensée sera d'avoir votre bain et préparez-vous pour le travail. Mais si votre habitude est au bon moment, par exemple, vous avez un ami de se rencontrer à la salle de gym à 7h30, et vous ne voudriez pas le décevoir. Donc, vous vous forcer à aller à la gym ce matin. Une autre chose que vous pouvez faire est de parler de votre nouvelle bonne habitude sur FORMÉ les médias sociaux comme Facebook. En parlant de votre nouvelle habitude sur les réseaux sociaux vous faire rester engagé à ce que vous ne serez pas comme de laisser vos amis vers le bas.

Former un motif avec votre habitude

La formation d'un modèle reçoit beaucoup de choses. J'ai eu un ami qui a pu écrire cinq articles par jour parce qu'il a pu former un motif autour de son écriture. Il a écrit ses articles avant le petit déjeuner. Il a gardé le motif pendant 30 jour consécutif. Au moment où il a remarqué combien de travail il se fait en un jour, il a déjà établi un modèle; il ne voulait pas briser.

Vous pouvez en tenir compte dans votre nouvelle bonne habitude formée aussi bien. Définissez votre nouvelle bonne habitude pour former un motif, et vous serez en mesure de le soutenir.

Attendez-vous à Retraits

Le simple fait est bon rien est facile. C'est un fait connu. La formation d'une nouvelle bonne habitude n'est pas différente. Vous devez vous attendre revers que vous essayez de former une nouvelle bonne habitude. Vous devez vous attendre ce revers, car il vous aidera à les surmonter. Il est bon pour vous d'avoir à l'arrière de votre esprit que trébucher sur le chemin ne signifie pas que vous ne pouvez pas continuer à travailler pour former une nouvelle habitude. Doivent servir revers de motivation et de ne pas vous décourager.

Par exemple, si vous ne parvenez pas à se rendre à votre rendez-vous salle de gym, ne vous découragez pas. Rééchelonner votre date et essayer de faire cette fois-ci.

Connectez votre nouvelle habitude avec un bon déjà existant que vous avez

Pour rester attaché à votre habitude nouvellement formée, joignez-vous avec une habitude déjà existante. La vieille habitude vous aidera à vous rappeler la nouvelle que vous essayez de former et d'assurer la continuité.

Par exemple, vous voulez former une habitude de l'exercice régulièrement, et vous faites du jogging déjà pendant environ cinq minutes chaque jour, planifiez vos séances d'entraînement pour commencer après votre travail du matin. Puisque vous êtes déjà habitué à l'emploi du matin, et il est devenu automatique, à commencer vos séances d'entraînement après ne sera pas si difficile et vous aider à former plus vite l'habitude.

Depuis combien de temps pour votre nouvelle bonne habitude de devenir habituelle?

Souvent, vous entendez des gens dire, « il faut 21 jours pour former une nouvelle habitude ». Ceci est une idée fausse. Tout a commencé avec un livre écrit par Dr. Maxwell Maltz. Dr Maltz était un chirurgien plastique dans les années 1950. Il a découvert qu'il prend ses patients un minimum de 21 jours pour adapter à leur nouveau look après la chirurgie. Cette découverte l'a incité à publier son livre best-seller « Psycho-Cybernetics » dans les années 1960. Ce que le Dr Malte a effectivement été, « il faut un minimum de 21 jours pour former une nouvelle habitude. »

Il était facile pour l'idée fausse « 21 jours » pour diffusion parce qu'il était à court de se rappeler et inspirer aussi bien. Tant et si bien que beaucoup de « auto-assistance « livres ont fait un slogan. Maintenant, le nombre « magique » ne se limite plus à 21. 30, 14 jours ont tous été utilisés par différents auteurs. Cependant, peu importe combien de fois un mensonge est répété, il ne peut pas devenir la vérité.

Donc, la vraie question est maintenant, Combien de temps cela prendra-t-il pour vous de former une nouvelle bonne habitude ? Plusieurs chercheurs ont tenté de trouver une réponse à cette question. Le consensus atteint par la plupart de ces chercheurs est qu'il faut une moyenne de 2 mois (60 jours) -66 ou plus pour former une nouvelle habitude.

Cependant, il est essentiel de noter que le délai pour former de nouvelles habitudes dépend de la personne concernée. En outre, du retard d'un jour ou deux ne pas altérer la vitesse du processus. Donc, pas de panique lorsque vous manquez un jour ou deux avec votre nouveau processus de formation d'habitude.

Comment vaincre la mauvaise habitude

Une habitude, que ce soit bon ou mauvais, est difficile à briser une fois qu'il devient automatique. Une mauvaise habitude comme boire ou fumer est particulièrement difficile à briser. Cependant, pour briser ces mauvaises habitudes, vous pouvez prendre ces mesures décrites ci-dessous.

Reconnaître l'habitude

La première étape pour surmonter ou de se libérer d'une mauvaise habitude est de prendre conscience qu'il y a une habitude qui est une mauvaise habitude en premier lieu. Vous pouvez le faire en gardant la trace de la fréquence que vous vous livrez. En gardant la trace de votre mauvaise habitude, vous pourrez voir de vous engager dans quelle fréquence.

Lorsque vous reconnaissez vos mauvaises habitudes, il sera facile pour vous de retirer d'eux peu à peu. S'il vous plaît ne vous réprimander pour avoir de mauvaises habitudes; au contraire, travailler à les arrêter.

Le travail à arrêter votre habitude moche

Après avoir reconnu vos mauvaises habitudes, la prochaine étape logique devrait être de les arrêter. Bien que cela puisse prendre un certain temps pour y parvenir. Par exemple, si vous vous trouvez manger indésirable entre les repas, vous pouvez remplacer indésirable avec des articles en bonne santé comme l'eau ou toute autre activité jusqu'à ce que vous ne vous sentiez pas l'envie de manger plus indésirable.

Félicitez-vous pour résister à votre mauvaise habitude

Comme il applique pour former une bonne habitude, vous devriez également vous donner du crédit et une tape dans le dos lorsque vous surmontez tous les jours votre mauvaise habitude. Cela servira de motivation pour continuer à lutter contre l'envie de se livrer à cette mauvaise habitude. Toutefois, lorsque vous voulez vous récompenser pour assurer la récompense que vous vous donnez est pas quelque chose que vous faites tous les jours. Par exemple, si vous êtes un amateur de vêtements et d'amour pour faire des emplettes pour de nouveaux vêtements régulièrement, ne vous récompensez pas pour surmonter être mauvaise habitude en faisant des emplettes pour de nouveaux vêtements, donnez-vous quelque chose que vous faites à peine comme une récompense.

La formation d'une nouvelle bonne habitude est bonne pour l'estime de soi. Cependant, il n'est pas aussi facile que cela puisse paraître, mais, en même temps, il n'est pas si difficile non plus. Tout ce que vous avez besoin est un peu de patience et d'utiliser toutes les informations ici discutées.

Pour ceux qui ont une mauvaise habitude qui veut se débarrasser, vous pouvez également utiliser les points discutés ici pour vous aider à devenir la personne que vous voulez être.

Chapitre 7

Comment faire pour supprimer Influences négatives

Quand beaucoup de gens entendent parler de l'expression influence négative, ils estiment qu'il doit faire avec des médicaments, d'alcool ou d'autres vices sociaux. Cependant, l'influence négative de la phrase est plus que les vices sociaux. Influence négative implique les mauvaises influences qui vous poussent à prendre des décisions de mauvaises. Par exemple, vous pouvez être influencé en pensant mal à vous-même. Cela conduira à une faible estime de soi. Vous pouvez également être affecté à penser une pensée négative au sujet de votre vie ou votre travail. Cela pourrait conduire au suicide sinon réduit rapidement. Influence négative ne se limite pas à avoir des pensées négatives ou des suggestions; il peut conduire à des habitudes négatives.

Se débarrasser d'éliminer l'influence négative peut être un défi de taille. Votre tâche supprimant l'influence négative peut être rendue plus difficile si les personnes habitudes négatives vous entourent.

De plus, ces personnes vous rappelleront vos habitudes négatives et forcés de se livrer à eux, même lorsque vous essayez de les supprimer. Cependant, tout espoir ne soit pas perdu. Tout ce que vous avez besoin est un engagement et de la persévérance, et vous serez en mesure d'éliminer l'influence négative, changer les choses et commencer à laisser votre vie avec plus de positivité.

La première étape à prendre si vous voulez supprimer l'influence négative est de changer les gens que vous passez du temps avec. La prochaine chose est de faire des ajustements à la façon dont vous passez votre temps. Ces changements vous aideront à trouver la paix et la joie dans votre vie.

La prochaine chose que nous allons discuter dans ce chapitre sont les différentes étapes que vous devez prendre pour éliminer l'influence négative de votre vie.

Ce que vous devez savoir est que la plus grande influence négative que vous havies associer avec des gens négatifs. Ils sont pessimistes et utiliseront ce pessimisme pour vous démoraliser. Ils gaspillent votre temps sur des tâches sans importance et vous critiquer au cœur, si vous ne sont pas en ligne avec eux. Les personnes négatives vous détruit peu à peu jusqu'à ce que vous soyez complètement endommagé. En étant endommagé, vous résultat dans l'alcool, les drogues, cigarettes, etc. Quand ils remarquent que vous êtes devenu sans valeur, ils vous abandonnent.

La première étape que vous devez prendre pour éliminer les personnes négatives est en les identifiant. Où voyez-vous des gens négatifs ? Sont-ils dans votre école, lieu de travail, etc. Reconnaître un problème est la première étape pour le résoudre. En tant que personne qui veut se débarrasser de l'influence négative, vous devez identifier les gens négatifs autour de vous. Cela peut inclure des personnes négatives que vous associez avec au bureau, à l'école si vous êtes un étudiant, ou à la maison si vous ne vivez pas seul.

Pour vous aider à identifier ces personnes, examiner le rôle de vos amis dans votre vie. Avez-vous des amis au travail ou à la maison qui vous font en retard au travail, dilapider votre temps sur les activités frivoles ? Ils peuvent également vous faire sentir mal au sujet de vos réalisations et de la croissance. Ce sont des influences négatives, et si vous avez ces amis, il est temps de faire de nouveaux.

En tant qu'étudiant, si vous avez des amis à l'école qui vous donnent régulièrement des ondes négatives en faisant des commentaires négatifs au sujet de se sentir seul ou vous faire sentir triste avec leurs commentaires comme « vous n'êtes pas unique. » « Vous n'êtes pas intelligent. » Si vous souhaitez supprimer l'influence négative dans votre vie, vous devez rester à l'écart de ces personnes. Faire de nouveaux amis qui vous feront vous sentir bien.

Le prochain endroit où vous devriez regarder d'identifier l'influence négative est dans votre maison, en supposant que vous ne restez pas seul. Il possible d'avoir des membres de la famille ou des colocataires qui vous influencent négativement. Reconnaître leur rôle à la maison, regarder pour les membres de la famille qui vous font demander qui vous êtes et votre identité. Recherchez les déclarations comme « vous êtes si bête, quand tu vas grandir » les gens qui vous font ces déclarations sur vous ou à la maison sont une influence négative sur votre vie. En effet, ils vous font sentir votre vie de ressentiment envers. Ils créent le doute dans votre esprit au sujet de qui vous êtes vraiment. Ils détruisent aussi l'estime de soi peu à peu jusqu'à ce que vous commenciez à vous sentir sans valeur.

Comment faire pour gérer Influences négatives

Après avoir identifié ceux qui apportent une influence négative dans votre vie, la question suivante logique que vous devriez vous poser est : « comment puis-je gérer ces personnes qui m'influencent négativement ? ».

Nous avons mis en évidence quelques étapes ci-dessous pour vous aider à gérer les influences négatives.

Passez moins de temps avec des personnes négatives

Dès que vous identifiez avec succès les personnes négatives dans votre vie, vous devez prendre des mesures pour les éviter. Peu importe où la personne est négative. Mettez un peu de distance entre vous et eux. Cela donnera le temps de penser à vous et de vous retrouver sans les être autour de vous distraire.

Vous pouvez vous éloigner de personnes négatives en réduisant la quantité de temps que vous passez au téléphone avec eux si elles sont un peu loin de vous. Vous pouvez également éviter d'avoir un sur d'une conversation avec eux -one. Vous avez des amis positifs autour de vous lorsque vous voulez parler avec eux afin qu'ils puissent voir ce que la pensée positive est tout au sujet.

Lorsque vous voulez sortir du shopping ou peut-être le dîner, plutôt que d'être seul avec votre ami cynique, inviter d'autres amis à se joindre à vous les gars. Cela vous empêche d'être laissé seul avec votre ami cynique.

Vous êtes dans le contrôle de votre temps. Personne n'est autre. Ne laissez pas une personne négative de dicter la façon dont vous passez votre temps. Ils sont égouttoirs énergie. Un temps qui est perdu est un temps qui ne peut pas être récupéré. Alors, passez votre temps à bon escient. Ils ne contribueront jamais rien de significatif à votre vie, autre que vous poussez à les rejoindre à pleurnicher votre temps précieux. Passer une heure avec une personne négative vous fera perdre trois heures de votre temps. Heures qui auraient pu être mises en une utilisation positive. Ne laissez pas les gens négatifs à perdre votre temps. Lorsque vous leur permettez dans votre vie, vous êtes condamné. Au lieu d'écouter ce qu'ils ont à dire, vous distraire avec des activités amusantes. Écouter de la musique, faire une promenade, ou mieux encore, il suffit de vous excuser.

Limites de compilation entre vous et la source de votre influence négative

Pour supprimer l'influence négative sur votre vie, fixer des limites entre vous et la source de l'influence négative. Construire des limites vous faire sentir en sécurité et en contrôle autour d'une influence négative. Bien que la mise en place des limites puisse être utile dans le traitement de certaines personnes, vous découvrirez peut-être que certains vont essayer de porter atteinte à ces limites. Essayez de maintenir vos limites autant que possible, même si vous vous sentez qu'il a été empiété sur. Construire des frontières pour empêcher les influence négative est essentiel, surtout lorsque votre influence négative est le type que vous ne pouvez pas couper complètement. Un exemple est votre patron, vos parents ou frères et sœurs. La mise en place des limites limitera leur effet sur votre vie et vous aider à faire face à leur présence sans aucune forme de conflit et de vivre avec eux de la nécessité.

Pour éviter d'être contagieux, garder tout ce qui pourrait vous influencer négativement et qui comprend les personnes négatives. Il est essentiel que vous les tenir à bout de bras. Lorsque dans un lieu de rencontre du groupe, apprendre à être concis et parler moins. Être verbeux avec des détails ne vous exploiter et vous pourriez finir par parler des choses que vous n'êtes pas censé parler.

Afficher une attitude positive avec une personne négative

Les personnes négatives ne peuvent pas être évitées complètement, et nous avons dit que déjà dans ce chapitre. Cependant, pour gérer ou diffuser leur négativité, vous devez leur montrer une réponse positive quand ils montrent leur attitude négative. Récupérez votre attitude positive en équilibrant leurs écrans négatifs avec votre positif.

Par exemple, lorsque votre ami négatif dit que personne ne se soucie de vous, dire que vos amis ou l'amour de la famille beaucoup. S'ils font un mauvais commentaire au sujet de quelque chose ou quelqu'un, contre leur déclaration en disant comment la chose est ou la générosité de l'individu, ils ont essayé de poser est essentiel. Annulation ils des mots négatifs avec votre réponse positive réduira à néant leur influence négative sur vous et répondre à leur négativité ouvertement et de manière proactive.

Arrêt négatif Talk / Pensée À propos de vous-même

Soliloque négatif est aussi préjudiciable que les habitudes négatives. Vous pouvez vous engager dans une conversation négative mais en se concentrant uniquement sur les mauvaises choses qui se passent dans votre vie plutôt que les bons. Discussion négative peut également demander à la façon dont vous pensez à vous-même. Par exemple, une nuit de lieu de rencontre peut être annulée par vos amis. Plutôt que de le laisser aller, vous commencez à vous dire qu'il a été annulé à cause de vous. Vous utilisez des mots comme « personne ne m'aime c'est pourquoi ils ne veulent pas traîner avec moi. Un autre exemple peut être quelque chose comme ça. Après avoir une journée très productive au travail, vous rentrez chez vous plutôt que d'être heureux de la journée; vous commencez à vous dire combien de temps on ne pouvait pas se faire.

En outre, des moyens de talk négatifs que vous avez une vision étroite d'esprit du monde autour de vous. Quand les choses ne fonctionnent pas pour vous et chaque tour, donc il n'y a pas de résultat positif possible en vue, ce qui signifie que vous avez un sentiment de catastrophe imminente sur votre route.

Si vous vous engagez dans ce type de parler de vous, il est temps de mettre fin à, ou vous ne supprimera pas l'influence négative de votre famille et de la vie.

Tournez les effets négatifs positifs Parler à

Si vous souhaitez supprimer l'influence négative, vous devez activer parler négatif sur vous-même à ceux positifs. La puissance de l'esprit est essentielle à la façon dont vous vous voyez. Les pensées négatives conduisent à la parole négative, et conduit de discours négatif à l'influence négative. Vous pouvez changer tout cela, mais avoir des pensées positives sur vous-même et, à leur tour, ont un discours positif sur vous-même.

Commencez par évaluer toute négative pensée qui vient dans votre esprit. Après évaluation, donner une réponse positive à cette pensée particulière négative. Faire usage de réponses positives comme « Je peux faire mieux que moi hier. Faire usage du « peut et sera » expression pour dissiper toute pensée négative qui vient à l'esprit. Rappelez-vous, vous êtes ce que vous pensez de vous-même. Le changement doit venir de l'intérieur avant qu'il ne puisse se manifester vers l'extérieur. Commencez votre journée tous les jours avec une affirmation positive de vous-même. Avec la cohérence de votre part, vous enlèverez l'influence négative en peu de temps de tous les domaines de votre vie.

Soistoimême

Il est facile d'impressionner quelqu'un ou de bon pour quelqu'un, mais ce n'est pas toujours sage. Le simple fait est que vous ne pouvez pas toujours satisfaire tout le monde. Au lieu de vous faire bien paraître pour les autres, pourquoi ne pas se concentrer sur vous rendre heureux ? Ne pas impressionner personne, et encore moins une personne négative. Soyez vous-même et passer du temps de qualité à essayer de comprendre les choses qui vous font happy. Pend temps avec des gens qui accepteront qui vous êtes et ce que vous représentez. Ne pas poursuivre la mauvaise chose.

Déterminer votre attitude

Une personne associant à une personne négative le fait à son / ses propres risques et périls. Ils sont toxiques et introduisent la toxicité dans votre vie. Vous n'avez pas le pouvoir de volonté de prendre vos propres décisions parce que vous êtes entouré par les pessimistes.

Ne laissez pas les gens négatifs de dicter la façon dont vous devez répondre ou comment votre humeur devrait être. Vous êtes vous-même et dans le contrôle de tout ce qui passe pour vous. Choisissez comment vous voulez agir. Choisissez comment vous voulez être. Déterminez comment vous exécutez votre vie parce que c'est le vôtre et personne n'a d'autre.

Les personnes négatives peuvent faire ressortir le pire en vous. Il est tout à fait normal. Ce qui est plus important est de savoir comment vous laissez ce contrôle de la négativité que vous. Ne laissez pas vos émotions obtenir la meilleure partie de vous. Déterminez votre état de réaction. Si vous vous trouvez dans des situations négatives, apprendre à contrôler vos émotions.

Réduire les habitudes négatives

Vous ne pouvez pas se débarrasser de ou supprimer l'influence négative si vous ne supprimez pas les habitudes négatives en premier. Ces habitudes négatives, comme le tabagisme, l'abus d'alcool et faire la fête régulière, pourriez-vous faire sentir bien momentanément, mais ils ont un impact négatif durable sur vos rêves et aspirations. Ils laissent généralement vous avec une gueule de bois méchant et un sentiment négatif dans la matinée. Ce sentiment négatif du matin causera la mauvaise gestion du temps. Temps moyen de mauvaise gestion que vous n'ayez pas assez de temps pendant la journée pour poursuivre vos rêves et de participer à ces activités qui faciliteront le développement de votre carrière.

En arrêtant toutes vos habitudes négatives sera une bonne façon de gérer les influences négatives dans votre vie. Pourtant, de l'expérience, je sais que ce sera difficile d'arrêter toutes les mauvaises habitudes tout à coup, alors je suggère de couper sur vos habitudes négatives. Cela ira un long chemin à supprimer l'influence négative dans votre vie. Par exemple, plutôt que de sortir tous les soirs après le travail à la barre pour un couple de boissons qui conduisent généralement à un trop grand nombre, il réduit à une ou deux fois par semaine.

Certaines personnes donnent l'excuse d'être souligné que la raison pour laquelle ils boivent tous les soirs. Vous pouvez gérer votre stress en se livrant à des activités saines comme va le soir dans votre quartier. Si vous n'êtes pas friands de courir, vous pouvez obtenir un vélo et du vélo autour de votre quartier ainsi. Vous vous sentirez moins stressé après s'être engagé dans l'une de ces activités. Vous pourriez aussi bien avoir des amis sur une ou une semaine et faire cuire pour eux deux fois. L'interaction sociale est un bon moyen de se débarrasser du stress.

Avoir un mode de vie positif

Vous pouvez vous débarrasser de l'influence négative en laissant un style de vie positif. Vous pouvez commencer par avoir des repas sains. Des repas sains devraient inclure une grande partie des repas faits maison et les moins indésirables. Une alimentation équilibrée de protéines, des légumes et des fruits, ainsi que le lait, devraient faire partie de vos repas. Rappelez-vous de boire suffisamment d'eau et de rester hydraté. Réduisez ou de la soude ou peut-être éviter complètement ainsi que d'autres boissons sucrées.

La prochaine partie de votre style de vie positif devrait être d'obtenir suffisamment de sommeil. C'est une chose que la plupart des gens ne paient pas beaucoup d'attention, mais une quantité suffisante de sommeil chaque jour joue un rôle dans votre humeur et comment vous vous sentez sur vous-même. Lorsque vous obtenez une quantité suffisante de sommeil, vous ne serez pas épuisé avant le jour même de commencer et vous serez de bonne humeur. Dans l'économie actuelle, il est facile pour vous de dormir la négligence, mais il est essentiel que vous dormiez à un moment fixe pour vous assurer de ne dévient pas de lui. Configurez votre chambre pour vous assurer que le sommeil autant que possible. Si vous maintenez votre horaire de sommeil, vous vous trouverez plus détendu et dans un cadre plus d'esprit positif.

De plus, le temps recommandé pour un sommeil suffisant est neuf heures, assurez-vous que vous vous levez ce numéro en un jour.

Prenez note de vos habitudes malsaines

Il est normal pour un individu d'avoir des habitudes malsaines vous ne devriez pas sentir que vous êtes le seul avec eux. Cependant, savoir ce que vous êtes mauvaise habitude et cherchent des moyens de les éliminer vous aidera à supprimer l'influence négative.

Pour prendre efficacement note de ces habitudes mauvaises ou négatives, pensez à des habitudes qui vous font sentir déprimé et triste de vous-même. Ces habitudes qui vous laissent avec le sentiment que votre vie suce et draine votre énergie pour vous faire du mal à se concentrer à faire des choses qui aideront votre développement et influencer votre vie positivement.

Les exemples évidents de ces habitudes sont fortes doses de consommation d'alcool, la toxicomanie, la fête lourde et les mauvaises habitudes alimentaires. Les moins évidentes sont des relations malsaines qui vous laissent avec des sens de la dépression et la tristesse. Un autre exemple de ce type d'habitude est la haine estime de soi et la haine, faible estime de soi. Il est fortement recommandé de documenter ces mauvaises habitudes ou négatives afin que vous puissiez savoir comment les gérer.

Comment avoir une influence positive sur les gens autour de vous

Beaucoup de gens ont une ou deux personnes dans leur vie qui ont une perspective négative sur la vie. Vous pouvez les aider à éliminer l'influence négative dans leur vie et leur influence positive, mais vous ne savez pas faire.

La meilleure façon d'aider une telle personne est de leur montrer comment positif votre vie est par l'attitude que vous affichez. Essayez d'être le meilleur que vous pouvez être en vivant une vie heureuse, joyeuse et active. Ne pas essayer de grossier ou les technologies comment vivre leur vie parce que vous les faire plein de ressentiment envers vous.

En résumé, la suppression influence négative exige un effort conscient de votre part parce que personne ne peut vous changer quand vous ne voulez pas changer. La cohérence avec ce que vous voulez faire est également crucial.

De plus, si vous avez essayé la plupart des choses suggérées ici et vous vous trouvez toujours avoir des pensées négatives sur vous-même, essayez la méditation. La méditation vous aidera à se débarrasser progressivement des pensées négatives qui entrent dans votre esprit. Il vous aidera à se concentrer sur le présent plutôt que dans le passé où vos pensées négatives que vous prenez habituellement.

Chapitre 8

Qu'est-ce que Pleine conscience?

Avez-vous déjà eu à se promener dans le parc et vous vous rendez compte ne se souvenait de rien au sujet de votre voyage ? Ou vous avez commencé à manger un paquet de chocolat et remarqué que vous aviez été avec un paquet vide soudainement ? Cette situation est commune pour beaucoup de gens.

Ce sont des exemples assez typiques de « l'esprit-moins-Ness », il est également connu comme l'état du pilote automatique.

Selon la recherche, une personne moyenne est habituellement sur le pilote automatique, 47% du temps. Cela se caractérise par un état d'esprit dans lequel notre esprit de Wenders, et nous ne sommes pas tout à fait dans l'instant, par opposition à la pleine conscience.

Cela devrait, car il y a beaucoup de choses à quelqu'un détourner l'attention dans ce monde occupé et reliés entre eux. Pourtant, les inconvénients du mode de pilotage automatique sont évidents car il prive les gens d'apprécier la beauté de la vie. Nous ne parvenons pas à être en harmonie avec notre corps et l'esprit.

En plus de tout cela, nous sommes enclins au stress, l'anxiété et la dépression. Cela rend la pleine conscience un outil essentiel pour la vie efficace.

Qu'est-ce que Pleine conscience?

L'attention est à l'opposé de l'être dans le mode de pilotage automatique décrit ci-dessus. Il implique de prendre délibérément le contrôle de notre vie, le sentiment, les pensées et l'attention.

Pleine conscience implique simplement être conscient de nos sentiments, des pensées, des environnements, et la sensation de corps comme ils se présentent. Il implique d'être en phase avec le moment sans être un juge.

Nous pouvons explorer trois enseignements spécifiques de la définition de la pleine conscience donnée ci-dessus :

Nous Consciemment en phase avec notre attention

Avec la pleine conscience, nous devons être en contrôle de notre attention entièrement. Ceci est différent du mode de pilotage automatique; beaucoup d'entre nous nous trouvons. Avec le mode de pilotage automatique, notre attention est comme un être balayé cerf-volant avec les vagues de pensées diverses.

Être conscient, cependant, implique d'être en phase avec notre attention. En d'autres termes, nous sommes conscients et éveillés.

Notre attention est basée dans le moment

Notre esprit est très têtu et va errer à partir du moment présent à chaque moindre occasion. Il y a toujours quelque chose du passé pour réfléchir. Il ne dérange pas se soucier des événements futurs. Cela nous prive de l'occasion d'être dans le moment.

Avec la pleine conscience, cependant, vous êtes dans le moment. Nous ne sommes pas tenus par le souci d'essayer d'analyser les choses et de penser à l'avenir. Au lieu de cela, nous acceptons le moment et le flux avec elle.

Nous retenons notre attention sans jugement

L'idée de la pleine conscience est de ne pas contrôler ou arrêter notre suppressif processus de réflexion. Il implique d'être témoin de ces pensées, les sentiments et les expériences qui se présentent.

Avec la pleine conscience, nous devenons un veilleur, un observateur de ces pensées et émotions sans interférer. Lorsque nous nous tournons vers un observateur, nous sommes moins susceptibles d'être perdu dans abrutissement.

Des exemples de Pleine conscience Dans la vie quotidienne

Il existe différents scénarios et événements de la vie quotidienne où la pleine conscience entre en jeu. Ce sont des situations dans lesquelles nous nous trouvons sans réfléchir et exécuter sur le pilote automatique. Pourtant, si l'on applique la pleine conscience, il y a de nombreux avantages que nous récolterons.

Marcher d'un point à un autre

L'un de l'importance de la pleine conscience est comment il peut transformer les activités les plus simples et les plus banales en une expérience utile. Cela implique la conscience et d'être nonjudgmental, comme indiqué.

Avec ce qui précède à l'esprit, empêcher votre esprit de circuler avec tout ce que la pensée se présente. Au lieu de cela, être plongé dans ce que vous vous trouvez faire. En d'autres termes, que vous prenez votre voyage, prenez note de chaque étape. De plus, notez comment la brise hérisse votre tissu et comment il caresse votre peau.

Écoutez les oiseaux chanter et regarder le motif formé par la canopée des arbres autour. Regarder, l'expérience, et d'apprécier tout cela que vous avancez dans votre voyage.

En parlant à d'autres

Devons-nous utiliser Robin et Avril comme un exemple de la façon dont la pleine conscience peut aider ? Robin est fou à Avril et essaie de garder son esprit et versez son sentiment. Bien que les paroles de Robin pouvait être dur, plein d'émotions, Avril pourrait essayer de comprendre la perspective de Robin sans être juge.

Cette volonté implique de laisser Avril aller tous les partis pris et nous demandons instamment à élaborer une réponse pour Robin. Au contraire, elle pourrait choisir d'écouter Robin et essayer de comprendre les choses de son angle. Cela lui permettra de répondre d'une manière assez compatissante. Avec cela, les deux parties peuvent parvenir à un résultat assez productif et de résoudre leurs problèmes à l'amiable.

Avant un discours public

Un nombre important d'entre nous crainte de parler en public. Il pourrait être difficile de se concentrer comme des centaines d'étrangers transpercent leurs yeux à vous. Les bonnes nouvelles sont que, avec la pleine conscience, vous pouvez traiter le stress qui vient de parler en public.

Vous pourriez commencer par la respiration douce et consciente. Vous pouvez prendre un peu de temps à et se concentrer sur les pensées qui volent dans votre esprit. L'idée ici est de reconnaître et d'accepter ce que vous ressentez, plutôt que de redouter la négativité qui pourrait vouloir se poser.

Nous vous recommandons de votre conscience autour des sensations corporelles que vous rencontrez. Cela revient à considérer et de se concentrer sur chaque partie de votre corps et soulager la tension. Prenez note de la sensation que vos muscles se détendent et les disparait de stress.

Comment pratiquer la pleine conscience?

Il existe deux formes principales de la pleine conscience. Il pourrait être une pratique de la pleine conscience formelle ou informelle.

- La pratique formelle de la pleine conscience est appelée une pratique de méditation. C'est une commune recommandée par le Bouddha. Elle consiste à entrer dans une position assise confortable et de fermer les yeux. Bien que certaines personnes trouvent qu'il est facile de méditer tout en marchant ou couché aussi bien fait, elle implique aussi trouver un mantra comme un son ou un mouvement qui aide votre attention.

- La pratique de la méditation informelle ne doit pas être dans une position formelle. Vous pouvez le faire à tout moment avec quoi que ce soit, car il est applicable avec la vie de tous les jours. Cela implique la baignade en pleine conscience, faire la vaisselle en pleine conscience, en tapant avec votre attention immergée dans, et Co.

Dix façons différentes à la pratique Pleine conscience

Voici dix façons distinctes dans lesquelles la pleine conscience peut faire partie de votre vie quotidienne.

Prenez un moment et être conscient de votre respiration

En d'autres termes, comment votre avis air circule dans et hors de vos poumons. Prenez note du mouvement de votre ventre, comment il monte et descend avec vos respirations

Soyez conscient de ce que vous accomplissez

Il pourrait être assis, dactylographie, manger, se détendre, lire, ou la cuisine. Plongez-vous dans l'activité et non ce que vous pensez. Si vous lisez, par exemple, notez chaque mot et l'image de vos peintures esprit pendant que vous lisez.

Si vous mangez, prenez note du goût, la couleur, et la façon dont la nourriture se sent dans la bouche que vous mâchez.

Faites attention à votre voyage

Quand un voyage, ne laissez pas votre esprit vagabonder dans des pensées sans fin. Mettez votre conscience dans l'art même de la marche. Que votre attention soit sur toutes les étapes et remarquez comment votre poids se sent sur votre jambe.

Il est correct Just Exista

En d'autres termes, vous n'avez pas besoin de faire quelque chose. Tout ce qu'il faut est pour vous d'être présent au moment.

Apportez-vous revenir au moment

Oui, notre esprit est assez têtu. Il va errer au large dans quelques réflexions. Plutôt que de vous juger, vous ramener à l'instant en dirigeant votre attention sur votre respiration. Mettre l'accent sur avoir un muscle détendu que vous faites cela parce que vous vous sentirez beaucoup mieux.

Processus mental sont pensées

En d'autres termes, tout ce qui se passe dans votre esprit n'est pas nécessairement vrai. Vous ne devez pas les agir ou les croire.

Pleine conscience nous enseigne d'être dans le moment et venir à bout des choses qui nous entourent. Il est de noter ce qui se passe à l'intérieur de vous sans être un juge.

Essayez d'être un observateur

Comme vous deveniez plus conscient de vos sentiments et de la pensée, vous en détacher. Acceptez sans les juger.

Participer à des activités qui vous font la sourde oreille

Il y a des activités étonnantes qui pourraient aider à sortir d'accord. Ce sont des occasions fantastiques pour avoir la pleine conscience. Assurez-vous d'appliquer la pleine conscience en simple journée à des activités de jour comme la conduite, la natation, le lavage ou la lecture.

Une partie de la Nature

Il y a beaucoup d'effets positifs de passer du temps dans la nature. Cependant, il est un excellent moyen d'observer vos pensées.

Votre esprit pourrait dériver et être emporté par des pensées. Ceci est tout à fait naturel. Ne pas vous battre comme tout ce que vous devez faire est de vous ramener à la « maintenant ».

Qu'est-ce que l'exploration Pleine conscience est pas ...

Pleine conscience préconise la sensibilisation, qui est tout le monde peut puiser dans le pouvoir. Vous avez besoin d'assez de pratique et de patience pour comprendre cela.

Pleine conscience n'est pas de zonage

Pleine conscience prêche la connexion avec nous-mêmes, par opposition au zonage. Il implique d'être conscient du moment et la corrélation avec nos pensées. Il n'y a pas de rituel spécial que nous devons faire pour que cela se produise. Gardez à l'esprit la pleine conscience est « être » et non pas « faire ».

Pleine conscience est non seulement ACCORDANT une attention

Oui, vous devrez faire attention, mais il est unique. Elle consiste à prêter attention à la curiosité, la gentillesse et l'esprit ouvert, alors que vous lâchez tous

Il n'y a pas d'expérience spéciale avec Pleine conscience

Beaucoup de gens approchent la pleine conscience avec une sorte d'attente d'une expérience extraordinaire. Ceci, cependant, déclenche la frustration lorsque ladite expérience tarde. Même la pratique de la pleine conscience avec l'espoir de calme ne vous mis en place pour la déception. Ce n'est pas comment cela fonctionne, car ces attentes interfèrent avec nos pensées.

Bien qu'il puisse y avoir un calme qui vient avec la pleine conscience, ce n'est pas toujours garantie.

Pleine conscience not sentiments difficiles comprendre la modification

Encore une fois, la pleine conscience est plus sûre « être » et non « faire ». Avec cela à l'esprit, l'idée derrière la pleine conscience est de ne pas changer les choses, même si elle est désagréable., Il est plutôt de l'acceptation et la conscience de nos pensées, sentiments et sensations.

Pleine conscience n'est pas d'être parfait

La perfection est un idéal, pas une réalité. Personne ne ou la situation est parfaite. En chimie, il y a un concept appelé le gaz idéal. Il est simplement une hypothèse de la réalité telle qu'elle est un mirage. De la même manière, la perfection n'est pas une réalité.

Notre vie en ce moment est la réalité, et avec la pleine conscience, nous pouvons venir à bout avec elle.

Chapitre 9

Comment obtenir une bonne nuit de sommeil

L'effet d'une bonne nuit de sommeil ne peut pas être surestimée. Il est primordial au bien-être mental, physique et émotionnel d'un homme. Ceci explique pourquoi ne pas obtenir suffisamment de sommeil ne faire sentir ses effets sur le bien-être physique, la productivité, et peut même conduire à un excès de poids. Malheureusement, en raison des soucis de la vie quotidienne, beaucoup de gens trouvent qu'il est difficile de recueillir leurs pensées et Dormez une bonne nuit.

Lorsque vous êtes réveillé à 2 heures du matin en regardant le plafond, obtenir sommeil une bonne nuit peut sembler comme un mirage. Les bonnes nouvelles, cependant, est que vous pouvez prendre des mesures pour contrôler votre sommeil et vous assurer d'obtenir le sommeil une bonne nuit. Cela est dû à de simples routines de jour que vous Négliger.

Si vous avez choisi les mauvaises habitudes de jour comme l'excès d'alcool ou de l'exercice près de la soirée, il aurait sûrement une incidence sur votre sommeil. Cependant, nous, avons quelques conseils intéressants avec lesquels vous pouvez obtenir de sommeil une bonne nuit.

Astuce 1: Soyez à l'écoute de votre sommeil-réveil Cycle

Une des meilleures stratégies pour obtenir une bonne nuit de sommeil est d'être en phase avec votre rythme circadien. Si vous maintenez un cycle veille-sommeil défini, la qualité de votre sommeil sera mieux. Quelques conseils pour faire ce sont possibles :

Le sommeil en même temps tous les jours

L'idée derrière cela est de garder votre régulière de l'horloge interne du corps, qui, à son tour, améliorer la qualité de votre sommeil. L'heure du coucher doit être quand vous êtes stressé ou fatigué. Cela vous évitera de tourner et lancer.

contrôle Nanping

Nous avons aucun problème avec faire la sieste, car il pourrait être un excellent moyen de compenser une nuit sans sommeil. Le problème avec les siestes, cependant, est que cela pourrait affecter la qualité de votre sommeil la nuit. Dans cet esprit, limite les siestes à un maximum d'une heure en début d'après-midi.

Contrôle envie de dormir après le dîner

Il est courant et normal de se sentir endormi après avoir mangé, surtout si elle est un repas lourd. Résistez à l'envie de se pelotonner votre canapé et dormir au large. Au contraire, se lever et faire bouger. Trouver quelque chose à faire, comme faire la vaisselle, discuter avec votre conjoint, la lecture, ou en appuyant sur vos vêtements pour le lendemain. Dormir plus tôt que d'habitude pourrait vous faire réveiller à minuit, conduisant à l'insomnie.

Astuce 2: Be Smart avec la lumière d'exposition

Il y a une substance d'origine naturelle dans le corps appelée mélatonine, qui est contrôlé par la lumière. L'affectation principale est de réguler le cycle veille-sommeil. Dans l'obscurité, le cerveau sécrète plus de mélatonine, qui dorment induise. A la lumière aussi bien, le cerveau sécrète moins de mélatonine, ce qui vous rend alerte jolie. Le problème vient quand est altéré la production de mélatonine. En conséquence, nous allons explorer comment contrôler votre exposition à la lumière.

Influencer votre exposition à la lumière pendant la Lumière

- Obtenez plus de lumière brillante dans le Matin : Dès que possible tous les matins, se sont exposés à la lumière du soleil.

Faites une promenade dans votre composé ou balayez les aveugles afin que les rayons lumineux pénètrent à l'intérieur.

- Passez dehors assez de temps dans la journée : quand vous avez une pause de travail, faire une promenade. Exercice à l'extérieur ou faire une promenade avec votre chien.

- Laissez-passer plus de lumière naturelle dans votre bureau ou travail. Il est une bonne idée d'avoir la fenêtre ouverte stores pendant la journée au travail ou dans votre bureau.

Influencer Votre exposition à la lumière pendant la nuit

- Évitez l'écran lumineux d'une heure à lit : La lumière bleue provenant de votre appareil mobile, écran, TV, PC, etc. ne permet pas votre sommeil. En tant que remède, utilisez un logiciel de modification de lumière ou de réduire la luminosité tout à fait si vous ne pouvez pas rester loin de vos gadgets

- Évitez de lire avec des périphériques de rétroéclairage : Arrêtez d'utiliser les téléphones, tablettes, etc. pour lire la nuit.

- Essayez de dormir dans une chambre complètement sombre : Garder les sources de lumière de votre chambre. Utilisez un lourd rideau pour bloquer les rayons lumineux. Dormir avec un masque si vous ne pouvez pas contrôler la source lumineuse.

- Si vous devez sortir du lit dans la nuit, utiliser les lumières tamisées. Il sera facile pour vows de endromid.

Astuce n ° 3: L'exercice pendant la journée

- L'exercice régulier est l'une des meilleures façons d'obtenir de sommeil une bonne nuit. Si vous exercez pendant la journée, vous dormirez mieux la nuit. L'exercice régulier peut vous aider à battre l'insomnie. De plus, il vous aide également à demeurer dans un profond sommeil plus.

- Plus vigoureux exercice vous fait mieux dormir la nuit. Cependant, peu importe à quel point ils exercent, il augmentera la qualité de votre sommeil.

- Il est essentiel de construire une habitude d'exercice de qualité. En effet, vous pourriez ne pas voir l'effet de l'exercice régulier qu'après deux ou trois mois.

Soyez intelligent avec votre timing exercice

Il y a de nombreux avantages de l'exercice, comme l'augmentation de la température du corps, en stimulant la fréquence cardiaque, et en augmentant le taux de métabolisme. C'est bien si vous exercez le matin ou l'après-midi. Cependant, l'exercice dans la soirée, peut-être une recette pour un désastre.

Avec cela à l'esprit, votre exercice vigoureux devrait se terminer dans l'après-midi. Si vous devez exercer dans la soirée, le rendre faible impact et yoga doux comme, étirements, ou à pied.

Astuce n ° 4: Prenez note de ce que vous mangez et buvez

Inconnu pour beaucoup, votre choix de nourriture joue également un rôle très important pour influencer la qualité de votre sommeil. Par conséquent, gardez ceci à l'esprit car ils influencent votre alimentation :

Réduire la caféine et de la nicotine:

Inconnu pour beaucoup de gens, la caféine interfère avec le sommeil. Elle peut affecter votre sommeil de façon terrible et pourrait être actif aussi longtemps que 12 heures après avoir bu. Aussi, évitez de fumer quand il est près de l'heure du coucher. Il ne permet pas votre sommeil.

Évitez les repas énormes à la nuit

Idéalement, nous vous recommandons d'avoir votre dîner tôt dans la soirée. Il devrait être d'au moins deux heures avant le coucher. Un repas lourd ne vous aidera pas. Éloignez-vous des épices et des aliments acides ainsi.

Réduire la consommation de liquide dans la soirée

Lorsque vous buvez excès de liquide, votre vessie sera pleine, qui vous fera réveiller sans cesse pour aller à la salle de bain. Cela affecte votre sommeil.

Astuce n ° 5: vers le bas et le vent vider la tête

Il y a beaucoup de raisons que les gens trouvent qu'il est difficile de bien dormir. Il pourrait être le stress, la colère, l'inquiétude, l'anxiété, et beaucoup d'autres facteurs. C'est pourquoi vous devez prendre des mesures pour gérer votre santé mentale en réduisant votre niveau de stress global. Il peut aller un long chemin à détendre votre esprit et vous préparer pour une bonne nuit de sommeil réparateur. L'idée de cette section est de se concentrer sur le développement des habitudes utiles comme les techniques de relaxation, méditation, écouter de la musique douce, etc., avec l'intention d'induire le sommeil.

Si vous vous trouvez avec vos soucis déconcertés de telle sorte qu'il perturbe votre sommeil, vous devez vous concentrer sur cette partie. Si vous surstimuler votre cerveau dans la journée, s'installer pour dormir peut-être difficile. Par exemple, beaucoup de gens ne peuvent pas se concentrer sur une seule tâche pour longtemps. Ils sont coupables de constamment à la recherche de quelque chose de nouveau et frais pour se stimuler. Cela rend assez difficile de se détendre.

La meilleure façon de s'y prendre est de mettre plus de temps pour se détendre, se retrouver entre amis via le chat, vérifiez vos médias sociaux. En outre, l'idée est de se concentrer sur une seule tâche à la fois. Cela vous aidera, et vous serez en mesure de calmer votre esprit lorsque vous êtes sur le point de dormir.

Exercice de respiration pour aider à mieux dormir profond échantillon

L'idée de cet exercice est de vous faire respirer de votre ventre et non pas votre poitrine. De cette façon, vous pouvez activer des techniques de relaxation qui produiront un effet calmant instantanée sur votre tension artérielle, la fréquence cardiaque et des niveaux de stress. Les tapes savants aliquant comment say prendre:

- Lay dans une position confortable avec vos yeux fermés

- Avoir une main sur votre poitrine et l'autre sur votre ventre

- Respirez par le nez et regarder la main sur votre montée du ventre. Il devrait y avoir un petit mouvement avec la main sur la poitrine

- Expirez par la bouche et expirez l'air autant que vous pouvez. La main sur votre ventre doit se déplacer en tant que vous inspirez, tandis que l'autre doit se déplacer un peu

- Continuez à répéter le cycle de la respiration et expirez par le nez et la bouche. Aspirer sufficient deair pour permeate voter bas-venter augmenter.

Un exercice d'analyse du corps pour aider à dormir

Lorsque vous dirigez votre attention sur différentes parties de votre corps, vous pouvez localiser avec précision partout qui raidit et prendre les mesures nécessaires pour RELÂCHÉE.

- Lay sur le dos avec vos jambes écartées sur. Vos yeux fermés, et vos bras à vos côtés. Commencez à respirer et de diriger votre attention sur elle jusqu'à ce que vous vous sentiez mieux.

- Mettre l'accent sur le pied droit. Recherchez toute tension sans diriger votre attention de votre souffle. Comme vous expirez, imaginez chaque respiration qui coule de vos orteils. Gardez votre attention sur les orteils pendant au moins trois secondes.

- Maintenant se concentrer sur la semelle du même pied. Attention pour toute sensation dans cette partie du corps et imaginez votre souffle qui coule de la semelle. Déplacez votre attention à la cheville, le mollet, le genou, et d'autres parties du corps. Passez plus de temps dans une partie du corps qui se sent tendue.

- Lorsque vous avez terminé avec l'examen corps entier, prendre note de la façon dont l'ensemble du corps se sent. Il devrait y avoir un profond sentiment de relaxation qui rendra facile à dériver.

Conclusion

Merci d'avoir rendu jusqu'à la fin de ce livre. Nous espérons qu'il a été instructif et capable de vous fournir tous les outils dont vous avez besoin pour atteindre vos objectifs, quels qu'ils soient et être une personne positive.

Ce livre a discuté beaucoup de choses que vous trouverez intéressant. Il a fourni des informations et des solutions que vous avez besoin à l'échelle par la vie.

Maintenant, nous savons ce que Penser trop est, le danger de penser trop, et comment il est lié à notre productivité globale et la santé mentale. Nous avons également appris l'importance de l'esprit declutteringthe, notre environnement et comment former de bonnes habitudes et shun influence négative afin de croître et d'être mieux.

L'étape suivante consiste à relire ce livre si vous trouvez quoi que ce soit clair et trouver une décision. Pour être une meilleure personne et d'atteindre tes objectifs, vous devez prendre certaines mesures et risques. C'est ce que ce livre a été en mesure de fournir, des idées et des conseils dont vous avez besoin pour vous améliorer.

Rappelez-vous, apporteurs de but sont les décideurs ! Retard et la procrastination est dangereux et peut encore détruire votre vie. Faire un effort conscient et délibéré d'utiliser ce livre à son plein effet. Ne pas oublier d'acheter pour vos amis et votre famille aussi ! Ils pourraient avoir besoin de ce livre pour résoudre les problèmes.

Stimulation du nerf vague

Augmentez le pouvoir de guérison du nerf vague et libérez l'énergie dormante de votre corps en guérissant l'anxiété, la dépression et les traumatismes [Vagus Nerve Stimulation, French Edition]

Filippe Blair

Texte Copyright © 2021 par Filippe Blair - Tous droits réservés.

Avertissement légal

Les informations contenues dans ce livre et son contenu n'a pas été conçu pour remplacer ou prendre la place de toute forme de conseils médicaux ou professionnels; et ne vise pas à remplacer la nécessité d'une médicale, financière, juridique ou autre indépendant des conseils professionnels ou de services, qui peuvent être nécessaires. Le contenu et les informations dans ce livre ont été fournis à des fins éducatives et de divertissement seulement.

Le contenu et les informations contenues dans ce livre a été compilé à partir de sources jugées fiables, et sont exacts au meilleur de la connaissance de l'auteur, l'information et la croyance. Cependant, l'auteur ne peut pas garantir l'exactitude et la validité et ne peut être tenu responsable des erreurs et / ou omissions. En outre, des modifications sont apportées périodiquement à ce livre comme et en cas de besoin. Le cas échéant et / ou nécessaire, vous devez consulter un professionnel (y compris mais sans s'y limiter à votre médecin, avocat, conseiller financier ou tout autre conseiller professionnel) avant d'utiliser l'un des remèdes proposés, des techniques ou des informations dans ce livre.

Lors de l'utilisation du contenu et des informations contenues dans ce livre, vous engagez à protéger l'auteur de tous dommages, coûts et dépenses, y compris les frais juridiques pouvant résulter de l'application de l'une des informations fournies par ce livre. Cette constatation vaut pour toute perte, dommage ou préjudice causé par l'utilisation et l'application, que ce soit directement ou indirectement, de tout conseil ou information présentée, que ce soit pour rupture de contrat, d'un délit, d'une négligence, des blessures corporelles, l'intention criminelle ou de toute autre cause d'action.

Vous acceptez d'accepter tous les risques de l'utilisation des informations présentées dans ce livre.

Vous acceptez que, en continuant à lire ce livre, le cas échéant et / ou nécessaire, vous devrez consulter un professionnel (y compris mais sans s'y limiter à votre médecin, avocat ou conseiller financier ou tout autre conseiller au besoin) avant d'utiliser l'un des remèdes proposés, techniques ou informations contenues dans ce livre.

Tabla de contenido

Introducción

Le nerf vague est appelé comme un vagabond, qui envoie des fibres sensorielles aux organes viscéraux de la tige du cerveau. Le nerf vague, le plus long des nerfs crâniens, configure votre centre névralgique du système parasympathique.

Et il contrôle un large éventail de fonctions critiques, qui transmettent les impulsions et les moteurs sensoriels à chaque organe dans votre corps.

Des études récentes ont montré que la connexion à la prise en charge de l'inflammation chronique et le début d'un nouveau domaine passionnant de la thérapie pour les maladies graves, incurables peuvent aussi manquer.

Permettez-moi de partager neuf faits au sujet de ce faisceau nerveux puissant.

Une étude Virginia Faculté des rats a montré que la stimulation de leurs nerfs pneumogastriques ont renforcé leurs souvenirs.

L'activité a présenté le neurotransmetteur norépinéphrine à l'amygdale que les souvenirs consolidés.

essais de recherche similaires chez l'homme ont été réalisées, ce qui indique des approches possibles aux problèmes de la maladie d'Alzheimer.

Le acétylcholine vagale dirige vos poumons à respirer.

Il a une grande raison pour laquelle le Botox est souvent utilisé cosmétiquement car il interrompt votre production d'acétylcholine. Néanmoins, votre nerf pneumogastrique peut certainement être stimulé avec la respiration abdominale ou avec votre souffle retenu pour 4 à 8 chefs d'accusation.

Pneumogastrique est un moteur viscéral pour tous les organes endothoracique (pharynx, du larynx, de l'œsophage, le cœur, les poumons) et pour de nombreux organes (sous-diaphragmatiques surreni, les reins, l'estomac, première moitié du gros intestin).

Le nerf vague, le premier patron du système sensoriel parasympathique, est le dixième nerf crânien à partir de la moelle allongée dans le système sensoriel focal. A l'intérieur du bulbe rachidien, les groupes de cellules de neurones préganglionnaires vagales se trouvent dans le noyau incertain (NA) et le moteur dorsal du nerf vague (DMV). Ces noyaux fournissent des fibres du nerf vague, qui se dresse hors de la tête au moyen des foramen jugulaire.

Au niveau du foramen jugulaire, le ganglion jugulaire inégalée du vagus donne branches cutanées au auriculus et à l'extérieur méat acoustique. Seulement distalement, il y a une ganglionnaires ultérieure, fait allusion comme pas de dose ganglionnaires, la collecte innervation tactile des organes instinctives. Les assortiments cellulaires des neurones suiveur (par exemple tactiles) sont situés dans le dernier ganglion et engagement de l'âme du tube singulier (NTS). Ce noyau transferts contribution à la moelle de manière à gérer les fonctions cardio-vasculaires, respiratoires et gastro-intestinales (GI). La vague du col plonge à l'intérieur de la fermeture de la gaine de la carotide par la voie d'alimentation de la carotide et la veine jugulaire interne. branches vagales cardiovasculaires quittent le col de l'utérus et de se joindre à pneumogastrique le plexus cardiaque.

Le nerf laryngé intermittent gauche et à droite, émergeant au niveau de la courbe de l'aorte et de la voie d'alimentation sous-clavière individuellement, ajouter en outre à l'innervation cardiovasculaire. Autre que le coeur, les deux vagi innervent les poumons par le nerf vague du plexus pneumonique, séparément. Malgré cela, il faut se rappeler que chaque tronc obtient des fibres des deux nerfs pneumogastriques cervicaux. est variable, jusqu'à deux dans le précédent et trois dans le dernier mentionné la quantité de retour et avant tout troncs en passant par l'ouverture du diaphragme. Le tronc avant dissémine branches gastriques à la partie antérieure de l'estomac et donne d'une branche hépatique. Autre que innervant le foie, la tige hépatique donne des branches du pylore et la pièce proximale du duodénum et du pancréas. Là encore, le tronc arrière diffuse une branche gastrique à la partie arrière proximale de l'estomac et l'autre pour le plexus cœliaque, qui innerve le tractus GI et de la rate provenant de la mesure de la flexion du côlon gauche. L'organe interne reçoit l'innervation parasympathique supplémentaire par l'intermédiaire du nerf splanchnique pelvien (S2-S4), qui se termine dans le plexus pelvien et se développe comme le nerf du côlon et du rectum.

Les innerve nerveuses du suiveur de la tractus gastro-intestinal au moyen de bornes vagales aussi bien dans les lamina propria et dans l'externa musculeuse. Dans tous les cas, les fibres nerveuses de la edherent coopérer seulement avec les neurones du système sensoriel entérique (ENS). L'ENS comprend sur un maillage dense de fibres nerveuses, disposé dans la sous-muqueuse (par exemple plexus sous-muqueux) et le compartiment solide à l'extérieur de l'appareil digestif (par exemple plexus myentérique). Par des méthodes pour médite électrophysiologiques et antérograde traceur, il a été montré que les fibres parasympathiques préganglionnaires (par exemple à la fois innervation vagale et sacrum) l'interface légitimement avec différents neurones myentériques postganglionnaires par le développement de varicosités, bien que quelques fibres vagales parlent avec les neurones sous-muqueux.

Le préganglionnaire innervation des voies GI montre une série de moulin Rostro-caudale angle avec l'épaisseur de innervés neurones myentériques dans l'estomac et du duodénum le plus remarquable poursuivi par une diminution de dynamique dans le petit système digestif et du côlon. La façon dont les neurones myentériques gastriques sont initiées par l'information vagal a également été montré par immunohistochimie avec la reconnaissance de c-Fos et phosphorylé composant réactionnel c-AMP limitant la protéine (p-CREB), qui sont des marqueurs d'action neuronale. Comme actionnement des neurones à l'intérieur d'un ganglionnaires est démarré après une période d'inactivité similaire, Schemann et al. propose que la contribution à l'ENS vagal est simple réflexe. Quoi qu'il en soit, n'a pas été confirmée par différentes enquêtes. En ce moment, trois terminaux suiveurs vagal sans équivoque ont été décrits.

Partie 1Le Sciences

Chapitre 1

Qu'est-ce que du nerf vague

En tant que cible de traitement des troubles gastro-intestinaux et psychiatriques tels que les maladies inflammatoires de l'intestin (MII), l'anxiété et le syndrome de stress post-traumatique (SSPT), l'axe du cerveau bien est de plus en plus importante. L'intestin est un centre de contrôle du système immunitaire essentiel et de la propriété modulateur immunitaire du nerf pneumogastrique.

En conséquence, ce nerf joue un rôle important dans l'intestin, le cœur et la relation inflammatoire. Pour commencer, la stimulation du nerf vague (VNS), ou des techniques de méditation, il existe de nouvelles approches de traitement pour moduler l'axe du cerveau bien. Pour les problèmes d'humeur et de l'anxiété, mais aussi dans d'autres conditions associées à une inflammation accrue, ces thérapies sont efficaces. hypnothérapie Gut dirigée est particulièrement efficace à la fois dans le syndrome du côlon irritable et de l'EIA.

Des preuves considérables sont également disponibles dans la dépression résistante au traitement pour l'application de la thérapie invasive VNS. De petites études et des séries d'études de cas ont montré l'efficacité de VNS intrusive dans le traitement de la migraine et groupe réfractaire, la maladie d'Alzheimer, les troubles anxieux résistants aux médicaments, le trouble bipolaire et l'obésité. Pour améliorer l'efficacité et la sécurité, de nombreux instruments VNS ont été développés au fil des ans. Nous allons discuter des dernières avancées de la technologie VNS invasive pour le traitement de l'épilepsie, plus récemment mis au point des dispositifs VNS invasives pour d'autres usages que les systèmes pour l'épilepsie et l'anxiété, et non invasive de stimulation du nerf pneumogastrique.

Le nerf vague est l'aspect majeur du système nerveux parasympathique, qui contrôle un large éventail de fonctions vitales du corps, y compris la réglementation de l'attitude, la réponse immunitaire, le métabolisme et le rythme cardiaque. Il y a des preuves préliminaires que l'activation du nerf pneumogastrique est une thérapie potentielle prometteuse pour l'anxiété des médicaments réfractaire, le syndrome de stress post-traumatique et la maladie inflammatoire de l'intestin.

Chapitre 2

Où est le nerf vague situé

Voici ce que nous vivons tous les jours: après avoir mangé, nous nous sentons fatigués. C'est comme une légère somnolence qui vous encourage à vous asseoir sur le canapé et se détendre ou faire une petite sieste.

Cette sensation est régulée par le nerf pneumogastrique. Après avoir mangé, notre corps consomment beaucoup d'énergie pour faire la digestion.

Par conséquent, ce nerf déclenche une série de stimuli pour promouvoir le calme et classique « somnolence ».

En plus de contrôler la digestion, les moniteurs du nerf vague que le cœur n'est pas surexcités. Par conséquent, le nerf vague entraîne une perte de conscience. Ce sont des cas extrêmes.

Elle réglemente également le système immunitaire et de la régénération cellulaire. D'autre part, une autre caractéristique de cette structure attrayante est de vous donner un sentiment de plénitude.

Comme il est étroitement lié au processus digestif, il fonctionne aussi comme un régulateur.

Cela nous dit que nous avons déjà assez, et quand nous souffrons du stress, il nous a dit que nous avons plus ou moins d'appétit envies.

Comme vous pouvez le voir, il est un complément naturel dans divers domaines, tels que la relaxation, la plénitude, le poids, et plus ou moins d'anxiété.

Le nerf nerf pneumogastrique aussi appelé pneumogastrique, nerf crânien X, la Wanderer ou maintenant et le Rambler, est le dixième de douze (barrant CN0) nerfs crâniens combinés. Autre que de céder aux différents organes dans le corps du nerf vague passe sur des données tangibles sur l'état des organes du corps au système sensoriel focal. 80-90% des filaments nerveux dans les nerfs pneumogastrique sont afférences (tactiles) conférant l'état des viscères à l'esprit.

Le pneumogastrique mot latin médiéval implique en fait « Méandres » (le transitoire de mots, Drifter, et obscurcir proviennent d'une racine similaire).

innervation

Les deux à droite et à gauche nerfs pneumogastriques chute libre de l'encéphale dans la gaine de la carotide, horizontale dans le couloir de la carotide.

La bonne offre du nerf pneumogastrique Ascend au privilège nerf laryngé répétitif qui collets autour de la veine sous-clavière privilège et monte dans le cou entre la trachée et de la gorge. Le pneumogastrique correct à ce moment-là traverse le privilège en avant couloir et sous-clavière court vers la meilleure veine cave et tombe en arrière que le principe correct et bronchus ajoute à cœur, et pneumonique plexus de l'œsophage. Il façonne le dos tronc vagal à la partie inférieure une partie de la gorge et pénètre dans l'estomac par la rupture de l'oesophage.

La gauche pneumogastrique autres branches radiaires cardiovasculaires thoracique, se sépare en plexus aspiratrice, produit dans le plexus œsophagien et pénètre dans le cran avant que le tronc vagal dans la rupture de l'oesophage de l'estomac.

Les filaments moteur fournit du nerf pneumogastrique parasympathiques à chacun des organes à l'exception des organes surrénales (glandes surrénales), à partir du cou jusqu'à la deuxième fragment du côlon transverse.

Cela implique le nerf pneumogastrique est responsable de ces missions ont oscillé comme le pouls, le péristaltisme gastro-intestinal, transpirant, et de nombreux développements musculaires dans la bouche, y compris le discours (par le nerf laryngé répétitif) et en maintenant l'ouverture du larynx pour la respiration (au moyen d'activité du muscles du dos crico-aryténoïdienne, le principal ravisseur des cordes vocales). Il a en outre des brins afférents qui innervent le bit interne (canal) de l'oreille externe, par l'intermédiaire de la branche auriculaire (autrement appelée nerf de Alderman) et une partie des méninges. Ce pourquoi clarifie une personne peut pirater quand chatouillé sur leur oreille, (par exemple, lors d'une tentative d'expulser la cire d'oreille avec un coton-tige).

Chapitre 3

Fonctions du nerf vague

Le nerf vague relie le tronc cérébral sur l'ensemble du corps. Il permet au cerveau de surveiller et de recevoir des informations sur un certain nombre de différentes fonctions de l'organisme.

Vous trouverez deux capacités du système nerveux central distincts offerts par le nerf pneumogastrique et ses parties liées.

Le nerf est responsable de quelques informations sensori-motrices et l'activité d'action dans le corps entier.

Fondamentalement, il est un élément d'un circuit qui relie le cou, les poumons, le cœur et l'abdomen sur le cerveau humain.

Le nerf pneumogastrique a une variété de fonctions. Les quatre caractéristiques essentielles du nerf pneumogastrique sont:

Sensorielle: De la gorge, les poumons, le coeur et le ventre.

sensorielle exclusive: Fournit sensation gustative derrière la langue.

Moteur: Fournit une action fonctionne pour tous les muscles du responsable du cou pour avaler et de la parole.

Parasympathique: Responsable de l'intestin, la fréquence cardiaque fonctionnement, et la respiration.

Ses fonctions de son pourrait être décomposées encore plus en sept catégories.

L'un de ceux qui contrôle le système nerveux central.

Le système nerveux central peut être divisée en deux zones: parasympathique et sympathique.

Les augmentations latérales sympathiques vigilance, la fréquence cardiaque, la pression artérielle, de l'énergie, et le rythme respiratoire.

Le côté parasympathique que le nerf vague est fortement impliqué dans la vigilance diminue, la pression artérielle et la fréquence du pouls, et aidera également avec le calme, le repos, et se décomposent de la nourriture.

Comme résultat, le nerf pneumogastrique aide également à l'excitation sexuelle, la miction et la défécation.

D'autres conséquences nerveuses pneumogastrique comprennent la communication entre l'intestin et le cerveau: Le nerf pneumogastrique fournit des informations de l'intestin sur le cerveau humain.

Loisirs avec la respiration grave: Le nerf pneumogastrique envoie un message au diaphragme. En plus de respirations profondes, un particulier juge beaucoup plus détendu.

inflammation abaissement: Le nerf pneumogastrique envoie également un signal à d'autres zones du corps sous la forme d'un signal anti-inflammatoire.

La diminution de la pression artérielle et la fréquence cardiaque:

Cela a été considéré comme un véritable état de l'art précisément comment la stimulation du nerf vague peut non seulement faire face à l'arthrite rhumatoïde, mais toutes les autres maladies inflammatoires, comme la maladie de Crohn, la maladie de Parkinson et d'Alzheimer.

Pour comprendre le lien entre le nerf pneumogastrique et la dépression, nous devons réaliser que le système nerveux central est constitué de deux mécanismes opposés qui envoient en permanence des informations sur le cerveau humain.

Le système nerveux sympathique nous prépare à l'action et les flux d'hormones de stress, principalement comme le cortisol et l'adrénaline.

Le système nerveux parasympathique intervient dans la relaxation.

Ces approches servent de ralentisseurs et des accélérateurs dans la pratique.

Les Renforce du système nerveux sympathique et nous en tant que système active nerveux parasympathique nous aide à détendre et à réduire la vitesse, et les neurotransmetteurs tels que l'acétylcholine diminuent la fréquence cardiaque et la tension artérielle et assurez-vous que le corps fonctionne plus efficacement.

Les caractéristiques du nerf pneumogastrique régulent le système parasympathique.

Cela interfère avec différentes fonctions de la bouche à l'impulsion et peut conduire à des symptômes différents lorsqu'ils sont touchés.

Beaucoup des nerfs pneumogastriques dans nos corps sont: ils aident à contrôler le rythme, surveiller les mouvements de la masse musculaire, et de maintenir le rythme respiratoire.

Elle maintient les performances du tractus intestinal et permet la nourriture à traiter par la contraction des muscles intestinaux et de l'estomac.

Il facilite pour se détendre après une situation tendue, ou cela signifie que nous sommes en danger et ne doivent pas baisser la garde.

Donner des informations sensorielles sur le statut d'organe au cerveau.

Si des conditions stressantes sont remplies, le système nerveux sympathique est déclenchée.

Dans le cas où la pression continue, et la réaction physiologique qui provoque ne peut pas être désactivé, il ne prendra pas le temps de problèmes de visage.

Pour la quantité d'esprit, deux voies sont nécessaires: l'axe hypothalamo-hypophysaire-surrénalien et l'axe de l'intestin du cerveau.

Le cerveau réagit à la pression et l'anxiété par augmentation de la production de l'hormone (CRF) qui se déplace hors de l'hypothalamus dans la glande hypophyse dans lequel ils induisent la libération d'autres hormones (ACTH), qui se déplace à travers le sang de la glande surrénale pour faciliter l'activation de cortisol et d'adrénaline, et qui est un suppresseur de l'immunité et un précurseur inflammatoire de l'organisme;

Voilà pourquoi nous sommes malades facilement quand nous nous sentons poussés et anxieux et finalement déprime, un trouble lié à un effet mental inflammatoire.

Et l'anxiété chronique et le stress ne suffisent pas à produire un niveau de glutamate élevé dans le cerveau humain, un neurotransmetteur qui provoque l'anxiété, la dépression, la migraine et quand en plus.

En fait, beaucoup de cortisol inhibe l'hippocampe, une partie du cerveau humain qui est responsable du développement de nouveaux souvenirs.

l'atteinte du nerf pneumogastrique peut conduire à des problèmes tels que des étourdissements, des problèmes gastro-intestinaux, troubles du rythme, des difficultés respiratoires et des réactions émotionnelles unproportionate.

Le nerf pneumogastrique ne peut pas activer le signal de loisirs, et donc le système nerveux sympathique est actif, ce qui provoque la personne à répondre impulsivement et souffrent d'anxiété.

De plus, les recherches menées à la Faculté de Miami a constaté que passe la tonique vague globale de la mère à l'enfant.

Les femmes souffrant d'anxiété, la dépression et la frustration extrême avait une activité vagale a diminué au cours de leur grossesse et leurs bébés avaient une faible activité vagal et des quantités plus faibles de la sérotonine et de la dopamine.

À quelle fréquence vous la dépression de l'expérience dans votre vie quotidienne?

Cette section est idéale pour vous si vous êtes inquiet au sujet de trop ou sont pris dans des sentiments irrationnels ou être des nausées, des douleurs thoraciques et des palpitations cardiaques.

Grâce à la stimulation de votre nerf pneumogastrique, vous envisagez d'apprendre une technique simple mais extrêmement efficace pour faire face à l'anxiété naturellement.

Cette approche unique et puissant peut être utilisé à tout moment et en tout lieu pour soulager l'anxiété et le stress, à domicile et sur le chemin, et même à toutes ces terribles réunions d'affaires.

Avez-vous compris que la FDA a approuvé un dispositif actionné pour traiter la dépression efficacement en relançant périodiquement le nerf vague?

Pourtant, vous ne besoin d'une chirurgie, de préférence.

Grâce à la réalisation d'une variété de simples techniques de respiration, vous pouvez profiter de la stimulation du nerf vague.

Le nerf vague est l'élément central du système nerveux parasympathique (qui vous apaise en contrôlant votre soulagement).

Il vient de votre cerveau et « Wanders » dans l'abdomen par la longueur des cerveaux, des fibres de diffusion sur la bouche, pharynx, cordes vocales, les poumons, le cœur, les intestins et les glandes qui font des enzymes anti-stress et les hormones (telles que l'acétylcholine, ocytocine), la vasopressine, la prolactine, le métabolisme, et bien sûr la réponse à la détente.

nerf pneumogastrique agit comme un lien corps-esprit et le câble qui entraîne les sensations et instincts intestinaux de votre cerveau.

Le secret de contrôle de l'esprit et les niveaux d'anxiété réside dans leur capacité à stimuler les relaxants voies nerveuses du système parasympathique.

Vous ne pouvez pas gérer ce composant spécifique du système nerveux central sur demande, mais vous pouvez indirectement promouvoir votre nerf pneumogastrique en plongeant votre visage dans les eaux froides (miroir de plongée).

Ceci est souvent réalisé en fermant les yeux ou pincer le nez en essayant de respirer. Il augmente considérablement le stress dans la cavité tumorale pour revitaliser la nervosité et d'améliorer la pneumogastrique voix pneumogastrique.

Et, de toute évidence, les approches respiration diaphragmic Renforcer le vivant du système nerveux central va payer de bons dividendes, et la meilleure façon d'y parvenir en enseignant le souffle.

Respire avec votre diaphragme

Maintenant, il est temps de mettre en œuvre cette théorie. La première chose que vous devez faire est de respirer avec le diaphragme (respiration abdominale).

Ceci est la base de la respiration appropriée et le soulagement du stress.

Le diaphragme est le muscle principal du corps.

Il est en forme évasé, et quand vous mangez, il est des motifs et agit comme un piston et produit le vide dans votre cavité thoracique, de sorte que vos poumons peuvent augmenter, et l'air devient en elle.

Cela provoque une pression, d'autre part, en appuyant vers le bas et les viscères, soulevant le ventre.

Voilà pourquoi une bonne respiration est appelée la respiration abdominale.

Respire avec la glotte partiellement fermée glotte est à l'arrière de la langue et est fermée pendant que vous prenez une grande respiration.

Nous voulons qu'il soit fermé en partie ici. Il est la sensation que vous obtenez dans la gorge lorsque vous expirez et faire un bruit Hhhh pour purifier les lentilles, mais sans réellement le son.

Il ressemble également à votre tactique lorsque vous êtes sur le bord de la détente, et vous vous attendez à ronfler un peu.

Vous contrôlez la glotte: Contrôle du flux d'air pendant l'inhalation et l'exhalation.

Stimule le nerf du nerf vague

Maintenant, il est temps d'appliquer ce concept avec cette technique de respiration seven-eleven diaphragme.

Inspirez par le nez, la glotte fermée partiellement vers le bas, par exemple, presque créer de l'audio Hhhh pour le souffle de sept attente pendant un certain temps.

Expirez par le nez (ou la bouche), avec la glotte fermée partiellement vers le bas, comme presque la création audio HHHH pour un certain nombre de onze.

Plus vous pratiquez, cette méthode particulière devient plus efficace.

En fin de compte, si vos compétences de respiration nouvellement acquises sont créés et la respiration abdominale devient un modèle, le corps continue de fonctionner à un niveau de stress considérablement plus faible.

Vous verrez aussi (ou parfois vous ne serez pas) que votre souffle répond à des situations traumatisantes.

Votre corps peut réguler votre respiration automatiquement et, par conséquent, votre anxiété et le stress.

L'une des façons de faire face à la peur est de savoir comment stimuler le nerf pneumogastrique par la respiration appropriée.

Le nerf pneumogastrique agit comme l'interface entre l'esprit et le corps pour réguler la réaction à la détente.

Vous pouvez stimuler le nerf pneumogastrique avec la glotte partiellement fermée.

Utilisez vos vieux jours pour maîtriser cette technique, la transformer en une routine fréquemment, et les résultats que vous choquent.

Quand vous dites stress, vous êtes sur la bonne voie.

Plus précisément, ils sont chacun en raison d'un manque d'activité pneumogastrique. Mais non, pas ce genre de Vegas.

Ce type particulier de pneumogastrique est important pour votre santé et le bien-être.

Dans ce chapitre spécifique, vous découvrirez pourquoi votre nerf pneumogastrique est très important et comment il peut calmer vos nerfs, le sommeil, briser, et à promouvoir les pouvoirs de guérison naturelle de votre corps.

Votre nerf pneumogastrique lie votre cerveau à votre intestin et vos organes internes au cœur.

Son effet est si répandu qu'il est connu comme « le capitaine » pour votre système nerveux parasympathique: la stimulation normale, la régénération et la récupération de l'unité de réaction de votre corps.

La sortie adéquate de votre nerf pneumogastrique maintient stable inflammation chronique, fendage pratiquement toutes les principales maladies.

Il contrôle le rythme cardiaque et maximise la variabilité du rythme cardiaque, ce qui est un indicateur important de la santé cardiaque.

Et il montre que les poumons respirent profondément, afin d'absorber l'oxygène qui remplit l'énergie vitale.

Par ailleurs, les transferts nerveux vagal informations de l'intestin dans le cerveau qui offre l'intuition intestinale sur ce qui est nuisible ou bénéfique pour vous.

Ensuite, il vous permet de consolider les souvenirs, si vous vous souvenez des informations importantes et de bonnes intentions.

Finalement, vos communiqués de nerf pneumogastrique acétylcholine, ce qui aide à combattre l'adrénaline du stress et le cortisol et active votre réponse apaisante naturelle du corps au calme, repos et guérir.

Maintenant, vous avez une image de savoir pourquoi il est si important d'activer votre nerf vague.

Le problème est que notre culture d'aujourd'hui nous permet d'obtenir très occupé, très hyper souligné, de sorte que nous travaillons en mode de pression presque toujours, sans le savoir.

Nous sommes habitués à la stimulation. Nous ne savons pas comment se sent vraie détente, beaucoup moins comment.

Nous sommes hyperactif au lieu de suivre un rythme de repos et d'action tout naturel.

Et nous sommes tellement entraînés que nous nous sentons responsables si nous ne faisons pas quelque chose, ou si nous ne sommes pas excités encore divertis!

En conséquence, l'irritabilité, l'anxiété et l'insomnie sont des compagnons pour la vie.

Il nous empêche de bien dormir et nous conduit à des maladies chroniques telles que le cancer.

Alors, comment pouvons-nous briser ce modèle mortel?

Heureusement, le corps est très résistant. Il est juste pour vous attendre de déclencher votre équilibre organique, qui est similaire à plusieurs respirations longues et profondes.

Lorsque vous inspirez profondément et peu à peu, vous activez votre nerf pneumogastrique.

Il envoit des signaux apaisants pour abaisser votre encéphalogramme et la fréquence cardiaque et active tous les mécanismes de repos et de réparation de la réponse de relaxation naturelle de votre corps.

Une respiration lente profonde est donc extrêmement important. Néanmoins, il y a une question. Vivre en mode de tension continue facilite une retenue, rapide, le style de respiration peu profonde. Une respiration lente profonde aussi prend généralement un peu d'exercice.

Ceci est une excellente façon de le faire: simple respiration profonde méditation: allongé sur le dos et fermez les yeux attentivement.

Reposez vos mains sur votre bas-ventre, l'un et l'autre.

Lorsque vous inspirez, la cause de votre bas-ventre monter comme il respire lentement.

Permettez à votre bas-ventre pour se détendre comme vous expirez, comme il se vide.

Installez-vous dans un joli rythme clair que l'abdomen monte et descend doucement, après votre souffle.

Savoir si vous ne pouvez pas insister sur ce point, mais seulement comprendre comment il se fait naturellement, rapidement.

Lorsque vous démarrez, assurez-vous que vous vous souvenez de la seconde vous commencez à respirer et de s'y tenir jusqu'à ce que vous faites une pause.

Tout d'abord, notez la seconde vous commencez à expirez et maintenez-le jusqu'à ce que vous quittez.

Suivez ce rythme apaisant pendant quelques minutes, puis rappelez-vous combien vous êtes heureux. Assurez-vous de tirer cela à ce stade, quand vous le pouvez, vous avez pour vous-même.

Chaque jour, vous pouvez faire ce simple relaxation respiratoire profonde pour soulager la pression des couches et le stress qui a eu lieu du passé. Dans la nuit avant le repos, vous pouvez le faire dans son lit, pour préparer votre corps à dormir.

Rapidement en tout, vous restaurez l'équilibre interne de votre corps, ce qui entraîne dans une vie beaucoup plus sûr, plus heureux et paisible.

Chapitre 4

Comment le nerf vague gère tout.

Le nerf pneumogastrique gère tant de parties du corps qu'il peut être dévastateur quand quelque chose va mal. S'il y a quelque chose qui endommage le système nerveux, comme des médicaments, un traumatisme ou d'une maladie, le corps peut se guérir? Ou êtes-vous coincé avec des lésions nerveuses pour le reste de votre vie? Il est vraiment tout dépend de la gravité du dommage est. Les lésions nerveuses est connu pour être lent à guérir et le nerf pneumogastrique ne fait pas exception. Cependant, les scientifiques ont testé la capacité du nerf pneumogastrique à se régénérer chez les rats et les résultats ont été surprenant. Non seulement les techniques du nerf vague a contribué à la restauration des parties centrales vagal, mais ils ont également été montré pour augmenter la plasticité synaptique. Cela signifie que même lorsque le cerveau a subi des dommages des dommages causés au nerf pneumogastrique, il peut être inversé, dans une certaine mesure.

Dans les tests effectués sur des rats, il a fallu environ 4,5 mois pour régénérer le nerf vagal central. Voilà de bonnes nouvelles pour les gens, mais il n'a pas été testé chez l'homme. Cependant, des études ont également montré que la reconstruction des nerfs dans le tractus gastro-intestinal ne se produit pas au cours de 45 semaines, ou près d'un an, ce qui est combien de temps a duré l'étude. Il va certainement prendre du temps pour les nerfs à se régénérer et se régénérer, mais le fait qu'il est en fait possible pourrait être exactement l'espoir dont nous avons besoin.

Alors que les sections centrales du nerf vagal peuvent être régénérées étonnamment rapidement, il faut beaucoup plus de temps à repousser les zones qui se ramifient de lui. Il est important de noter cela parce que vous ne devriez pas attendre des résultats immédiats des exercices et des techniques données dans ce livre. Il faut du temps pour guérir les lésions nerveuses, et cela signifie que vous devez être patient et cohérent si vous avez souffert de lésions nerveuses vagal. La stimulation du nerf pneumogastrique peut l'aider à grandir et à récupérer des dommages. Encore une fois, cela prend du temps, mais si vous êtes prêt à mettre dans le temps et l'effort, vous verrez que les choses aillent mieux progressivement. Comme beaucoup de gens ont découvert avant, ce n'est pas un truc. La stimulation du nerf pneumogastrique fonctionne vraiment et il peut avoir un impact incroyable sur votre vie.

Je suis allé d'être à peine capable de se déplacer autour de ma maison, de courir à nouveau marathons. Je l'ai vu d'autres gens, même des choses plus miraculeuses. Et il ne semble vraiment comme un miracle, mais il est en fait juste la science et votre système nerveux, faire leur travail. Avec la stimulation droite, votre nerf pneumogastrique va commencer à travailler mieux que jamais et devient encore plus efficace. Même si vous ne l'avez pas souffert d'un traumatisme particulier ou des lésions nerveuses, vous pouvez vous attendre encore des résultats de tonifier votre nerf vague. Il ne peut vous aider à vous sentir mieux et de vous assurer que votre corps fonctionne plus efficacement. La quantité d'énergie que vous aurez augmentera et vous trouverez qu'il est plus facile de vivre la vie que vous voulez. Il y a une quantité incroyable d'informations là-bas si vous savez ce qu'il faut chercher, mais il est toujours pas connaissance commune. Je trouve cela ahurissant,

Une partie 2 Quel pourrait aller mal dans Vagus?

Chapitre 5

La respiration dysfonctionnel

Le nerf vague a la fonction principale d'offrir une stimulation aux muscles de la corde vocale. Si votre nerf pneumogastrique a toute sorte de dommage ou d'un dysfonctionnement, il y a une probabilité que ces muscles seront endommagés ainsi. Cela interfère alors à la fois votre capacité respiratoire et votre voix. D'autres muscles sont pris en charge par la fonction du nerf vague ainsi. Vous pouvez vous sentir comme vos électrolytes sont faibles, tels que votre taux de potassium ou de magnésium, qui les crampes musculaires cause, mais ces crampes peuvent également être causées par des dommages à votre nerf vague.

Une mauvaise circulation: Chez certaines personnes, une mauvaise circulation est un signe désagréable d'une voix basse vagal. Lorsque vos mains et les pieds ont tendance à faire froid, mais le reste du corps est bien, elle peut être causée par un manque de circulation. Le sang est tout simplement pas atteint dans la mesure où il se doit. Étant donné que le nerf vague est responsable de votre fréquence cardiaque, il est une grande partie de cette maladie et doit être pris en compte lors traitant de faible circulation.

maladie pulmonaire: Vos poumons sont également contrôlés par le nerf vague et il stimule la respiration régulière. Une mauvaise santé pulmonaire, la MPOC et d'autres types de maladies pulmonaires peuvent affecter le tonus vagal dans le corps.

Lorsque vous êtes effrayés, avez-vous déjà remarqué à quel point votre respiration prend? Ceci est en réponse à votre nerveux sympathique System- votre corps est littéralement poussé en mode gel-lutte-vol en préparation pour se maintenir en vie. Lorsque vous souhaitez vous calmer de ces sentiments de panique, vous pouvez vous mettre inconsciemment à travers des exercices de respiration profonde pour tenter de vous régler. Est-ce que tu sais pourquoi?

La plupart des gens ne réalisent pas, mais ces respirations profondes déclenchent effectivement à votre nerf vague qu'il est temps de se rendre au travail. Le nerf vague est essentiellement en aiguillonné agir d'une manière qui permettra de soulager les symptômes et le ralentissement du rythme cardiaque parce que le nerf pneumogastrique active le système nerveux parasympathique.

Sans le nerf pneumogastrique et cette petite boucle de rétroaction, votre fréquence cardiaque serait probablement s'asseoir naturellement autour de 100 bpm. Il baisserait rarement plus bas, et votre fréquence cardiaque serait libre de monter en flèche sans limitation, ce qui bien sûr, pourrait être dangereux. Le système nerveux parasympathique maintient que de happening- le but du système parasympathique est essentiellement de mettre les freins sur le système nerveux sympathique. Il est le regulator- la partie de vous qui est capable de vous calmer et vous convaincre de se détendre. Il ralentit votre rythme cardiaque et vous aide à atteindre cet état de calme que vous cherchez peut-être après une crise d'angoisse.

Lorsque vous respirez, avez-vous déjà remarqué comment vos changements de fréquence cardiaque? Lorsque vous prenez une profonde inspiration, vous pouvez vous sentir votre Quicken d'impulsion, et que vous expirez, vous remarquez tomber à nouveau. Ceci est un très spécifique raisonna- votre nerf pneumogastrique régule votre rythme cardiaque. Lorsque vous inspirez, vous déclenchez votre pouls à accélérer, et que votre pouls accélère, il fait monter la tension artérielle.

Cette augmentation de la pression artérielle et le pouls déclenche votre système nerveux parasympathique à coup il in- veut réguler votre rythme cardiaque, il déverse dans certains acétylcholine votre flux sanguin, ce qui ralentit le rythme cardiaque. Il est important de garder à l'esprit- cela signifie que vous pouvez effectivement botter le nerf pneumogastrique en action simplement en prenant une grande respiration et cuing au nerf que vous avez besoin d'une certaine réglementation pour maintenir votre rythme cardiaque régulier. Votre nerf vague, comme vous expirez, est le plus actif, ce qui ralentit votre rythme cardiaque le plus. Cela signifie, alors que vous êtes en mesure de vous réglementer efficacement et votre système nerveux parasympathique tout au long de la respiration.

Cela n'a rien New- en fait, le modèle de respiration qui déclenche cet état de calme grâce au système nerveux parasympathique se pose en fait dans plusieurs calmante différentes, les activités spirituelles. Mantras utilisés au cours d'une sorte de méditation peut déclencher ce type d'activation, créant ainsi le bon moment entre les respirations et les maintenir, tout comme disant la prière Ave Maria. Le taux de respiration au cours de ces techniques est tombée à environ six respirations par minute, ce qui est ce que ces techniques de respiration viser.

Chapitre 6

Dysfonctionnel digestive Séquence

Lorsque le nerf pneumogastrique est endommagé ou défectueux, il peut affecter le système digestif; une condition connue sous le nom gastroparésie digestif se produit lorsque les muscles de l'estomac sont incapables de traiter et de faire passer la nourriture avant le petit intestin. Péristaltisme, les contrats et les extensions qui font avancer la nourriture ne fonctionnent pas efficacement.

Les causes de la gastroparésie digestive sont souvent inconnus, mais en plus d'un nerf pneumogastrique endommagé (causée par la chirurgie, par exemple), il peut être causée par un diabète non contrôlé, les narcotiques et les médicaments, la maladie de Parkinson, la sclérose en plaques, et dans des cas très rares, certains troubles du tissu conjonctif.

Les symptômes vont de brûlures d'estomac et RGO (complications de reflux acide), les ballonnements, la perte d'appétit et une sensation de satiété prématurément, et des nausées. aliments non digérés qui reste dans l'estomac peuvent fermenter et être sensibles à une infection bactérienne.

Voici ce qui est essentiel de comprendre: la santé est accompli lorsque le corps est capable de se protéger contre les déséquilibres, l'effondrement, et les envahisseurs étrangers. Le corps humain a développé des systèmes de protection puissants pour maintenir des conditions mentales, physiques et émotionnelles optimales. La recherche montre des liens clairs entre nos systèmes de protection de la santé inhérents et les aliments qui leur permettent.

Mon travail m'a permis de me concentrer sur les systèmes principaux de défense du corps tels que l'angiogenèse, les cellules souches, l'immunité, la microflore et la conservation de l'ADN. L'angiogénèse est le mécanisme de construction de nouveaux vaisseaux sanguins du corps. Il est la puissance de notre corps pour continuer.

Les cellules souches ou la capacité de notre corps à se régénérer sont essentiels au bien-être de tous nos tissus du cerveau et des organes, de notre cœur à notre peau. L'immunité est d'une importance primordiale. Tout est sur la façon dont notre corps peut lutter contre les maladies et les infections. Il est tout d'avoir un système immunitaire solide.

Nos propres bactéries sont microbiote. Dans notre corps, il y a 37 billions de bactéries et nous découvrons qu'ils sont non seulement nuisibles que nous croyions, mais une fois qu'ils aident réellement notre corps à améliorer la sécurité.

La sécurité sanitaire de l'ADN est important. Chaque jour, nous avons 60.000 mutations dans nos gènes. Pourquoi ne pas avoir un cancer plus souvent? D'accord, notre ADN peut se restaurer - et le régime alimentaire peut améliorer ces mécanismes de réparation.

Alors que la société occidentale a accès aux médicaments les plus sophistiqués du monde, il est plus malade que jamais. Nous vivent maintenant dans une culture qui favorise « une pilule pour chaque maladie. » Une personne sur trois d'entre nous devrait être touché par le cancer et la plupart d'entre nous le savons maintenant, malheureusement, qu'au moins une personne a été touchée par une maladie qui change la vie. Quelle tristesse que l'humanité est ravagée par une épidémie de maladie dans cette ère du progrès technique.

On n'a jamais été si dissociées de notre corps et comment les régénérer. Ils traitent des signes de maladie comme la douleur plutôt que de comprendre que ces symptômes sont notre façon de communiquer intelligemment avec nous. De commencer, nous pouvons voir un mal de tête comme une irritation et une pop paracetamol, en ignorant le fait que notre corps nous le faire savoir qu'il est déshydraté et a besoin de plus fluide. Manque ces moyens de signaux ignorer la lumière d'avertissement ou notre tableau de bord du véhicule, quelque chose que la plupart d'entre nous pensent est très imprudent.

Bien que l'industrie de la santé et de la santé est en plein essor récemment, beaucoup d'entre nous ne se rendent pas encore pleinement comment notre mode de vie et les choix alimentaires influent vraiment notre bien-être. Nous mangeons de la nourriture parce que son contenu nutritionnel et / ou son potentiel de guérir est facile ou en bonne santé, et très rarement. Une forte consommation de gluten, le glucose, la caféine et l'alcool est très toxique, en plaçant le corps soumis à un stress immense et qui permet au virus de se développer dans des conditions acides.

L'essence de Mère nous donne tout ce que nous devons survivre sans maladie, et pourtant étonnamment nous avons préféré pseudo-aliments à faible nutrition. Le corps travaille toujours pour rétablir l'équilibre ou l'homéostasie. L'effet est incroyable que nous apprenons à travailler pour et non contre cette guérison intuitive inhérente. Vous devez prévoir une énergie accrue, plus d'appétit, perte de poids, une meilleure humeur et du sommeil en appliquant ces hacks de santé de base à votre vie de tous les jours.

La capacité de guérison naturelle de votre corps est lié à une partie de votre système nerveux connu comme le système nerveux autonome. Il se compose de deux composantes: la coordination du système nerveux sympathique et le système nerveux sympathique. Le contrôle du système sympathique réaction « combat ou fuite » du corps qui régule la réponse de détente et de la digestion dans le système nerveux parasympathique.

Le système nerveux est compatissant à la sécurité quand nous devons éviter tout risque en bref incendies. Maintenant, les gens sont constamment anxieux et le système nerveux sympathique est stimulé à cause de non apparente « risque ». Une fois que notre corps sent qu'il est en danger, nos cœurs battent plus fort, notre sang coule des poumons et dans notre corps nous accrochez au combat, notre pensée analytique, entre autres, cesseront. En d'autres termes, il se développe effectivement des problèmes de l'obésité, le diabète, les maladies cardiaques et l'indigestion.

Pour beaucoup de conditions médicales, il peut être préjudiciable à dépenser encore plus dans les traitements physiques et procédures tout en réduisant les temps de rendez-vous et sabrer le personnel médical. Une étude a révélé que les patients malades atteints du syndrome du côlon irritable avaient beaucoup significativement plus le soulagement des symptômes si le médecin était chaud et plein de compassion que le froid, mais quel que soit le traitement politesse. De même, après des séjours prolongés (42 minutes) avec un médecin, les patients atteints de la maladie de reflux acide est considérablement améliorée par rapport à la nomination normale (18 minutes). Pour les cas de maux de dos à la grossesse, les résultats des patients dépendent non seulement sur les médicaments sont administrés, mais aussi sur la façon dont le traitement est pris.

Mais pas tout cela. L'intelligence n'évalue pas nécessairement notre expérience subjective puisque le cerveau régule les processus corporels du métabolisme au système immunitaire; il peut être important pour la progression physique de la maladie aussi bien. De telles procédures ne sont pas nécessairement volontaire; nous ne pouvons pas nous « désir » plus. Néanmoins, nous pouvons les influencer, en particulier en modulant notre réponse au stress.

Par exemple, si vous êtes nerveux, le cœur bat plus vite, ce qui rend plus le système cardio-vasculaire. Ceci est normalement aucun souci, mais il peut être dangereux, voire mortel dans certaines circonstances. Les catastrophes naturelles telles que les tremblements de terre tuent souvent autant de personnes que leur effondrement d'une crise cardiaque. Des études ont montré que les personnes qui dépression l'expérience ou la dépression souffrent au préalable plus de risques au cours des traitements médicaux intrusifs tels que des biopsies mammaires ou ablation de tumeurs (par exemple, une carence prolongée d'oxygène, faible ou pression artérielle élevée, des saignements post-opératoires ou la fréquence cardiaque anormalement lent). stratégies de secours telles que la visualisation d'un endroit sûr de réduire considérablement la douleur et l'anxiété au cours de ces traitements et le risque d'effets indésirables.

Le stress peut aussi avoir des effets physiques sur les intestins. Si nous sommes contrariés des articles de toilette, nous pourrions ne pas passer des jours, mais face à une tâche comme une entrevue ou une compétition va nous forcer à vider nos entrailles. De tels mécanismes aggravent les problèmes tels que l'IBS et les études indiquent que l'hypnothérapie intestinale qui aide les cliniciens à gérer le stress et détendre leur système digestif est très efficace. Un cours de l'hypnothérapie diminue la résistance intestinale à la douleur, et alors que les gens sont hypnotisés, ils peuvent changer leurs contractions intestinales, quelque chose que nous ne faisons pas habituellement à volonté.

En troisième lieu, la première ligne de défense du corps contre la maladie ou d'un traumatisme, est la division du système immunitaire appelée inflammation. Ceci est efficace dans une crise, mais si elle est causée par le stress chronique à long terme, elle interfère avec les réponses immunitaires saines et ronge les tissus de la peau, nous laissant plus sensibles à l'inflammation, les allergies et les maladies auto-immunes. Et pas seulement des poussées d'eczéma ou deux rhumes supplémentaires. Le stress lui-même a été montré pour augmenter le développement des maladies mortelles telles que la sclérose en plaques et du VIH par ses effets sur le système immunitaire. Le travail que les stratégies de réduction du stress peuvent inverser ces changements est juste en cours, mais des données préliminaires montrent que le conseil de gestion du stress peut éviter le développement en MS, et que la formation de la pleine conscience peut retarder le VIH.

Il confirme même que l'imagination a un rôle à jouer dans le cancer. L'inflammation élimine les cellules endommagées et facilite la croissance de nouveaux vaisseaux sanguins qui sont bons pour la cicatrisation des plaies, mais qui permet également un espace de tumeurs et de nutriments pour se développer. Les hormones du stress se propagent plus rapidement dans les études animales, alors que les études de patients suggèrent que les interventions de gestion du stress diminuent l'inflammation, bien que le jury examine encore combien ce flux en temps l'amélioration de la survie.

Même si la réduction du stress ne touche pas directement la survie du cancer, cependant, des stratégies comportementales peuvent améliorer le pronostic physiologique d'autres façons. Lorsque la chimiothérapie soulage la fatigue et des vomissements qui permet à quelqu'un de tenir à leur programme de médicaments, il peut améliorer la longévité. Le soutien social, quant à lui, permet aux patients de faire de meilleurs choix. Pour une étude, les patients recevant les soins palliatifs pour cancer en phase terminale ont opté pour un traitement moins agressif. Les gens étaient moins stressés, mieux et vivre les gens vivent plus longtemps.

L'esprit ne peut guérir quoi que ce soit, et un traitement médical est risqué et inutile face à des circonstances graves. Pourtant, notre état mental a une grande portée des effets physiologiques qui peuvent nuire à la santé dans une grande variété de façons et même dans les conditions les plus graves telles que le diabète, la sclérose en plaques et du VIH.

Les cyniques sont corrects à la prudence sur les conclusions non fondées de la physiothérapie psychologique. Mais le rejet de la fonction psychologique a ses propres dangers. Cela pousse les gens - en particulier ceux qui ont une expérience directe dans la façon dont il peut bénéficier, loin des sciences et aux cinglés d'autres conseillers. Et il nous aveugle à la connaissance qui pourrait être extrêmement important pour la médecine. Je soutiens à Cure que les deux stratégies doivent être combinées: fournir les corps et les esprits des patients.

Le mode automatique de la guérison du corps est déclenché lorsque le corps est calme et détendu. Le système nerveux parasympathique est dans ce cas dominante. La tâche du système nerveux parasympathique est de résister à l'infection à long terme. Il régule votre métabolisme et d'autres processus essentiels pour stabiliser le corps.

Avez-vous remarqué que certaines personnes reçoivent régulièrement malades tandis que d'autres obtiennent à peine malade (même quand ils tombent malades, ils récupèrent rapidement) ?? Ceux qui sont « habituellement » malades sont très probablement épuisés ou distraits -Ils ne permettent pas leur corps l'occasion de se reposer et de se réparer naturellement.

Voici les trois étapes pour récupérer le mode de guérison naturelle de votre corps:

1. Feel Your Body Heat

La température de la peau est corrélée avec le système immunitaire. L'équilibre de la température corporelle idéal est de garder votre tête froide et chaude sous le ventre. Bas-ventre est le cœur de votre corps, ce qui favorise le bien-être en conservant la force dans ce domaine. Il est préférable d'augmenter la température de votre corps en ayant quelques minutes de soleil ou en cours d'exécution pour chauffer votre corps au moins une fois par jour.

2. Contrôlez votre respiration

Pratiquer la respiration profonde dans le diaphragme et le bas-ventre. La respiration profonde aide et soulage automatiquement la peau. Bien qu'il soit très difficile d'augmenter ou de diminuer délibérément la tension artérielle, le rythme cardiaque ou la température du corps, nous réglementons inconsciemment par notre respiration. Vous pourrez également réaliser que lorsque vous vous concentrez sur votre respiration, vos émotions et pensées régler et votre corps est en équilibre.

3. Observez avec votre esprit

Pratiquer la pleine conscience quotidienne dans un esprit clair et calme. Surveillez vos émotions et pensées et apprendre à ne pas détruire complètement ou de les contrôler. Dès que vous entendez la respiration, il approfondit et ralentit naturellement. Si vous regardez la température de votre peau, il devient en toute sécurité.

Ces trois actions: le sens de votre chaleur corporelle, réguler votre respiration et regarder votre entrelacent esprit afin de créer une méthode naturelle de préserver la santé physique de votre corps.

Chapitre 7

dysfonctionnel microbiome

Dans le microbiote d'un organisme, le nombre de gènes dans toutes les bactéries est de plus de 200 fois le nombre de gènes dans le génome humain. Le microbiome peut peser jusqu'à cinq livres.

Qu'est-ce que le microbiome a à voir avec la santé?

Pour le développement humain, l'immunité, et la nutrition, le microbiome est essentiel. Pas envahisseurs, mais colonisateurs bénéfiques sont les bactéries qui vivent dans et sur nous. Microbes que l'infection cause à évoluer dans le temps, la modification de l'expression des gènes et des processus métaboliques, entraînant une réponse immune inhabituelle aux produits chimiques et les tissus qui sont généralement présents dans le corps.

les maladies auto-immunes ne semblent pas être transmis par héritage de l'ADN dans les familles, mais un héritage du microbiome du corps. Quelques exemples: entre les jumeaux en surpoids et mince, le microbiome intestinal est unique. jumeaux obèses ont réduit les taux et la diversité des enzymes plus élevés de bactéries, ce qui signifie que les jumeaux obèses sont plus efficaces pour digérer la production alimentaire et en calories. Un mauvais équilibre des bactéries dans l'estomac a également été associée à l'obésité.

Le diabète de type I est une maladie auto-immune liée à un microbiome intestinal moins stable. Les bactéries jouent un rôle important dans le développement du diabète dans les études animales.

La poussière des maisons de chien peut réduire la réponse immunitaire aux allergènes et autres déclencheurs de l'asthme en changeant la composition de microbiome intestinal. Les enfants vivant dans des foyers animaux sont présentés moins susceptibles de développer des allergies avec les enfants.

Quel est le projet du microbiome humain (PGH)?

Le microbiome humain est mis en correspondance par des projets scientifiques dans le monde entier, donnant un aperçu des espèces inexplorées et génomes. \

Un autre projet, financé par l'Institut national de recherche sur le génome humain (NHGRI), une partie du National Institutes of Health (NIH), est le projet sur le microbiome humain (PGH). Le HMP lancé comme une extension du projet du génome humain en 2008. Il est une étude de faisabilité de cinq ans avec un budget de 150 millions $ et est menée dans certains centres autour des États-Unis.

Les objectifs du PGH à la recherche l'être humain comme un supra-organisme constitué de cellules humaines et non-humaines pour décrire le microbiome humain et d'examiner son rôle dans la santé humaine et de la maladie.

L'objectif principal de HMP est de classer métagénome (les génomes ensemble des microbes) de 300 personnes en bonne santé microbiomes pour à travers le temps. Un échantillon de cinq zones du corps: les cheveux, la bouche, le nez, l'estomac et le vagin.

Pourquoi le microbiome humain important?

Le microbiome d'une personne peut affecter leur sensibilité aux maladies infectieuses et conduire à des maladies du système digestif chroniques telles que la maladie de Crohn et le syndrome du côlon irritable. De nombreuses collections de microbe décider comment un patient répond au traitement médicamenteux. La microflore de la mère peut affecter la santé de ses enfants.

Les scientifiques qui étudient le microbiome humain trouvent les bactéries et les gènes qui étaient auparavant inconnus. Les études génétiques évaluation de l'abondance relative des différentes espèces dans le microbiome humain ont des espèces de microbe spécifiques associés combinaisons avec certains aspects de la santé humaine. Avec une compréhension plus complète de la diversité des microbes dans le microbiome humain peut conduire à de nouveaux traitements, peut-être en ajoutant plus de bactéries « saines », guérir une infection bactérienne causée par une bactérie « du mal ». Le HMP agit comme un guide pour définir le rôle de micro biome dans le bien-être, l'alimentation, l'immunité et la maladie.

Chapitre 8

L'inflammation chronique et l'activation immunitaire

nerf vague peut jouer un effet anti-inflammatoire à effets multiples dans le système et une partie locale de l'intestin;

Cet effet repose sur l'activation induite par l'acétylcholine des récepteurs α-7-acétylcholine, qui régulent la barrière intestinale et de l'inflammation dans le système nerveux entérique agissant sur les cellules de la grappe et des cellules entéro-endocrines dans diverses cellules immunitaires intestinal et de l'épithélium intestinal. Et de la flore;

sympathique déséquilibre vagale, des anomalies nerveuses entériques fonctionnels et l'activité de l'axe hypothalamo-hypophyso-surrénalien sont affaiblis chez les patients atteints de la maladie inflammatoire de l'intestin;

intervention de régulation du nerf vague pour réguler positivement la voie anti-inflammatoire cholinergique peut réduire l'inflammation locale et systémique intestinale. Dans les petites études cliniques, la stimulation du nerf pneumogastrique peut soulager la maladie de Crohn.

L'axe du cerveau joue entérique un rôle important dans la maladie inflammatoire de l'intestin (MII). Une étude récente de Alimentary pharmacologie et thérapeutique décrit le rôle du système nerveux autonome (en particulier le nerf vague dans le nerf parasympathique) dans la régulation de l'inflammation intestinale. Les progrès de la recherche de thérapies connexes mérite l'attention des professionnels.

En vieillissant, notre système immunitaire provoque plus l'inflammation et le système nerveux génère du stress. Voici comment le système immunitaire répond à l'esprit. Notre système immunitaire est contrôlé par le nerf pneumogastrique. Le nerf pneumogastrique contrôle les cellules dans notre moelle osseuse, qui peuvent devenir des cellules dans le foie, les intestins, les poumons ou la peau. Tant que nous apprenons à coopérer avec le corps plutôt que d'affronter, notre corps est capable d'autorégulation, la réparation, la régénération et la prospérité. « Sélective » stimulation du nerf pneumogastrique est utilisé dans certains traitements médicaux pour les personnes souffrant de dépression, ou dans certains cas pour l'épilepsie. Exercer nos pensées et nos émotions grâce à des exercices positifs (comme la méditation ou des exercices équivalents), qui contribuent à la santé et la longévité. Si nous nous sentons aiguë d'anxiété ou de stress,

Il y a un nerf important dans le corps humain qui permet au cerveau d'établir des liens directs avec des organes importants, y compris l'estomac, les poumons, le cœur, la rate, l'intestin, le foie et les reins. Le nerf pneumogastrique est appelé le nerf vague, et maintient la santé humaine de la maladie en régulant le système immunitaire de, le contrôle des niveaux de stress et de réduire l'inflammation. le niveau d'hormones de stress est régulée par le système nerveux autonome du corps. Au besoin, le système nerveux sympathique stimule votre système nerveux central. Il nous aide dans des situations de stress, blessure ou d'infection, et nous aide à faire face à ce qui est considéré comme une situation d'urgence en activant la réponse de combat ou la fuite. Lorsque le système nerveux sympathique commence à attaquer, notre rythme cardiaque augmente, la pression artérielle augmente, la respiration devient plus rapide et moins profonde, transpiration augmentera, et la région deviendra enflammée en cas de blessure ou infecté. Le système nerveux parasympathique équilibre le système nerveux sympathique en calmant et relaxant du corps. Il favorise le repos, le sommeil et la léthargie en ralentissant le rythme cardiaque, ce qui ralentit la respiration et de réduire l'inflammation. Il empêche le système immunitaire de réagir de façon excessive et une réaction excessive. Il est important de souligner que le système nerveux sympathique et le système nerveux parasympathique doivent travailler ensemble et se complètent mutuellement pour que votre système immunitaire fonctionne correctement. Un système doit équilibrer l'autre pour garder votre corps et la santé en harmonie. Si le système nerveux sympathique est pas sous le contrôle du système nerveux parasympathique et vice versa, il peut conduire à de nombreux types de conditions néfastes sur la santé et les maladies. Lorsqu'une partie du corps est souligné, blessés ou infectés, le fonctionnement du système nerveux sympathique et déclenche le système immunitaire du corps à réagir immédiatement. La première réaction du système immunitaire est d'enflammer la zone comprimée, blessé ou infecté pour protéger le reste du corps et commencer le processus de guérison. Ceci est souvent appelé l'inflammation. Nous pensons généralement de l'inflammation comme une mauvaise chose, mais si elle est temporaire, il est tout à fait naturel et normal. L'inflammation est un signe que le système immunitaire du corps est en cours d'exécution à une vitesse élevée, en essayant de vous protéger contre plus de dégâts et de le rendre plus capable de guérir. Au cours de l'inflammation, les vaisseaux sanguins dans la zone blessée ou infectée et libérer les cellules élargissent du système immunitaire plus aux tissus environnants. Le processus inflammatoire se traduit généralement par une rougeur temporaire, la fièvre, l'enflure et la douleur. Une fois que votre système immunitaire a résolu le stress, une blessure ou une infection, et votre corps est entièrement protégé, le processus de guérison est en cours et votre corps peut commencer à se détendre et rétablir l'équilibre. C'est quand fonctionne votre système nerveux parasympathique. Réduction du stress ou réduite causée par la blessure ou d'une infection, le rythme cardiaque et la respiration retour à la normale et l'inflammation commence à se calmer. Cependant, si le système nerveux parasympathique ne fonctionne pas correctement, le rythme cardiaque et la respiration peut rester élevée, et l'inflammation persistera et devenir une maladie chronique, ce qui ouvre la porte à des problèmes de santé. Les signes courants d'inflammation chronique peuvent inclure les symptômes suivants (et bien d'autres symptômes qui ne figurent pas ici): des signes évidents de vieillissement prématuré (rides), la sensibilité, le reflux acide, cancer, affections de la peau, l'arthrite, la bronchite,

Chapitre 9

Dysfonctionnel fréquence cardiaque

Obtenez la bonne quantité d'exercice et le bon type. Que vous exercez à l'occasion ou pas du tout, avant de commencer chaque séance d'entraînement, il est important de parler à votre médecin de soins primaires. Cela est particulièrement vrai lorsque vous ne voyez pas votre médecin chaque année. Votre médecin peut vouloir effectuer un test physique et peut même envisager d'effectuer un test de stress avant de commencer le programme d'exercice en fonction des résultats. Il vaut la peine, bien que cela puisse prendre du temps. Le médecin peut être une source inestimable d'information et d'assistance. De plus, quand vous savez que votre médecin vous a donné le « tout droit » pour commencer l'exercice, vous aurez moins d'inquiétude.

La quantité et le type d'exercice est important pour vous. Si vous marchez, les poids-it ride et levage importe moins que ce que vous faites, aussi longtemps que vous le faites régulièrement. Et trouver un programme de formation que vous aimez est crucial. La séance d'entraînement le régime que vous choisissez est trop important, sans être si dur et mal à l'aise, vous hésitez à le faire, pour vous fournir tous les avantages dont vous avez besoin. En d'autres termes, le meilleur niveau d'exercice est important de trouver.

L'étendue de l'activité, allant de la lumière à intensité modérée à vigoureuse, influence votre rythme cardiaque et votre respiration. Vous avez seulement besoin d'exercice aérobie doux ou une combinaison d'exercices doux et agressif pour réduire votre dépression et d'améliorer votre sensation de bien-être.

Le test de la parole est un moyen facile de surveiller l'intensité de votre entraînement. Vous faites de l'exercice d'intensité modérée si vous pouvez parler mais pas chanter pendant votre routine d'entraînement. Vous faites un exercice d'intensité intense si vous pouvez juste dire quelques mots sans une pause pour respirer. Peut-être que vous ne travaillez pas assez dur si vous ne vous sentez pas dépassés. Essayez de rester à intensité modérée pour obtenir le meilleur parti de l'exercice et l'aide avec votre inconfort et de l'humeur.

Vous pouvez essayer d'utiliser un moniteur de fréquence cardiaque au lieu du test de conversation si vous êtes le type précis. capteurs de fréquence cardiaque sont des outils raisonnablement rentables que vous fournir une rétroaction immédiate sur votre fréquence d'entraînement. Votre fréquence cardiaque ajusté selon l'âge mesure la force de votre séance d'entraînement. Par exemple, séance d'entraînement d'intensité moyenne se situe entre 64% et 76% et un exercice vigoureux est entre 77% and93% de la fréquence cardiaque maximale ajusté selon l'âge. Vous travaillerez à garder votre rythme cardiaque à environ 115 battements par minute lorsque vous êtes 41 ans et que vous souhaitez rester dans la partie inférieure de la plage d'intensité modérée. Votre fréquence cardiaque est votre objectif.

Chapitre 10

Dysfonctionnel Fonction hépatique

Il peut se développer comme une perturbation infraclinique et cellulaire chronique. Aussi peut continuer à être la vie en danger, a dit aussi être une insuffisance hépatique avec un compromis plus du système d'organes. Le nerf pneumogastrique joue une série de rôles essentiels dans le système digestif, en aidant à contrôler le processus continu de nourriture descendant de la bouche, en passant l'épiglotte, pénétrer dans l'œsophage, en passant le sphincter oesophagien, entrant dans l'estomac où la nourriture des assure du nerf vague est préparé pour l'assimilation et poussé vers l'avant dans l'intestin grêle, où l'assimilation se produit réellement. Il garantit en outre la nourriture continue d'être digéré, qui continue dans le gros intestin et la partie de traversée du côlon. fibres vagales prolongent également dans le foie et le pancréas.

Comme il descend, atteint le nerf pneumogastrique et influences toutes les composantes du système digestif. Ensemble, ces connexions forment le plexus de l'œsophage. Dans cette série de connexions, le nerf pneumogastrique joue une diversité de rôles dans le contrôle du processus digestif. Un effet notable est la médiation de péristaltisme, les contractions automatiques et des extensions qui se déplacent la nourriture de l'estomac dans l'intestin grêle. Lorsque ce processus fonctionne mal, il peut conduire à une condition appelée gastroparésie, dans laquelle les contractions ne parviennent pas à se déplacer aliments dans l'estomac, ce qui provoque une perte d'appétit, des douleurs, des nausées, et la malnutrition.

Le nerf pneumogastrique joue un rôle de maintien de la santé critique dans le système gastro-oesophagien en empêchant le reflux acide, ce qui peut conduire à la maladie de reflux gastro-œsophagien (RGO). Elle facilite le blocage de l'acide chlorhydrique gastrique (HCL) de pénétrer dans l'œsophage en gérant la pression du sphincter œsophagien (qui ferme l'ouverture dans la partie supérieure de l'estomac).

Chapitre 11

Le stress chronique

Lorsque nous nous retrouvons coincés dans une situation stressante, nous finissons en fin de compte activer notre système nerveux sympathique qui nous donne notre mode de combat ou vol. Si la situation stressante ne soit pas réglé rapidement et nous sommes coincés dans ce moment tendu, nous sommes alors incapables de désactiver les réponses qui déclenchent ce mode. Cela provoque de nombreux problèmes destructeurs de nos systèmes et peut conduire jusqu'à notre corps arrêter. Notre cerveau déclenchent alors d'activer deux voies, à savoir l'axe surrénale hypophyse hypothalamus, ainsi que l'axe de l'intestin du cerveau.

Lorsque nous sommes stressés et souffrant d'anxiété dans certaines situations, le cerveau réagira en augmentant la production de votre taux d'hormones dans la glande hypophyse, où l'hormone ACTH est libéré dans votre système par la circulation sanguine.

Cette hormone voyagera ensuite à vos glandes surrénales où seront stimulés adrénaline et le cortisol. Ces deux hormones joueront alors un rôle d'être des précurseurs inflammatoires ainsi que suppresseurs du système immunitaire, ce qui explique pourquoi on finit par se sentir malade et usé quand nous sommes stressés et anxieux de quelque chose. Nous finissons par obtenir facilement incroyablement malade sont en baisse de notre système immunitaire pour ce temps et, finalement, nous pouvons alors se glisser dans une dépression qui a également été liée à une réponse inflammatoire du cerveau.

Nous avons également constaté que lorsque vous êtes anxieux et stress chronique, votre cerveau aura souvent une augmentation d'un neurotransmetteur appelé glutamate, et quand il est surexcité et produit en excès, il peut être une cause dans la dépression, l'anxiété et causer de graves migraines.

Ces facteurs de stress qui causent un niveau plus élevé de cortisol dans le système peut également être un facteur de premier plan dans la perte de mémoire, ainsi que la formation de nouveaux souvenirs. Lorsque le nerf pneumogastrique est impliqué ou si le nerf vague est endommagé de quelque façon, il peut entraîner des symptômes indésirables tels que des difficultés respiratoires et une arythmie cardiaque, ce qui provoque souvent des évanouissements, des étourdissements, des problèmes gastro-intestinaux, et des réponses sur-émotionnelles.

Lorsque le nerf pneumogastrique n'a aucun contrôle sur le signal de relaxation, le système nerveux sympathique reste actif et provoque la victime d'avoir des réponses impulsives vers l'anxiété et la dépression.

Fait intéressant, une étude qui a été développé à l'Université de Miami a découvert que lorsqu'une femme est enceinte, son tonus vagal se transmet à son bébé à naître.

Cela signifie que les femmes qui passent par une grossesse stressante, ou qui souffrent d'anxiété, la colère et la dépression au cours de leur grossesse transmettront ces sentiments dans leur enfant à naître. Ces femmes qui étaient à l'étude se sont révélés avoir une réponse vagale beaucoup plus faible à certains stimuli, et leurs enfants avaient aussi la même réponse ou similaire avec un tonus vagal réduit ainsi que d'avoir des niveaux inférieurs de la sérotonine et de la dopamine dans leur circulation sanguine.

Il a donc été constaté que l'ajout d'une stimulation du nerf vague au-dessus de médicaments pour le traitement de la dépression peut finalement améliorer à long terme, la qualité de une personne la vie, en particulier pour ceux qui souffrent de dépression chronique grave qui seul médicament ne peut être aider avec.

L'Institut national de la santé mentale est venu de constater que sur des dizaines de millions de personnes ont disparu dans un état de dépression majeure au cours de l'année dernière aux Etats-Unis d'Amérique, et la plupart de ces personnes ont signalé que leur dépression a en fait prendre un coup sur leur qualité de vie globale.

Parfois, les thérapies proposées pour la dépression ne coupent pas tout simplement tout à fait. Même après avoir fait des changements de style de vie, être sur plusieurs médicaments, et d'aller au conseil, les gens trouvent qu'ils ne bénéficient toujours pas d'amélioration de leur qualité de vie. Neurostimulation ces jours-ci devient beaucoup plus populaire et action rapide, en particulier pour les personnes souffrant de dépression résistante au traitement. L'une des meilleures formes de neurostimulation est la stimulation du nerf vague.

Une étude a été faite où une équipe a décidé d'examiner les effets de la stimulation du nerf vague sur des centaines de personnes qui souffraient de dépression résistante au traitement. Tous ceux qui ont participé à l'étude avaient essayé au moins quatre antidépresseurs et avait absolument aucun succès avec l'un d'eux avant de tenter l'étude de la stimulation du nerf vague. La moitié des participants ont été traités avec la stimulation du nerf vague au-dessus de leurs traitements actuels, tandis que l'autre moitié a juste continué leurs médicaments habituels et les traitements de psychothérapie sans stimulation du nerf vague.

Afin d'évaluer véritablement la qualité de vie des participants, l'équipe a utilisé certains paramètres afin d'obtenir des résultats plus précis tels que:

- la santé physique perçue du sujet de test
- La capacité de travail, en particulier sous pression
- La capacité à se déplacer, longue et courte distance
- L'humeur du sujet de test au moment du procès
- Les relations du sujet de test avec les membres de leur famille
- Ce que chaque sujet de test pour faire plaisir a aimé et de loisirs

Les patients qui ont été équipés de stimulateurs du nerf vague se sont révélés être se sentir beaucoup mieux que ce qu'ils avaient depuis longtemps, avec une certaine amélioration si radicalement qu'ils se sentaient peu à pas de dépression à la fin de l'étude.

Le stimulateur du nerf pneumogastrique a été montré pour améliorer non seulement la capacité d'une personne à se concentrer, mais il a également été montré pour améliorer la vigilance et réduire l'anxiété de la personne qui l'utilise.

Quand une personne se sent comme ils ont la capacité plus se concentrer et ils sont plus vigilants et actifs, leur niveau de stress diminuent et une meilleure qualité de vie peut reprendre à partir de là. En ajoutant le stimulateur aux médicaments en cours d'un patient, il peut faire un monde de différence dans la vie de tous les jours de cette personne et comment ils fonctionnent dans la société.

Chapitre 12

sommeil dysfonctionnel et rythme circadien

INSOMNIE

Vous avez probablement entendu ce terme à plusieurs reprises avec des collègues ou des amis qui ont des troubles du sommeil. Vous pourriez avoir même passé le tout comme les trop anxieux ou excité de se placer dans un état de repos.

Ce que la plupart des gens ne savent pas à propos de l'insomnie est c'est une condition débilitante qui a de graves répercussions sur le corps. Il n'est pas une phase ni une légère maladie que les somnifères vont guérir tout le temps.

Définition

Au cœur, l'insomnie est une condition dans laquelle une personne a de la difficulté à se endormir et à maintenir le sommeil.

Vous, en tant qu'adulte, peut-être vécu à quelques reprises dans le passé, en particulier pendant les périodes de stress ou avant un grand événement prévu dans votre vie. Ces courtes, par étapes et des périodes limitées de l'insomnie insomnie aiguë caractérise.

D'autre part, il y a ceux qui ont souffert de cette maladie pendant de longues périodes de temps. Cela pourrait être en raison d'événements traumatiques ou des raisons biologiques. Ceci est connu comme l'insomnie chronique.

Que ce soit aiguë ou chronique, une chose est toujours constante: votre corps ne reçoit pas assez de repos lorsque vous souffrez d'insomnie. Il affecte la journée, l'humeur et la performance.

Il a été mentionné dans les leçons précédentes que vous avez besoin de sommeil de qualité. Ceci est représenté en remplissant un cycle de REM complet dans lequel votre corps se paralyse pour vous empêcher d'agir dans votre sommeil. Au cours de l'insomnie, les gens ne parviennent pas à atteindre ce stade car ils ont des difficultés à maintenir leurs cycles de sommeil ou complètement ne parviennent pas à se endormir en général.

Dans le mode de vie trépidant d'aujourd'hui, l'insomnie a été considéré comme le plus trouble du sommeil commun aux États-Unis. Plus de 25 millions de personnes souffrent d'insomnie soit aiguë ou chronique.

Symptômes

Il est difficile de dire si vous souffrez d'insomnie parce que les symptômes pourraient facilement être considérées comme résultant d'être fatigué ou stressé ou tout simplement la cause simple du quotidien. Cela étant dit, il est important de remarquer une tendance dans ces signes.

- Incapacité à se endormir. En dépit d'avoir la chance de se coucher pour obtenir un peu de repos, vous ne pouvez pas sembler forcer votre corps en pensant qu'il est temps de récupérer. Vous pouvez soit être inquiet au sujet de quelque chose ou vous sentez que vous avez encore quelque chose à faire.

- sommeil interrompu. Après, vous avez tendance entrer avec succès vos premiers cycles non-REM du sommeil pour se réveiller, se sentir fatigué et irrité par le manque de repos. Même sans stimuli externes ou des perturbations, vous parvenez à vous réveiller avant d'arriver à vos cycles de sommeil paradoxal.

- Se réveiller inutilement tôt. C'est quand vous ne pouvez plus revenir en arrière pour dormir une fois que vous terminez votre cycle en cours. Vous estimez que vous devez commencer avec le jour en dépit de ne pas avoir assez de repos.

- Les erreurs de mémorisation et de concentration. En raison du manque de repos, vous avez du mal à placer votre esprit à la bonne fréquence nécessaire pour le travail qui vous attend. Vous avez aussi des problèmes souvenir des tâches, les choses et les gens même.

- Irritabilité et la dépression. En raison de votre incapacité de bien dormir, votre humeur modifie radicalement. Puisque vous êtes fatigué surtout par le manque de sommeil de récupération, vous vous sentez malheureux et irritable, affecter vos relations avec d'autres personnes.

Outre cela, il pourrait y avoir d'autres symptômes liés à l'insomnie. Vous pourriez faire beaucoup d'erreurs au travail ou pire encore, avoir commis des accidents pendant que vous êtes en déplacement.

Le problème avec les cas non diagnostiqués d'insomnie est que les gens ont tendance à ne pas tenir compte de ces symptômes et simplement supposer qu'ils vont disparaître au moment où ils sont en mesure de rentrer chez eux et obtenir un peu plus de sommeil.

Voici comment l'insomnie aiguë devient chronique. Sans aucune intervention médicale ou thérapeutique, ces symptômes seulement finissent par prolonger votre souffrance.

Traitement

La première étape pour le traitement de l'insomnie est d'accepter qu'il ya un modèle de votre routine dans l'insomnie quotidienne. Vous devez cesser de supposer que cela va disparaître si vous avez eu une nuit entière à vous-même ou lorsque les jeux de week-end en.

Lorsque vous avez reconnu ce modèle, ne pas essayer de résoudre le problème vous-même. Mentionnez à votre médecin et demander des conseils. Faut-il avoir une bonne connaissance des troubles du sommeil, ils peuvent être en mesure de faire des recommandations.

Ceci est important parce que vous êtes seulement à mi-chemin. Maintenant que vous savez qu'il ya un problème, l'étape suivante consiste à trouver la cause du problème. Il pourrait être simple anxiété ou quelque chose de bien pire. Savoir ce que provoque l'insomnie permet aux médecins de faire les bonnes recommandations.

- Problèmes médicaux. Vous pourriez déjà souffrir de quelque chose d'autre, ce qui vous rend incapable de dormir. Fait intéressant, plusieurs autres maladies entraînent l'insomnie comme un de leurs symptômes. Des exemples de ceux-ci sont des troubles rénaux, la maladie de Parkinson, l'asthme et même le cancer. Vous devrez peut-être passer par des examens médicaux pour trouver maux qui affligent vos habitudes de sommeil.

- La dépression, l'anxiété et le stress. Ce sont les causes les plus fréquentes de l'insomnie, en particulier dans les cas chroniques. La plupart des gens sont préoccupés par un certain nombre de choses, ou ils pourraient être émotionnellement marqués d'un événement traumatique d'une longue période. Ils pourraient également souffrir d'un stress chronique qui provoque votre corps à se sentir comme elle est menacée, malgré déjà couché sur votre lit.

- Des médicaments. Vous pouvez déjà essayer de résoudre un autre problème avec votre corps en prenant des médicaments. Votre médecin sera presque toujours demander et vérifier vos dossiers si vous avez prescrit quelque chose qui vous fera perdre le sommeil. Il est aussi une bonne idée de jeter un oeil à vos vitamines et suppléments et renseignez-vous sur eux. Dans d'autres cas rares, même les pilules de contrôle des naissances ont été trouvés pour causer de l'insomnie chez certaines femmes.

- D'autres problèmes de sommeil. À la base, l'insomnie peut être un symptôme ou d'un trouble en soi. Parfois, cela signifie aussi que vous avez d'autres problèmes de sommeil qui nécessitent une attention supplémentaire. Vous pourriez souffrir d'apnée du sommeil ou du décalage horaire ou même un écart par rapport à votre rythme circadien.

Une fois que vous zéro dans la cause, il est une question d'appliquer diverses méthodes pour amadouer votre corps en détente. Tout comme les causes de l'insomnie, les traitements peuvent également varier.

L'acupuncture pour l'insomnie

Étonnamment, il existe maintenant des preuves scientifiques directes reliant l'acupuncture à des problèmes de sommeil. Des études menées en 2004 ont montré que l'acupuncture a causé directement de meilleures nuits pour les personnes qui ont souffert de l'insomnie.

D'après les études, un groupe témoin qui a été soumis à des séances individuelles de l'acupuncture ont été démontré que plus les niveaux de mélatonine pendant le sommeil. Ceci, à son tour, conduit à des périodes plus longues de sommeil paisible. Vous connaîtrez la mélatonine comme une hormone qui est étroitement liée à votre sommeil et des cycles d'éveil. Quand il est présent dans le système, il prépare le corps pour une période de repos et de récupération.

Mais vous ne pouvez pas commencer à coller des aiguilles en vous-même. C'est un art ancien, mais il est celui qui a besoin d'un expert. Heureusement, il existe de nombreux services qui ont des portails en ligne qui vous permettent de réserver une session ou vous donner accès à leurs installations et du personnel.

Si vous êtes encore dans l'obscurité à ce sujet, l'acupuncture est le processus thérapeutique de coller long, de fines aiguilles dans différentes parties du corps. Cela peut sembler douloureux et inhabituel au début, mais ces séances ont été prétendu être sans douleur.

Sur la base des anciennes croyances de médecine chinoise, l'acupuncture a été initialement destiné à guérir la maladie en ciblant les points d'acupression spécifiques dans le corps avec des aiguilles. Ceci, à son tour, libérer de l'énergie interne dans le corps et permettre une bonne énergie de circuler dans les canaux droit.

Ce système a changé au fil des années, mais est encore pratiquée par de nombreux experts dans le domaine.

Il est important de se rappeler que l'acupuncture reste encore comme méthode complémentaire de méthodes éprouvées et éprouvées. Ce n'est pas un remède en soi, et doit toujours être pris sous la supervision d'un médecin.

Décalage horaire

Ce qui est tout considéré comme un effet secondaire de voler à travers différents fuseaux horaires pourrait être quelque chose qui affecte considérablement la qualité de votre sommeil.

Jet lag est une condition dans laquelle vous ne pouvez pas bien dormir et soulager certains maux lorsque vous passez à travers plusieurs fuseaux horaires. Les grands voyageurs parlent de cette condition quand ils font plusieurs pauses à travers les différents continents, chacun avec leurs propres fuseaux horaires.

Les personnes qui souffrent du décalage horaire trouvent généralement du mal à dormir ou devenir vraiment envie de dormir à des moments inopportuns du pays dans lequel ils ont arrivés. En raison des différents fuseaux horaires, vous pouvez toujours être accueillis par le soleil du matin après un vol de douze heures qui a décollé en début de matinée.

Quand votre corps attend qu'il soit temps de nuit avec l'absence de lumière du soleil, mais est accueilli heures plus tard par le même soleil, malgré une longue quantité de temps qui passe, il est lié à provoquer un déséquilibre au sein de votre rythme naturel. Cela pourrait conduire à des choses suivantes:

- Irritabilité

- Fatigue

- Perte de mise au point

- Léthargie

- Maux de tête

- problèmes digestifs

- Insomnie

Si vous éprouvez ces symptômes après un long vol, cela signifie que votre corps est sous le choc des effets des zones changeantes. Cela signifie que vous devez obtenir un sommeil de qualité afin de réinitialiser vos fonctions.

Traitement

Pour la plupart des cas, le décalage horaire sert un inconvénient temporaire aux merveilles de Voyage. Offrez-vous un jour de repos et votre corps aura réglé complètement nouveau fuseau horaire.

Cela étant dit, il y a quelques remèdes disponibles pour vous aider à mieux adapter à ce phénomène:

- Si vous séjournez dans un nouveau pays pendant plusieurs jours, offrez-vous quelques jours de repos, égal au nombre de fuseaux horaires que vous traverserez. Si vous ne restez à l'étranger pendant une courte période, essayez de maintenir votre horaire de sommeil original et mettre en place avec les inconforts initiales de votre destination. Il vaut mieux que d'ajuster une fois de plus quand vous rentrez chez vous.

- Adapter à votre destination. Si votre destination est plusieurs heures à l'avance, entraînez-vous dormir en même temps les gens du sommeil là-bas, même si vous n'êtes pas encore là. Utilisez une horloge internationale pour garder une trace des différences de temps que vous ajustez vos habitudes de sommeil. Vous ne serez pas choqué par le décalage horaire autant si vous avez été en train de changer votre horaire de sommeil avant le départ de votre plan.

- Évitez l'alcool en vol et de la caféine. Ces substances ne vous donnera que ce soit une course ou vers le bas, qui sont à la fois inutiles que vous passez à travers différents fuseaux horaires. Celles-ci ne ternissent la qualité du sommeil que vous obtenez lorsque vous êtes en vol.

- Utilisez Mélatonine. Pensez à cela comme l'un des rares cas où est nécessaire une aide à dormir. Lorsque vous approchez le fuseau horaire de votre destination, vous devez faire coïncider votre rythme de sommeil avec les leurs. Cela peut être difficile, surtout quand vous traversez une grande différence de temps. Mélatonine aidera à soulager votre corps à dormir pendant des heures irrégulières que vous essayez de faire correspondre le fuseau horaire de votre destination.

- Gardez-vous très hydraté. En raison de la nature que vous ne pouvez jamais le décalage de l'horloge biologique, dites quand votre corps sera en repos ou état actif. Quel que soit l'état qui peut être, vous devez être sûr qu'il ya beaucoup d'eau dans votre système. Etant donné que le décalage horaire peut entraîner un changement dans votre mouvement de l'intestin ainsi, il est utile de rester bien hydraté pendant les longs trajets de sorte que vous débarquez avec un estomac intact et une lueur saine.

- Utilisez le Soleil Ne vous contentez pas de garder les volets fermés. Vous voulez obtenir la lumière du soleil, même pendant que vous prenez l'avion, surtout quand vous vous approchez de votre destination. Si vous arrivez la nuit, il est préférable de garder les volets fermés.

Ces méthodes ont été utilisées par de nombreux professionnels de l'industrie de l'aviation pour se maintenir en bonne santé en dépit de leur passage fréquent dans des fuseaux horaires différents.

Le syndrome des jambes sans repos

Aussi connu sous le nom RLS, cette condition trouve étrangement son chemin comme un trouble qui affecte votre sommeil.

Vous demandez peut-être comment quelque chose qui affecte votre phanères bas se mêle de sommeil une bonne nuit. Au cœur même, RLS affecte le système nerveux. Il crée des sensations désagréables dans la jambe. Ces sensations varient du sentiment de quelque chose ramper vos jambes, la douleur, épingles, mollesse et même itchiness.

Ces sensations se produisent même s'il n'y a rien qui se passe réellement dans vos jambes. Ils sont tous dans l'esprit. Imaginez ces sensations qui vous arrive pendant que vous dormez. C'est ainsi SJSR affecte la qualité et la durée de votre repos. Les gens qui souffrent de RLS se réveillent au milieu de la nuit pour se déplacer et se gratter les jambes, même s'il n'y a rien de mal avec eux.

Causes

Fait intéressant, RLS sert également comme un symptôme d'autres troubles et maladies. Les gens qui souffrent de Parkinson et du diabète ont été connus pour présenter des symptômes du SJSR. du rein et des maladies des carences en fer ont été également connus pour partager l'espace avec RLS.

Certains antidépresseurs ont été également connus pour induire RLS, en particulier lorsqu'ils sont pris régulièrement. Une fois pris en dépit montrant des symptômes du SJSR, ces médicaments peuvent finir par aggraver les symptômes; rendant la douleur plus intense et que non.

Traitement

Depuis RLS est connecté à d'autres maladies, le traitement de ces conditions contribuent directement à soulager les symptômes du SJSR. Cela prend la coordination avec votre médecin en fonction de ce qui ne va pas avec vous.

Si votre médicament est la cause de votre inconfort, vous devez vérifier vos ordonnances et demandez à votre spécialiste des solutions de rechange qui ne mettent pas le même effet secondaire.

Il y a aussi des cas où RLS ensembles après vous arrêtez de prendre un certain médicament. Ceci est votre corps se habituer à une routine normale maintenant sans l'aide de votre médicament.

Sur une autre note, choyer vos jambes un peu ne fait pas mal vos chances d'éviter RLS quand vous dormez. Les conseils suivants peuvent être fait à la maison pour aider avec les symptômes:

- Obtenir un massage. Prenez note que le SJSR est une condition du système nerveux. Votre cerveau envoie des signaux à vos jambes pour se sentir d'une certaine façon, malgré l'absence de stimuli. Nourrir vos nerfs un massage relaxant est un moyen de freiner la tendance de ressentir la douleur. Il est difficile de duper vos jambes dans la douleur de sentiment quand ils sont choyés et détendu.

- Packs chauds et froids. Ce choix dépend de vos plans pour le lendemain. Si vous visez un repos de nuit fraîche, un pack froid pour les jambes est une excellente façon de réduire votre température pour la nuit. Si vous souffrez déjà de douleurs des jambes avant d'aller au lit, un pack chaud contribuera à la circulation sanguine pour apporter plus d'oxygène à vos régions inférieures.

- Relaxis. Ceci est connu comme un tampon vibrant. Une chose unique au sujet RLS est ce qui est affecte les nerfs des jambes sans endommager la partie externe de votre appendice. Une façon d'interrompre ces attaques est de fournir un stimulus externe aux jambes. Donnez-leur quelque chose à l'expérience de surcharger les nerfs dans les jambes. C'est ce qu'un pad vibrant fait. Votre cerveau ne sera pas le temps d'envoyer les mauvais signaux aux jambes si vos jambes connaissent déjà des vibrations de lumière pendant que vous dormez.

Malheureusement, il n'y a pas un remède prouvé complètement se débarrasser du SJSR. La meilleure chose que vous pouvez faire est de vous assurer que votre sommeil est perturbé par les « douleurs fantômes » provoquées par une telle condition.

narcolepsie

S'il y a des troubles qui vous causent à éviter et perturber le sommeil, il y a aussi des ordres qui vous rendent assoupis quand vous n'êtes pas censé être. Un tel exemple est narcolepsie.

Caractérisé en étant trop somnolent pendant la journée, plaies narcolepsie 1 sur 2000 personnes aux États-Unis. Cela peut sembler comme une maladie rare, mais il est celui qui ne se contente pas affecte votre journée. Il affecte vos nuits aussi.

Les personnes qui souffrent de narcolepsie sont presque dépourvus de fonction active. En dépit d'avoir la bonne quantité de sommeil, ils deviennent encore très léthargique pendant les heures de veille de la journée. Ils ont tendance à se endormir facilement dans l'après-midi, bien qu'il n'y ait aucune chance bien dormir. Ils peuvent même tomber droit endormi au milieu de certaines activités.

Pour les patients atteints de narcolepsie, leurs corps ne peut pas vraiment distinguer quand il est temps de se réveiller ou se reposer. Cette ligne a été floue. C'est pourquoi ils présentent des symptômes de somnolence quand ils sont censés être dehors.

En plus de ces problèmes quand ils se réveillent, leur corps ne peut pas vraiment reconnaître quand le temps de repos est tout. Cela les amène à se réveiller au milieu de la nuit, soi-disant pour faire quelque chose. Ces perturbations dans leurs centres de sommeil et des cycles éveillés sur une anomalie dans votre hypothalamus.

Causes

Le principal coupable derrière narcolepsie est l'absence d'une certaine substance chimique produite par le cerveau connu sous le nom hypocrétine. Pensez à cela comme la substance « réveiller » dans le corps.

Lorsque l'hypothalamus crée hypocrétine, le corps est amené à croire que le temps de repos est terminée et il est temps d'augmenter l'activité cérébrale, le taux métabolique, ainsi que la fréquence cardiaque. Ces choses sont ce qui nous tient le matin après que nous Dormez une bonne nuit.

Pour une personne avec la narcolepsie, que ce soit leur hypothalamus est endommagé ou ne fonctionne pas correctement, l'amenant à ne parviennent pas à produire ce produit chimique important. Sans ce produit chimique, le corps n'a aucun moyen de savoir quand il est temps de le coup de pied dans la haute vitesse ou simplement garder les choses moelleux et somnolent.

Traitement

Malheureusement, la narcolepsie est similaire à RLS dans le sens qu'il n'y a pas eu un remède éprouvé à quelqu'un complètement débarrassé de la maladie. La nature délicate de l'hypothalamus rend difficile à guérir.

Malgré cela, il existe quelques méthodes pour atténuer les symptômes et de fournir une meilleure énergie tout au long de la journée.

- stimuler votre métabolisme avec force. Si votre corps est incapable de distinguer le temps éveillé et le sommeil, vous pouvez sauter les choses de départ sur votre propre en buvant beaucoup d'eau pendant la journée. Cela va forcer votre corps à lancer ses vitesses de traitement pour répondre aux exigences de la journée. Environ 16 onces fera l'affaire

- S'engager dans des séances d'entraînement cardio. Quelle meilleure façon de dire au corps qu'il est temps d'être debout et que votre cœur en donnant une course littérale pour son argent? L'engagement dans l'exercice qui élève la fréquence cardiaque est une excellente façon de rester en vie et éveillé et enthousiaste pendant les parties cruciales de votre journée de travail.

- Évitez les aliments transformés. Étant donné que votre corps a un taux métabolique du sommeil, l'ingestion d'aliments qui prend le temps de digérer ne va rendre les choses difficiles pour vous. Vous vous retrouverez avec les artères obstruées et d'autres troubles pour compléter votre narcolepsie.

- Changez vos multivitamines. La bonne chose au sujet des vitamines est que vous pouvez les modifier en fonction de vos besoins. Vous ne vous contentez pas besoin d'un coup de pouce de simple vitamine C everday. Parfois, vous devez fer aussi bien. Parlez à votre médecin au sujet de vitamines qui stimulent votre énergie et vous garder quand il est le plus nécessaire.

- TOUJOURS rester loin de la caféine. Tout simplement parce que vous êtes endormi quand vous n'êtes pas censé, cela ne pas le café moyen va faire des merveilles pour vos heures de veille. Il ne peut toujours pas aider. Une fois que vous brûlez la caféine dans votre système, votre corps va revenir à des symptômes narcoleptiques à un moment ultérieur.

- Utilisez le Soleil Profitez de votre sensibilité du corps à la lumière du soleil. Au cours de la matinée, une promenade rapide dans le soleil du matin pour donner à votre corps un appel de réveil.

Prenez note que ces mesures doivent être prises avec un voyage à votre médecin. Ils seront vous prescrire des médicaments de remplacement pour vous aider à faire face à ces symptômes. Ils ne peuvent pas éliminer votre narcolepsie, mais ils vont rendre plus faciles à gérer au jour le jour.

Retardé trouble du sommeil de phase

Le plus souvent trouvé chez les adolescents, ce trouble provient d'une anomalie à votre rythme circadien. les niveaux de taux métabolique naturel et de l'énergie de votre corps de pointe et goutte à des moments inopportuns.

Pour les personnes qui souffrent de cela, ils trouvent qu'il est impossible de dormir dans les petites heures du matin. Ceci est très différent d'une « personne de nuit » qui aime juste rester jusqu'à la fin. Ce sont des gens qui ne peuvent pas aller dormir parce que leur corps ne les laisseront pas.

Ceci est plus d'un problème avec le cycle circadien d'une personne. Il n'est pas en phase avec le corps, ce qui provoque un grand retard dans les choses qui sont censées se produire. Les personnes qui souffrent de ce sommeil et se sentent prêts pour lit le matin en raison de ces retards. Quand tout le monde a besoin d'aller au lit, ils se sentent comme leur journée est sur le point de commencer.

Causes

Ce problème pourrait être causé par un développement malsain d'une mauvaise hygiène du sommeil. Se habituer à des heures inhabituelles de veille et sommeil pourrait entraîner votre corps à ajuster en conséquence, en changeant son horloge circadienne entier pour accueillir votre comportement de sommeil inhabituel. Lorsque cet ajustement a été solidifiée, il devient encore plus difficile à surmonter.

Voilà pourquoi ce trouble est vu dans la plupart des adolescents en raison de leurs tendances naturelles pour rester jusqu'à la fin. Malgré cela, il peut aussi arriver aux adultes étant donné les conditions. Lorsque cela se produit, une horloge circadienne solidifiée avec des roulements mal devient difficile de changer sans changement de style de vie drastiques.

Traitement

L'une des meilleures méthodes pour restaurer le rythme circadien à la normale est l'utilisation de la lumière naturelle. Ceci est également connu comme luminothérapie.

Comme son nom l'indique, la méthode utilise la lumière artificielle pour amadouer le corps en faisant le change son horloge circadienne afin de suivre une routine normale. Il est aussi appelé photothérapie. Ici, les patients vont sur des parties critiques de la journée avec un dispositif appelé une boîte de lumière. Cette boîte émet une lumière brillante qui émule la luminosité de la lumière naturelle de l'extérieur.

Avec l'aide d'un spécialiste, vous serez soumis à cette case à certains moments de la journée; idéalement, vous voulez que ces temps soient heures de veille régulière. Puisque le corps suit un cycle différent de la norme, la lumière émise par la boîte servira rappel fort au corps de rester actif.

Pendant les heures de sommeil quand il est temps de se reposer, la boîte de lumière n'est pas utilisé. Lorsque vous avez terminé régulièrement, votre corps va commencer à construire une dépendance à la lumière de la boîte, en changeant pics et des creux dans vos niveaux de vigilance. Pendant les périodes sans la boîte, le corps va se préparer à dormir.

En collant avec la thérapie, vous pouvez « reset » de votre horloge circadienne et restaurer vos habitudes de sommeil à la normale.

Heureusement, la luminothérapie est également utilisé pour remédier à de nombreux autres types de troubles de l'horloge circadienne.

Chapitre 13

Le manque d'interaction sociale

interactions sociales positives ont été montré pour provoquer l'activation du nerf pneumogastrique, qui signifie que vous avez besoin que l'interaction avec d'autres personnes. Même les introvertis peuvent profiter de parler à quelqu'un d'autre, de partager un repas, ou de se livrer à une activité qui est partagée avec une autre personne ou plusieurs personnes. Cependant, ces interactions doivent rester positives puisque les interactions négatives et les relations peuvent effectivement réduire le tonus vagal.

Lors de l'interaction avec quelqu'un d'autre, il y a quelques façons d'augmenter les avantages de tonus vagal pour vous deux. Tout d'abord, établir une relation significative, liée à l'autre personne. Cela aidera à vous deux. Prise de contact avec les yeux et la connexion physique peut également être bénéfique. Les étreintes sont un moyen formidable de stimuler le nerf pneumogastrique, grâce à la fois la pression physique et des associations positives.

Vous avez probablement remarqué que lorsque vous obtenez une étreinte de quelqu'un, il se sent vraiment bien. Certaines personnes sont mieux Huggers que d'autres, mais la connexion avec des câlins et renforce le contact physique, ce qui rend plus probable que vous allez continuer la relation et de voir dans une lumière positive. Tout cela est bon pour votre tonus vagal et doivent être poursuivis chaque fois que possible.

Dans notre état mental, les effets que nous rencontrons sont particulièrement dramatiques: la douleur, la fatigue, la fatigue et l'anxiété. Une simulation de réalité virtuelle aide à soulager la douleur chez les victimes de brûlures de 50% de plus que les médicaments seuls, alors que nous placebos thérapies travail montre-faux que les facteurs psychologiques tels que la perception et l'interaction sociale atténuer les effets des changements biotechnologiques très semblable à ceux causés par la drogue . antalgiques placebo permettent aux agents analgésiques naturels appelés endorphines à libérer. Les patients de Parkinson répondent avec une pointe de dopamine nécessaire pour placebos. Respirer l'oxygène artificiel réduira les niveaux de neurotransmetteurs appelés prostaglandines, ce qui induit un grand nombre de symptômes de l'altitude.

Il peut sembler fou de penser et de croire aussi pour les médicaments, mais le principe sous-jacent de nombreuses réactions au placebo est que les effets que nous connaissons ne sont pas une conséquence évidente, inévitable de blessures physiques au corps. Bien entendu, de tels dommages sont importants, mais notre perception est finalement créé et réglementé par le cerveau. Lorsque nous nous sentons seuls et stressés, signes avant-coureurs sont intensifiés, y compris la douleur, la fatigue et des vomissements. Une fois que nous nous sentons en sécurité et pris soin (que ce soit d'être entouré par des amis ou à traiter efficacement), nos symptômes sont soulagés.

Partie 3Activating votre nerf vague

Chapitre 14

La mesure Vagus fonction nerveuse

Les méthodes utilisées pour évaluer parasympathique cardiaque qui est (cardiovagal) l'activité ainsi que ses effets en ce qui concerne à la fois les modèles cardiaques humaines et animales. La fréquence cardiaque avec les initiales (HR) à base de procédés comprennent des mesures de la réponse de la fréquence cardiaque pour le blocage de tonus parasympathique-à-dire les récepteurs muscariniques cholinergiques, battement à battement variabilité de la fréquence cardiaque à l'exception des initiales (HRV) ou (modulation parasympathique), le rapport des nerfs récupération de la fréquence cardiaque post-exercice (réactivation parasympathique), ainsi que les fluctuations réflexes à médiation par la fréquence cardiaque évoqué par l'inhibition de la sensorielle (également connu comme afférences). Sources ou sources de la contribution afférences excitateur qui augmentent l'activité cardiovagal diminue également la fréquence cardiaque comprennent:

récepteurs trijumeau, chimiorécepteurs, barorécepteurs et sous-sections de récepteurs cardio-pulmonaires par vagales afférences. Sources ou des ressorts de contribution afférente d'inhibition comprennent les récepteurs d'étirement pulmonaires et les subdivisions de viscérale et également des récepteurs somatiques ayant des afférences spinales. Mérites et les limites des nombreuses méthodes et approches sont abordées, et les orientations sont proposées à des fins futures.

Chapitre 15

L'exercice pour activer le nerf vague

Vous pouvez apprendre à utiliser des exercices de respiration pour décaler votre foyer loin de la douleur. L'esprit humain occupe une chose à la fois. Lorsque vous vous concentrez sur votre respiration, la douleur n'est pas la priorité. La plupart d'entre nous ont tendance à arrêter de respirer et de retenir notre souffle que nous attendons la douleur.

Sanglot stimule la réaction de lutte / vol / gel; elle tend à augmenter l'inconfort, la faiblesse, la panique et la perception de la terreur.

Vous pouvez procéder comme suit: prendre une inspiration profonde (c.-à élargir votre diaphragme) dans votre ventre au nombre de cinq, mettre en pause, puis Expirez lentement par un petit trou dans la bouche. La plupart des gens prennent environ 10 à 14 respirations par minute alors qu'ils sont au repos. Pour entrer parasympathique / relaxation / mode de guérison, abaisser le pouls à 5-7 fois par minute est le meilleur. Exhaler par la bouche au lieu du nez rend votre respiration plus conscient et vous permet de détecter efficacement votre souffle. Lorsque vous baissez vos respirations par minute et entrez dans le mode parasympathique, vos muscles se détendre et diminuer vos angoisses et inquiétudes. La livraison d'oxygène aux cellules de votre corps augmente, en aidant à produire des endorphines, les molécules de bien-être du cerveau. Pendant des décennies, les moines tibétains ont fait la « méditation consciente », mais ce n'est pas un secret. En imaginant que vous inspirez dans l'amour, vous pouvez améliorer votre expérience et de reconnaissance expirez OUT. De telles stratégies anciennes vont également renforcer votre cerveau, l'anxiété de combat, la pression artérielle et la fréquence cardiaque et augmenter vos systèmes immunitaire - et il est sûr!

'OM' Chanting

En 2011, l'International Journal of Yoga a publié une étude intéressante dans laquelle « OM » psalmodie était corrélé avec « SSS » prononciation ainsi qu'un état de repos pour décider si le chant est plus attrayant pour le nerf vague. L'étude a révélé la psalmodie d'être plus efficace que la prononciation de « sss » ou l'état de repos. Le chant efficace « OM » est liée à une sensation de vibration autour des oreilles et dans tout le corps. Une telle sensation devrait également être transmis par la branche auriculaire du nerf vague et entraînera la désactivation du limbique (axe HPA).

Comment puis-je chanter?

Tenir la partie « OM » de la voyelle (o) pendant 5 secondes et passer pour les 10 prochaines secondes dans la partie consonne (m). Passez au chant pendant dix minutes. Commencez par une profonde respiration et commencer à apprécier.

Eau froide

conduit l'exercice physique à l'augmentation de l'activation sympathique (combat / vol de HPA, réponse de la pression), ainsi que le retrait parasympathique (repos, le sommeil, la régénération, le système immunitaire), ce qui entraîne une fréquence cardiaque plus élevé (HR). Des études ont montré que l'immersion du visage d'eau froide a tendance à être un moyen simple et efficace de promouvoir la réactivation parasympathique directement suite à l'exercice par le nerf pneumogastrique, l'amélioration de la réduction de la fréquence cardiaque, la motilité intestinale, et en tournant sur le système immunitaire sur. Dans un cadre non-exercice, ce qui déclenche le nerf pneumogastrique est également actif.

Les sujets sont restés assis en face immersion dans l'eau chaude et baissaient la tête vers l'avant dans un bain d'eau froide. Le masque est trempé à immerger le nez, la bouche, et au moins deux tiers des deux joues. La température de l'air a été réglée à 10 12 ° C

salivation

Plus détendu l'esprit et plus la tension, plus le stimulus salivation sera. Vous savez que le nerf vague a été activé, et le corps est en mode parasympathique quand la bouche peut produire de grandes quantités de salive.

Essayez de vous détendre et reposer dans une chaise pour stimuler la salivation et imaginez un citron juteux. Reposez votre langue dans ce bain que votre bouche remplissages avec de la salive (si cela ne se produit pas, remplir la bouche avec une petite quantité d'eau chaude et reposer votre langue dans ce bain. Détente à elle seule stimuler la sécrétion de salive). Détendez-vous et profiter de vos bras, les pieds, les genoux, le cou, le dos et la tête détendue. Respirez profondément ce sentiment et de rester ici aussi longtemps que possible.

Chapitre 16

Les méthodes passives pour activer le nerf vague

Les effets positifs de certaines formes de massage, l'exercice, étirements de yoga et des poses, et géré la respiration profonde sont sujets à discussion, débat, accord et de désaccord sur l'efficacité réelle de ces activités et des manœuvres. Maintenant, il existe des preuves empiriques montrent que au moins quelques-unes des actions n'ont des résultats tangibles. En particulier, les actions qui stimulent le nerf pneumogastrique sont de plus en plus acceptées comme efficaces et sont recommandés comme non invasives, des solutions sans drogue aux défis physiques et émotionnels.

Étant donné que les intervient nerf pneumogastrique avec ou passe à proximité des parties du visage, les poumons, le système digestif gastro-oesophagien, le diaphragme, des exercices et des actions qui engagent ces parties du corps peut stimuler et tonifier le nerf pneumogastrique, en fournissant une complément physique aux efforts de calmants réfléchis et émotionnels.

La stimulation du nerf pneumogastrique est et peut être activé facilement par de nombreuses méthodes de techniques de relaxation et de respiration:

- Profonde et la respiration de l'estomac lent
- 'OM' ou Ohm Chanting
- Immersion de votre visage à l'eau froide après l'exercice
- Submergeant votre langue dans la bouche remplie de salive pour activer la réponse du vagal hyper-détente
- Gargarisme haut et fort avec de l'eau
- chanter à haute voix
- Pour répéter l'acte de la respiration profonde, assurez-vous de respirer de l'air par le nez, puis expirez en l'air par la bouche. Choses dont il faut se rappeler:

- Respirez lentement

- Respirez profondément, de l'estomac

- Prenez une exhalation plus longtemps que vous inspirez

Vivre un mode de vie de l'anxiété et la stimulation cérébrale continue est de nous conduire sur une route des conditions et des symptômes médicaux liés à un stress élevé. Ces gens traitent généralement avec la fatigue, une mauvaise digestion, l'anxiété, les allergies alimentaires, un mauvais sommeil et brumeuse qualité du cerveau. Ces mêmes personnes sont aussi fréquemment touchés par vagale inférieur, ce qui signifie qu'ils ont réduit la puissance du nerf pneumogastrique. Ce particulier Wanders nerveux à travers le corps à un grand nombre d'organes et transmet des signaux essentiels à et du cerveau humain relatives auxdits niveaux d'organes de fonctionnalité.

La performance qu'il confère est considérable. Dans l'esprit lui-même, il peut aider à gérer l'humeur et l'anxiété. Dans l'intestin, il augmente l'acidité, l'écoulement intestin / motilité et la production d'autres enzymes de l'estomac. l'acide gastrique est insuffisante une source importante de problèmes de santé liés à l'intestin et un nerf pneumogastrique sous-actif peut très probablement être corrélée à un nombre incalculable de problèmes de santé.

Au centre, il contrôle la variabilité de la fréquence du pouls, la fréquence cardiaque, ainsi que la tension artérielle.

Dans le pancréas, il régule l'équilibre de la glycémie ainsi que des enzymes de l'estomac.

Dans le foie, il régule la production de la bile ainsi que le nettoyage par l'intermédiaire de stade hépatique et une deuxième étape de conjugaison.

Dans la vésicule biliaire, il régule la libération de la bile pour vous aider à décomposer la graisse.

Dans les reins, il encourage les caractéristiques typiques comme l'équilibre de l'eau, la gestion du glucose ainsi que l'excrétion de sel que la pression artérielle de contrôle de l'aide.

Dans la vessie, il contrôle l'annulation de l'urine.

Dans la rate, il minimise l'irritation.

Dans les organes sexuels, il vous aide à gérer le plaisir sexuel et la fertilité, y compris des orgasmes.

Dans la bouche, ainsi que la langue, il vous aide à gérer la capacité de goût, ainsi que la production de salive par la gestion des glandes salivaires.

Aux yeux, il déclenche la génération lacrymogène par les glandes lacrymales.

Alors, comment pouvons-nous stimuler le nerf pneumogastrique garantir qu'il fonctionne bien? Permettez-moi de partager dix-neuf méthodes que vous êtes en mesure d'exercer et activer votre nerf vague.

1. Douches froides

Toute exposition aiguë au froid va augmenter la stimulation du nerf vague. Des études scientifiques montrent que lorsque le corps est exposé au froid, ses inclinations vol ou combat (sympathiques) diminuent et son repos et digèrent inclinations (parasympathique) augmentent, ce dernier qui est médiatisée par le nerf pneumogastrique. Des procédés pour induire ce comprennent submergeant un de visage dans l'eau froide, les fluides froids boire, ou même de passer à l'aide d'un gilet froid ou un casque de cri. douches froides sont également très accessibles et extrêmement précieux.

2. Le chant ou même le chant

chant optimiste, mantras, fredonner et de la variabilité de la fréquence cardiaque boost chant hymne (VRC) de différentes manières. Chanter de la partie supérieure des poumons provoque une pour travailler les muscles à l'arrière de la gorge, qui aide à déclencher le nerf vague. Les prises de quelqu'un prochaine fois que vous chanter sur la radio en conduisant la voiture, faites-leur savoir que vous êtes tout simplement la formation et l'initiation du nerf vague.

3. gargariser

Se gargariser avec une tasse d'eau chaque matin aide Contractez les muscles à l'arrière de la gorge. Cela permet ensuite de déclencher le nerf pneumogastrique et stimule le tractus intestinal.

4. Yoga

Le yoga est une activité d'activation parasympathique qui améliore la digestion, la fonction, la capacité pulmonaire et la circulation sanguine. Une intervention d'exercice de yoga de douze semaines a démontré un niveau d'anxiété humeur nettement améliorée et a diminué dans les sujets, par opposition à un groupe de gestion qui a effectué des exercices de marche de base. Cette étude particulière a démontré que les niveaux de GABA, un neurotransmetteur associé à l'anxiété et de l'humeur, ont été améliorés dans ceux qui a effectué cet exercice. humeur inférieure, ainsi qu'une plus grande anxiété, sont liés à de faibles concentrations de GABA, tandis qu'une augmentation de ces concentrations améliore l'humeur et diminue les niveaux de tension et d'inquiétude. (Référence)

5. La méditation

Il existe deux types de méditation qui ont été trouvés pour augmenter le tonus vagal - la méditation Amour-Tendresse et guidée méditation pleine conscience. Ceux-ci sont évalués par la variabilité de la fréquence cardiaque (référence). Il a également été trouvé le chant de Om induit le nerf pneumogastrique.

6. Exercices de respiration profonde

Profonde et la respiration lente stimule le nerf vague. Les barorécepteurs ou même des récepteurs de contrainte au niveau du cou et du centre, identifient la pression artérielle et de transmettre les signaux nécessaires pour le cerveau. Ces signaux particuliers de déclenchement de virage du nerf vague, ce qui réduit la pression artérielle et la fréquence cardiaque. Il en résulte une réponse de lutte ou de fuite sympathique inférieure et à un plus grand sommeil parasympathique puis digérer effet. une respiration plus lente, vous aide à stimuler la prise de conscience de ces récepteurs, augmentant ainsi l'activation vagal. Voici une astuce cruciale: souffle progressivement, obtenir votre ventre pour monter et descendre. Ceci est une action planifiée du muscle du diaphragme. Vos pièges et les épaules ne doivent pas se déplacer très bien du tout pendant chaque respiration, car ces actions sont gérées par les muscles respiratoires secondaires. Plus le ventre se dilate et les contrats, la plus profonde que vous »

7. Le rire

On dit que le rire est le meilleur remède, un dicton qui pourrait très bien se révéler vrai qu'il a été constaté que la variabilité augmentation de la fréquence cardiaque, ce qui les commandes du nerf vague (référence). Le rire a en outre été découvert à être avantageux pour la fonction cognitive et protège également contre les maladies cardiaques. Il améliore la bêta-endorphines, les niveaux d'oxyde nitrique et avantages du système vasculaire. Il a aussi été constaté que ceux qui ont mis en place des scénarios amusants montrent un niveau de cortisol réduit en général.

8. probiotiques

L'intestin est attaché au cerveau et aussi l'un des contacts les plus évidents est par le nerf vague. Au sein de l'intestin est un microbiome entier, peuplé par des bactéries bénéfiques, les bactéries et les levures standards. Ces micro-organismes ont un impact immédiat sur le cerveau, influençant un grand pour cent des neurotransmetteurs comme la dopamine, la sérotonine et le GABA. Dans de nombreux cas, le corps humain contient moins bons germes qu'il ne le fait les mauvaises bactéries, ce qui conduit à de terribles neurochimie et aussi une diminution du tonus vagal. Probiotiques sont une excellente alternative pour vous aider à annoncer le sustain les bonnes bactéries ainsi que d'autres organismes utiles, tout en aidant à la foule les mauvaises bactéries, les levures et les parasites.

9. Lumière exercice

Exercice doux a été trouvé pour favoriser la motilité gastrique et l'écoulement de l'intestin (péristaltisme), qui sont tous deux médiée par le nerf pneumogastrique. Cela implique par la suite que douce, très faible niveau travaillant est capable de stimuler le nerf pneumogastrique (référence).

10. jeûne

Le jeûne intermittent vous aide à stimuler la variabilité de la fréquence cardiaque de fréquence plus élevée des animaux, qui se trouve être un marqueur de tonus vagal. Une fois que vous jeûnez, une partie de la réduction du taux métabolique est médiée par le nerf vague qu'il détecte une baisse du taux de glucose dans le sang avec une goutte de stimulus chimique et mécanique provenant de l'intestin (référence).

11. Massages

massages de pression sont capables de déclencher le nerf vague. Ces massages sont utilisés pour aider les enfants à prendre du poids par la stimulation de l'intestin, qui est principalement contrôlée en lançant le nerf pneumogastrique. Des massages des pieds peuvent également stimuler l'activité du nerf vague et de minimiser la fréquence cardiaque ainsi que la pression artérielle, la majeure partie de cette diminution de la possibilité de problèmes cardiaques.

12. Tai Chi

Tai Chi se trouve à augmenter la variabilité de la fréquence cardiaque des personnes en situation de maladie coronarienne qui est médiées une nouvelle fois par l'activation du nerf vague (de référence).

13. L'huile de poisson et d'autres oméga-3 acides gras

Les huiles de poisson, l'EPA et le DHA sont capables de stimuler la variabilité de la fréquence cardiaque avec diminution de la fréquence cardiaque.

14. dépresseurs Tongue

Langue dépresseurs stimulent le réflexe nauséeux. Ce réflexe est comparable à l'effet de chant ou gargarisme fort, tous deux sont médiés par le nerf vague.

15. Acupuncture

acupuncture thérapie standard et l'acupuncture auriculaire (de l'oreille) stimule l'activité du nerf vague. Les effets positifs de l'acupuncture sont plus largement reconnus, en partie parce que l'on peut remettre en question presque tous les gens qui ont eu la thérapie et apprendre de ses effets apaisants, ainsi que les pensées reposant que les gens ont la suite d'un traitement d'acupuncture. Je sais que beaucoup de mes patients raffoler.

16. Serotonin

neurotransmetteurs bonheur, l'humeur et la sérotonine sont capables d'initier le nerf vague par différents récepteurs, qui sont médiées par 5HT1A, 5-HT3, 5-HT2, 5-HT-4 et peut-être 5 HT6 récepteurs. En supposant que vous avez découvert à manquer dans les niveaux de sérotonine, 5 HTP est un excellent complément alimentaire pour vous aider à les stimuler.

17. muscles du ventre Tensing

Gardant vers le bas pour créer un moyen de déplacement de l'intestin le corps a besoin d'avoir un repos et digérer l'état. Ceci est la raison pour laquelle de nombreuses personnes se sentent beaucoup plus détendu après un mouvement de l'intestin. Tensing les muscles un des principaux en exécutant des exercices de contreventement abdominale permettent d'entrer dans un repos et digest état en lançant le nerf pneumogastrique.

18. Manger dans un état calme

Ne pas manger le petit déjeuner à la hâte, repas au lieu de travail et / ou le dîner devant un ordinateur. Consommer un repas dans un environnement tendu peut avoir d'endommager et les conséquences à long terme. Il est essentiel de manger dans un environnement paisible et un état de calme personnel. Rappelles toi? Choisissez des aliments qui est bon, Mâcher la nourriture correctement et laisser refroidir. Pick, Chew, Chill.

19. Chewing bien alimentaire

L'acte de base de la mastication des aliments provoque l'estomac pour sécréter de l'acide, les déclencheurs biliaires génération dans le foie et la bile libérée dans la vésicule biliaire, l'estomac enzyme de décharge du pancréas et de la motilité intestinale qui est médiée par le nerf vague. Il est essentiel de la séquence correctement la digestion et le corps réalisera automatiquement si vous commencez la procédure correctement. Vous devriez avoir le temps de grignoter sur la nourriture à la scène qu'il est molle et douce dans la bouche avant de l'avaler. Ceci permettra d'établir la séquence appropriée de la digestion en mouvement et permettre au nerf pneumogastrique de faire les fonctions de son bien. La digestion de l'Etat, le sommeil ainsi que la récupération sont médiés par le nerf pneumogastrique. Avec ces habitudes en tenir et exercices non seulement vous permettre de vous sentir plus agréable, il va vous permettre de voir la planète dans une atmosphère détendue,

Chapitre 17

Des habitudes saines pour le stress, l'anxiété et la panique attaque

La plupart des personnes souffrant de stress chronique, l'anxiété et les troubles de panique développent l'habitude malsaine, ce qui les fait se sentir plus anxieux, moins à l'aise et moins satisfaits. Pour certains, leurs mauvaises habitudes - petit exercice, sommeil irrégulier, la nourriture en cours d'exécution - avaient été en jeu bien avant que le trouble d'anxiété développée, et peut-être l'une des raisons pour lesquelles ils ont d'abord été hors de contact avec anxiété. Pour d'autres, leurs mauvaises habitudes ont commencé comme ils ont développé des problèmes d'anxiété. Vous avez sauté la séance d'entraînement parce que vous étiez trop peur et peur d'avoir une marche rapide ou un jogging matinal dans votre journée. Ils mangent souvent à la course, ou de manger des graisses et du sucre quand ils sont anxieux ou vers le bas. ils ont des aliments rapides. Ils dormaient trop à cause de leur dépression et ont bu trop de sucre dans leur repos de ne pas commencer.

Vous pouvez en apprendre davantage dans ce chapitre sur la partie importante de la gestion de votre anxiété et la récupération complète de votre trouble d'anxiété et de l'anxiété excessive par la nutrition, l'exercice et le sommeil. Vous pouvez entendre parler des avantages de l'exercice régulier, les barrages routiers de plus en plus, et des recommandations pour instaurer et maintenir une routine d'exercice. Vous apprendrez également à élaborer un plan d'exercice régulier et d'intensifier votre réaction d'anxiété par certains aliments, y compris la caféine. Vous saurez sur l'importance de l'alimentation dans le traitement des hauts et des bas dans les réponses nerveuses, ainsi que des conseils simples pour améliorer vos compétences alimentaires. Vous comprendrez aussi que le sommeil est important - quelque chose qui est pas toujours facile à obtenir si votre trouble de dépression ou d'anxiété est démesure - et vous pouvez prendre des mesures simples pour améliorer la qualité et la quantité de sommeil.

Comment exercice régulier, une bonne nutrition, et adéquate de sommeil peut aider à

Vous pouvez avoir des problèmes qui font les choses que vous savez peut vous aider si vous éprouvez une anxiété excessive ou un trouble anxieux. Si vous prenez 30 minutes pour marcher autour du bloc, vous pouvez interrompre vos exercices d'entraînement, parce que vous êtes trop bouleversé qu'une échéance importante est manquée. Vous pouvez enregistrer le déjeuner et manger de la malbouffe à votre bureau parce que le matin, vous étiez trop occupé déjeuner d'emballage. Et quelle est la différence? Tu ne sais pas de toute façon ce que vous avez bu parce que vous ne mangez pas avec attention. Vous pouvez rester épuisé que vous essayez d'adapter une autre chose dans votre journée, alors mentir la pensée éveillée qu'en raison de la fatigue et un mauvais sommeil que vous ne pourriez plus être votre meilleur le lendemain. Pourtant, l'exercice régulier, une bonne nutrition, et un bon sommeil sont des éléments clés de tout système qui peut se rétablir complètement du stress chronique et les troubles anxieux.

Vous mieux vous protéger du stress et de l'expérience moins de symptômes d'anxiété trop par l'exercice régulier. En fait, l'exercice ne peut pas seulement réduire la force de votre réponse au stress au fil du temps, mais vous vous sentirez aussi moins nerveux pendant un certain temps après l'exercice tous les jours. Vous pouvez vous protéger contre les pics inutiles des niveaux de sucre dans le sang avec une bonne nutrition qui peut augmenter votre dépression et aggraver votre humeur. Une bonne nutrition entraîne également la suppression des composés aggravant la dépression tels que la caféine, qui peut détendre le corps et l'esprit, ou même améliorer votre santé, dans votre alimentation. Vous vous protéger des fluctuations dans votre réaction anxieuse et de l'humeur, si vous n'êtes pas bien reposée, avec suffisamment de sommeil.

Obtenir et rester en forme

L'exercice quotidien est bon pour presque tout le monde, mais il est particulièrement important si vous avez un trouble anxieux. Plusieurs études ont montré que les personnes ayant un exercice régulier ont moins d'effets (Stephens 1988) de l'anxiété et la dépression, et des taux plus bas (Hassmén, Koivula et Uutela 2000). De plus, l'exercice semble protéger les personnes contre des problèmes d'anxiété et de l'humeur (Kessler et al., 2005). L'exercice régulier a un autre avantage. Après votre séance d'entraînement, vous vous sentirez moins anxieux et se sentir plus à l'aise. En d'autres termes, même si elle peut prendre des semaines pour vous sentir moins nerveux de le faire de manière significative, vous ne vous sentirez plus anxieux après la séance d'entraînement, et chaque jour vous obtenez cet avantage. En réalité, plus vous êtes impliqué, d'autant plus sont les effets immédiats de l'exercice (Long et van Stavel 1995, Petruzzello et al., 1991).

Votre volonté de faire cela affectera la façon dont vous pratiquez et quelle quantité et le type d'exercice que vous choisissez. Voici quelques conseils pour vous aider à développer une routine d'exercice que vous non seulement l'amour, mais aussi à faire sur une base régulière.

Mettre en place une routine d'exercice dans votre vie au lieu de montage de votre vie dans une routine d'exercice. Ils font la meilleure pratique régulièrement. La meilleure pratique qu'ils font. En d'autres termes, les gens ordinaires ont choisi une routine d'entraînement qui fonctionne pour eux dans leur vie. Quand vous savez, par exemple, que la natation serait bon pour vous, mais il est difficile de faire un tour de la piscine (l'arrière voyage et-vient, le bain, la douche). Tant que vous croyez plongée « peut », nager dans une autre façon serait plus logique. Peut-être qu'il est préférable de simplement marcher sur la porte à l'étirement ou du jogging autour, ou vous pouvez aller et sortir du travail en voiture. D'exemple, vous pouvez nager si vous pouvez vous concentrer sur, mais il peut être une erreur de construire un programme d'exercice autour d'une activité inhabituelle. Par conséquent, lorsque vous faites face à la pression de transformer votre vie actuelle dans une pratique particulière, vous pouvez profiter de l'événement moins.

Amusez-vous bien. Peu importe la façon dont vous préférez l'exercice, vous aurez moins de plaisir quelques jours que les autres jours. Si vous allez, vous une sensation de jour comme pousser un réfrigérateur sur le trottoir, et vous devez conduire pour terminer la course. Vous aurez un temps glorieux sur d'autres jours. Vous serez la même taille, mais vous vous sentirez plus léger et plus rapide, et vous aurez un incroyable sentiment de bien-être. Donc, en cours d'exécution est une chose merveilleuse -shift vos bras et les jambes, l'équilibre, laissez votre corps faire ce qu'il est censé faire minute par minute. Néanmoins, même dans les jours où le programme d'entraînement ne sont pas particulièrement apprécié, vous pourrez toujours profiter de la formation elle-même; après et après l'exercice, vous vous sentirez moins stressé. Cela peut vous aider à se rappeler quand vous roulez le refroidisseur sur le trottoir derrière vous.

Si vous choisissez un type d'entraînement vous aimez: tennis, la course et la danse salsa, vous pourrez profiter de plus d'exercice. L'exercice ne signifie pas pour autant courir un mile ou nager pendant 50 tours avant le travail. Quand il convient à vos compétences et intérêts, l'entraînement aérobie peut être agréable. Vous pouvez faire toute activité physique que votre cœur pompe. Vous pouvez choisir trois ou cinq choses que vous voulez garder votre exercice sain et amusant si vous ne plu. Choisissez ensuite quand vous pouvez participer à ces choses sur votre horaire quotidien. Être aussi rationnelle que possible. A 30 minutes de marche dans la campagne après l'école, quand vous devez obtenir votre enfant tuteur ou faire un dîner de famille, peut être difficile pour votre journée; le tournage de votre enfant dans la cour avec des cerceaux pendant 30 minutes après le tutorat, mais il pourrait être bon pour votre jour avant le déjeuner.

Récompense toi. Il y a une grande récompense pour les avantages immédiats de la dépression de fonctionnement réduit et plus de bien-êtres. Suivi de votre routine d'entraînement (voir ci-dessous log) et utiliser cet avantage immédiat pour vous récompenser, y compris la baisse de votre réponse au stress après la formation. Vous pouvez également suivre le plaisir de la routine d'entraînement. Ceci est un signal pour vous de changer les routines ou utiliser certaines stratégies dans la section précédente pour augmenter votre plaisir pendant l'exercice si vous avez trop de jours peu de plaisir.

Trouvez d'autres façons de faire une différence pendant l'exercice. Prenez une douche chaude après l'exercice pendant quelques minutes. Bon travail, dites-vous; crois le. Sourire, après l'exercice; Tout travail est un bon travail. Remarque, après quelques jours de l'exercice, vous vous sentirez beaucoup, et pas si grand quelques jours. Payez-vous plutôt que la valeur de la séance d'entraînement. Vous récompensera. Utilisez le plan de récompense de point-à-point. Dessiner une image qui est une grande récompense en utilisant une feuille de papier millimétré et dessiner. Cliquez sur une photo de votre nouveau téléphone ou sur un palmier pour ce week-end, par exemple, pour faire une photo d'un magazine. Mettez l'image découpe sur le graphique papier et tracer légèrement. Maintenant, dessiner un point où l'image touche une ligne sur le papier. Chaque fois que vous exercez, assombrir un point et se connecter avec celui que vous venez de obscurcis au précédent point sombre. Prenez un petit bonus par tiers ou quatrième point vous dévoileront; une manucure, un film, une heure pour faire exactement et tout ce que vous voulez. Lorsque vous attachez tous les points, vous attribuer le grand prix.

Développer l'habitude de l'exercice. Il y a des trucs majeurs d'usage, comme « merci » si quelqu'un fait quelque chose de bon pour vous ou cadeau que vous un tour gratuit pour travailler le matin même quand vous voulez aller à la plage. Pourtant, les coutumes peuvent aussi causer des problèmes. Prendre en compte les tendances anxieuses ou habitudes dans votre réponse effrayante. Quelle est l'utilité de ces coutumes? Développer une habitude d'exercice vous aidera à changer les habitudes inoffensives et modèles dans votre réponse anxieuse. Une habitude forte d'exercice peut augmenter la flexibilité et la réponse émotionnelle à des objets, des activités et des situations de votre pensée et des actions. Mais ils peuvent être aussi difficiles à construire, car ils peuvent briser, comme beaucoup d'habitudes. Essayez de suivre R quatre: Routine, Récompense, Rappelez-et Détendez-vous pour créer une habitude de la pratique.

Tu es ce que tu manges

Chaque segment se concentre sur l'amélioration de vos habitudes alimentaires, en particulier lorsque vous êtes stressé ou anxieux, pour vous assurer que votre esprit et votre carrosserie correctement. Commençons avec des aliments qui peuvent induire une variété de détresse, y compris l'anxiété et de panique, lorsqu'ils ne sont pas contrôlés. Quoi qu'il en soit, si vous avez des problèmes de santé, ont une condition médicale qui nécessite des changements alimentaires et que vous êtes en surpoids ou une insuffisance pondérale, répondre à vos problèmes avec votre médecin et nutritionniste.

Vous pourriez être surpris de savoir que certains aliments et produits chimiques peuvent faire le stress et l'inquiétude pire. La caféine et la caféine sont les deux plus populaires boissons et les médicaments que vous mangez tous les jours qui peuvent vous aider à gérer votre anxiété. Bien que pas tout le monde est à l'abri de ces aliments, vous savez peut-être que les aliments tels que la caféine provoquent des réactions physiques qui ont l'air très comme des symptômes physiques de l'anxiété ou de panique.

Caféine

La caféine est le haut de la liste de tous les composés dans les aliments qui peuvent intensifier la réaction nerveuse, en partie parce que nous mangeons tant d'aliments et nous comme eux, que nous utilisons. Vous vous sentirez irritable et rafraîchi par la caféine, parfois juste une minute après avoir consommé. Les symptômes physiques associés à la ruée de la caféine excessive peut être anxieux et panique induite. Apparemment, après avoir mangé trop de caféine trop longtemps, la plupart des gens ont connu leur première attaque de panique. Il est fascinant que même de petites doses de caféine, comme les barres de chocolat et de la soude, peuvent faire certaines personnes se sentent nerveux et augmenter leur rythme cardiaque et la panique pointe.

La caféine active le système nerveux central directement et élimine les neurotransmetteurs norépinéphrine de votre cerveau qui vous déclenche d'être anxieux, alerte ou soumis à une contrainte. Certains sont très sensibles à la caféine et à seulement quelques gorgées de thé noir peut les tenir éveillés toute la nuit. Les conséquences de la caféine semblent à d'autres personnes de l'illicéité. Vous pouvez dormir comme un bébé tard le soir et boire café noir fort. Néanmoins, quelle que soit la façon dont les effets réceptifs et vous êtes insensible de la caféine, trop peut vous faire sentir trop stressé ou nerveux, ce qui peut vous rendre plus vulnérable aux attaques de panique.

Nous sommes une culture de la caféine et il y a la caféine dans de nombreux aliments et boissons, non seulement le café. La caféine se trouve dans les thés, les boissons à base de cola, des bonbons au chocolat et bien sur - produits de la garde. Limitez votre consommation totale à moins de 100 milligrammes par jour, sauf si vous êtes sensible à la caféine. Il y aurait environ 100 milligrammes d'une tasse de café ou boire percoler par jour. Vous êtes là à mi-chemin avec un cola ou une tasse de thé. Vous trouverez peut-être difficile pour vous omettez si vous aimez votre tasse de café le matin. Mais vous pouvez vous trouver plus calme et mieux dormir, même si vous venez de couper en arrière sur la prise. Vous pouvez supprimer la caféine tout à fait si vous le pouvez si vous êtes sensibles.

Il peut être difficile de changer vos habitudes si vous aimez la caféine. Pourtant, faire de petits pas, si vous êtes prêt à essayer. Vous pouvez éprouver des symptômes de retraite fatigue la caféine, la dépression, l'irritabilité et des maux de tête, si vous consommez une grande quantité de caféine pour une plus longue période de temps, sauf si vous réduisez lentement la quantité que vous mangez. Commencez par mesurer votre consommation quotidienne de caféine.

diminuer lentement votre dose sur six à huit mois une fois que vous avez mesuré votre consommation quotidienne de caféine. Si vous buvez quatre tasses de café par jour, essayez de réduire votre cible à trois tasses par jour pendant un mois, puis deux tasses par jour pendant un mois. Vous pouvez remplacer les tasses avec du café décaféiné. Ceci est quelque chose que beaucoup de gens préfèrent comme ils aiment la routine expresso et le café lui-même. Vous pouvez aller encore plus vite si vous êtes particulièrement sensible aux variations de la consommation de caféine. Par exemple, vous pouvez diluer chaque tasse 25% avec de l'eau, boire un mois, puis diluer avec de l'eau de 50% chaque jour, quand vous buvez trois tasses de café par jour, et ainsi de suite jusqu'à ce que vous atteindre votre objectif. S'il vous plaît rappelez-vous que les gens varient dans leur tolérance à la caféine afin que le but ultime peut différer des autres.

Le sucre et Hypoglycémie

Même si vous pouvez certainement manger trop de sucre, glucose un naturel sucre est une exigence de votre corps et le cerveau pour travailler efficacement. Le glucose nous avons besoin est largement dérivé de nos glucides alimentaires, comme le riz, les céréales, les pâtes, les légumes et les fruits. Tous les glucides ne sont pas les mêmes, cependant. Un grand nombre de molécules de sucre forment ensemble des glucides complexes, également appelés amidons. De l'autre côté, une ou deux molécules de sucre produisent des glucides simples, comme le saccharose. Le saccharose est un sucre blanc mouture, la cassonade et le miel et à cet effet, dans la plupart du saccharose et des bonbons, y compris le saccharose des bonbons et des pâtisseries est un ingrédient sucrant populaire. Saccharose se divise en glucose très rapidement. Amidons en glucose rompent plus lentement que les glucides simples, libérant le glucose plus lentement dans la circulation sanguine.

Bien que la plupart des gens tolèrent de grandes quantités d'insuline à l'improviste libérés, certaines personnes sont très vulnérables à leur ascension et la chute circulation sanguine. Hypoglycémie souffrent de symptômes physiques désagréables si le sang contient moins de glucose.

Vous pouvez être palourdes et moite, étourdi, épuisé et battre dans la poitrine. Vous avez tort quand vous dites que ces signes sonnent comme la dépression. Ce sont quelques-uns des mêmes symptômes rapportés lors d'une panique ou un épisode d'inquiétude aiguë. Hypoglycémie est fréquente et survient chez les femmes qui sont enceintes, ont une forte fièvre, ou qui ont une insuffisance hépatique, ou après d'autres aliments et des médicaments ont été ingérés. Bien que la plus fréquente chez les personnes atteintes du diabète sucré, l'hypoglycémie peut se produire chez les personnes sans diabète, survenant généralement plusieurs heures après un repas ou la première chose le matin, lorsque le taux de glucose dans le sang sont au plus bas. Lorsque, quelques heures après avoir mangé, à minuit ou tôt le matin vous vous sentez anxieux et nerveux, il pourrait signifier que vous souffrez de sucre dans le sang. Essayez un glucose complexe, comme un morceau de fruit ou une tranche de pain, pour voir si vos symptômes ont disparu. Lorsque vous vomissez et obtenir vos symptômes disparaître complètement, et cela semble être une tendance, parlez-en à votre médecin qui peut prescrire un test pour savoir si vous êtes hypoglycémique.

Développer les habitudes alimentaires salubres

chercheurs et experts de la nutrition et de poids sont de plus en plus préoccupés par les habitudes alimentaires en Amérique du Nord. Ces spécialistes estiment que les mauvaises habitudes ont considérablement augmenté l'obésité chez les adultes et les jeunes. En fait, le maintien d'un poids santé réduit le risque d'obésité, non seulement votre risque cardiovasculaire.

En outre, le Département américain de l'Agriculture et le ministère des Services de santé et de l'homme des États-Unis ont élaboré les lignes directrices Dietetic pour les Américains (DGA) pour promouvoir la santé et réduire les risques pour la santé. La DGA recommande que nos habitudes alimentaires organisées autour de trois principes importants:

En utilisant peu de restrictions, manger de la nourriture équilibrée. Pensez à la « règle des tiers » comme un guide facile et rapide pour atteindre l'objectif de manger des aliments équilibrés avec peu de restrictions. Inclure 1/3 (viande ou de haricot), 1/3 (fruits et légumes) et 1/3 (amidon ou grains) des hydrates de carbone pour chaque repas. En fait, ajouter d'autres huiles, les graisses et le sel dans votre alimentation, et aussi des vitamines et minéraux essentiels (vitamines A et C, fer et calcium) à votre viande. Inclure jusqu'à 1300 milligrammes de calcium par jour si vous êtes un jeune parce que la plupart des adolescents n'ont pas le calcium nécessaire pour développer leur corps. Donc, essayez d'ajouter certains produits laitiers dans tous les repas et les collations.

Le régime méditerranéen, qui comprenait la pomme de terre, fruits, noix de muscade, le poulet, le poisson, l'huile d'olive, les grains entiers, et des vins rouges, était peut-être la façon la plus simple de développer de saines habitudes alimentaires. De cette façon, vous ne vous concentrez pas sur manger moins, mais de consommer des aliments plus sains. Le régime méditerranéen est liée à la baisse des taux de mortalité (maladie d'Alzheimer et de Parkinson), les maladies cardiovasculaires, le diabète et les décès liés à la drogue et les maladies neurodégénératives. régime méditerranéen a plus faible probabilité de la dépression et l'anxiété qu'un aliment très cuit et frit, céréales raffinées, le saccharose et les boissons alcoolisées. Bien que les avantages de la diète méditerranéenne sont évidents, les chercheurs ne savent pas si mauvais lecteurs d'humeur les gens à manger des aliments malsains ou une meilleure nourriture. Un régime méditerranéen, cependant, est une excellente façon de se sentir mieux, en forme et peut-être ajouter plus d'années. Le régime méditerranéen est bon aussi. Ça ne fait pas mal. Parlez-en à votre médecin et un nutritionniste pour obtenir des conseils sur la planification et l'alimentation repas.

Équilibre ce que vous faites avec ce que vous mangez. Mangez des quantités modérées et obtenir une activité physique légère tous les jours. Lorsque vous mangez gros repas sans être physiquement actif votre régime alimentaire ou le niveau d'activité est hors de contrôle. De même, il est ni bon ni sûr de réduire ce que vous mangez et l'exercice trop.

L'exercice vous aide régulièrement à brûler plus de calories, trop construit le muscle, et plus de calories sont consommés. En fait, même si vous n'êtes pas l'exercice, ayant de plus gros muscles apporte plus de calories. Vous remarquerez peut-être un désir de manger plus lorsque vous développez votre habitude d'entraînement. Surveillez votre appétit et manger un peu de nourriture saine si vous avez un poids santé et heureux. Mais, si vous êtes en surpoids, peut-être que vous voulez utiliser certaines des techniques que vous avez appris dans ce livre pour contrôler ces impulsions.

De plus, vous pouvez réduire la fréquence des fringales grâce à une alimentation équilibrée et diversifiée sans éliminer le type d'aliments que vous voulez. De plus, si vous commencez à faire quoi que ce soit d'autre, les envies de nourriture passent habituellement en 30 secondes. Lorsque vous vous sentez l'envie d'ouvrir la porte, se lever et se détendre, se promener autour du bloc facilement et commencer à travailler sur une tâche plus excitant. Beaucoup de gens confondent les envies de nourriture avec la soif, boire si 10 verres d'eau chaque jour (surtout si vous les exercez toujours), ou de prendre un verre d'eau au lieu de la nourriture si vous avez faim.

Choisissez des aliments intelligents. Ces jours-ci, il est difficile de choisir des aliments intelligents. TV, la télévision, les magazines et les journaux nous inondent des publicités alimentaires, le régime actuel et le calendrier d'exercice, l'information nutritionnelle et les mythes médicaux. Souvent, ce ou qui vous pensez peut être difficile de savoir. En fait, il peut être difficile de manger sainement avec un horaire chargé qui vous emmène loin de la maison la plupart du jour.

Lorsque vous avez accès à des choix plus sains, vous êtes plus susceptibles de faire des choix alimentaires judicieux. Par exemple, 218 calories sont présents dans une barre de chocolat plaquette de nom de marque. Trois bâtonnets de mozzarella ont un maximum de 216 calories (chacune avec 72 calories). Vous pouvez utiliser des bâtons de fromage qui vous fournira beaucoup plus de protéines, même si les calories sont les mêmes si vous avez un régal. Prenez dans un tiroir de bureau, votre sac à main ou porte-monnaie, la boîte à gants de votre voiture ou votre sac de remise en forme avec un sac de collation santé. Cheesecakes, les amandes, les raisins secs et les fruits secs sont des choix sains en cours qui peuvent être facilement trouvés dans le tiroir du bureau et tiennent bien.

Les nutriments essentiels pour votre système de guérison

Jusqu'à ce que nous commencions, il est important d'aborder rapidement les nutriments essentiels dont nous avons parlé précédemment des protéines, des glucides, des graisses et des huiles, des vitamines, des minéraux, des oligo-éléments et phytochimiques et l'impact sur votre système de soins de santé. Cela vous donnera une meilleure compréhension du raisonnement de la conduite du processus de récupération en réalité.

Les protéines et votre système de guérison

La protéine contient les éléments structurels de la croissance des tissus du corps et la récupération et est l'un des nutriments clés de votre processus de guérison. La protéine est le bloc principal de construction pour vos muscles qui est la plus grande et la plus dynamique, la structure dépendant de l'énergie de votre corps à 40 pour cent du poids corporel normal. Contrairement à son abondance dans le tissu musculaire, la créatine est présente dans presque toutes les cellules et les tissus du corps, y compris le sang.

un apport suffisant de protéines alimentaires est nécessaire pour la croissance des enfants; si elle ne sont pas prises dans les quantités requises, les muscles chez les enfants peuvent en résulter. Mais puisque l'apport quotidien en protéines est seulement une once par jour, une pénurie de protéines est rare dans les pays occidentaux aujourd'hui. Cependant, malgré cela, une peur généralisée de protéines insuffisante entraîne un grand nombre de mauvaises habitudes alimentaires des pays occidentaux. Que l'anxiété conduit à la surpopulation qui peuvent conduire à l'obésité et peut être très dangereux pour votre processus de guérison.

Beaucoup de gens dans les pays occidentaux sont devenus dépendants des sources pratiques de protéines sur les produits à base de viande et d'animaux. Ces régimes sont malheureusement très gras et sans gras d'origine animale sans fibres qui constituent un fardeau inutile sur le processus digestif. Comprendre pour ajouter des aliments non-viande dans votre alimentation quotidienne est beaucoup plus sûr et plus sain chemin à votre processus de guérison.

Les glucides et votre système de guérison

Les hydrates de carbone proviennent de plantes. Cultures. Les glucides comprennent source de combustible primaire du système de durcissement. Le vieux, nom commun pour les hydrates de carbone est l'amidon, que nous donnons parfois, des hydrates de carbone plus denses plus lourds tels que les citrouilles et certaines farines de céréales panifiables. L'amidon est pensé à tort d'avoir « calories vides », mais nous nous rendons compte aujourd'hui différemment. Parce que les glucides fournissent le meilleur rendement global sur les calories pour tous les aliments, les coureurs de marathon et triathlètes mangent généralement beaucoup de pâtes et le riz, qui sont traditionnellement « glucides » avant une grande race. Vous savez par expérience que c'est la meilleure haute performance, de gaz à long terme pour votre corps flexibles.

En plus de pommes de terre, les céréales comme le riz, le blé, l'avoine, le maïs, l'orge et le millet sont plus grandes cultures vivrières de base dans le monde, qui ont été une source de la plus grande des nutriments à base de glucides du monde depuis de nombreuses années. De tels produits, qui comprennent les hydrates de carbone « durs », sont les plus courtes, plus rapide et la plupart des carburants efficaces pour votre processus de guérison. Ceux-ci ont généralement beaucoup de protéines et sont donc extrêmement bénéfique pour votre côlon et la santé du cœur. alimentation riche en glucides complexes fournit également une source importante de vitamines, minéraux, oligo-éléments et autres nutriments tels que phytochimiques. Votre régime alimentaire sera composé d'environ 60 pour cent de glucides complexes pour améliorer et stabiliser votre système de santé et de son bon fonctionnement et efficacement.

Les graisses et les huiles et votre système de guérison

Les graisses et les huiles sont importantes pour les performances de votre système de guérison. En particulier, ils favorisent la santé de la peau et des ongles et contribuent à l'intégrité structurelle de votre membranes cellulaires de l'organisme, qui aident votre système de traitement pour prévenir l'infection. Les graisses et les huiles favorisent également la protection et l'isolation des gaines nerveuses qui améliorent la santé des connexions avec votre corps. Votre système de récupération dépend, comme vous le savez, sur un système de communication actif et précis. Souvent, tampon de graisses et d'huiles et sceller les organes internes dans votre corps, en les protégeant contre les dommages et garder le corps chaud. Étant donné que les graisses sont plus légers que l'eau et les éléments nutritifs très excitées, par votre système de guérison, ils sont également un moyen pratique de stocker le carburant qui peut être utilisé si la consommation alimentaire est insuffisante ou rare.

Pour ces facteurs, votre alimentation quotidienne a besoin d'une petite quantité de graisses et d'huiles. En revanche, les vitamines liposolubles et d'autres minéraux ne peuvent être ingérés par les graisses et les huiles. Par exemple, prennent en charge le processus de coagulation du sang et ne peuvent être absorbés par les graisses et les huiles oméga-3 présents dans l'huile de lin et certaines huiles de poisson acides gras.

Dans certaines graisses et huiles, il y a certainement certains nutriments utiles qui n'ont pas encore été trouvé. Mais puisque les graisses et les huiles sont les sources les plus compactes et concentrées d'énergie alimentaire, leur surconsommation contribuera à l'obésité et d'autres problèmes de santé, en particulier les maladies cardiaques comme cause de décès de l'hémisphère occidental. En fonction de votre niveau d'exercice physique et la santé, la consommation de matières grasses devrait être limitée à 10 pour cent à 25 pour cent de votre apport calorique quotidien. Par exemple, le Dr Ornish à l'Université de Californie a découvert que l'apport quotidien de 10 pour cent des matières grasses travaille de San Francisco mieux pour aider la maladie cardiaque de traitement de processus de guérison.

Le cholestérol est une grande forme de graisse structurelle qui contribue à la santé et à l'intégrité de votre processus de guérison, en particulier vos membranes cellulaires. Y compris le cholestérol de votre alimentation, votre corps peut générer son propre cholestérol à partir d'autres graisses et huiles. Néanmoins, un régime qui répond aux besoins alimentaires minimaux de l'organisme produit plus de cholestérol que nécessaire dans le corps et, si cela se produit, le cholestérol supplémentaire obstrue les artères qui la maladie cardiaque et la cause saboterie. Réduire votre apport net de graisse ou de réduire votre apport calorique total tout en augmentant l'activité quotidienne aidera les niveaux de cholestérol et réduire les blocages, ouvrir les artères bloquées et augmenter le flux sanguin cardiaque.

Vitamines et votre système de guérison

Les vitamines sont des substances organiques qui sont importantes pour l'activité en toute sécurité de votre système de guérison. Ils travaillent avec les différents systèmes d'enzymes de votre corps et sont essentiels à la réussite de, maintien de la vie essentielles qui conduisent à la croissance des tissus sains et fragilisé, la réparation et la régénération. Alors que les vitamines sont généralement nécessaires à un degré nettement plus faible que les autres éléments alimentaires de base tels que la viande, les graisses et les huiles et les hydrates de carbone, un régime alimentaire déficient peuvent les compromettre le bon fonctionnement de votre processus curatif et de contribuer à la maladie.

Les besoins en vitamines changent aussi au fil du temps, diffèrent légèrement entre les hommes et les femmes, et augmentent pendant la grossesse et l'allaitement. exercice athlétique et la guérison de la maladie et les blessures amélioreront le besoin du corps pour une ou plusieurs vitamines. En raison de la complexité, la subtilité et encore les processus biochimiques largement inexplorées et les voies du corps, il est certain que plus de vitamines que nous connaissons seront trouvés dans l'avenir et accepté aussi important pour nos systèmes de guérison.

La meilleure façon de vous assurer que votre système de guérison obtient la prise droite de la vitamine est de manger une alimentation saine, bien équilibrée avec assez de grains entiers, les noix, les graines, les fruits, les légumes et une certaine limite sur les graisses et les huiles (vitamines spécifiques necessitate gras à être absorbé). Quand un problème se produit dans une partie de votre corps, vous pourriez avoir besoin d'ajouter un certain nutriments aux denrées alimentaires normales ou se fonder sur les aliments qui contiennent des quantités plus élevées de vitamine pour aider votre processus de guérison.

Minéraux, oligo-éléments, et votre système de guérison

Les minéraux sont aussi bons nutriments essentiels qui aident et soutiennent le processus de guérison, ainsi que des vitamines. Ils sont nécessaires à la croissance des tissus, la réparation et la régénération de garder votre corps en bonne santé et sans maladie. Les minéraux proviennent directement du noyau de la terre et ont des propriétés uniques. La structure et la fonction des principales enzymes, des hormones et des molécules, telles que l'hémoglobine, sont transportés dans tout le corps. Comme mentionné précédemment, presque tous les composants minéraux dans le noyau de la terre se produit en quantités infimes dans le corps humain. arsenic Même, généralement considéré comme une toxine, est nécessaire par votre corps en quantités infimes.

oligo-éléments sont chimiquement liés aux minéraux et typiquement dans la même classe de nourriture. La distinction entre les minéraux et les oligo-éléments est que les minéraux sont nécessaires en quantités légèrement plus élevées et ont un peu mieux comprendre leurs fonctions. Nous savons que les oligo-éléments sont nécessaires pour une bonne nutrition et de la santé, mais nous ne savons pas exactement ce que chacun d'eux a besoin et fait exactement. Néanmoins, nous reconnaissons que le manque d'oligo-éléments dans votre corps contribue à une incapacité à se développer, une diminution de la vulnérabilité à l'infection et même la mort. Ainsi, alors qu'ils sont nécessaires en très petites quantités, oligo-éléments sont extrêmement importants pour votre système de chauffage pour fonctionner de manière optimale.

Probiotiques et votre système de guérison

Probiotiques sont un autre groupe de composés essentiels à votre santé et la nutrition. Probiotiques sont formés par certaines souches de bactéries qui se trouvent naturellement dans votre tractus intestinal. De telles souches bactériennes soutiendront votre processus immunitaire à une infection de combat, rétablir la santé et de maintenir l'équilibre biochimique correct dans votre corps. Il a été constaté que plus de 500 souches différentes de bactéries vivent dans l'intestin et pause aide les aliments ingérés tout en produisant des sous-produits métaboliques précieux qui sont ensuite absorbés et transportés vers vos différentes cellules et tissus dans votre corps. L'un de ces ingrédients est la vitamine K, utilisé comme ingrédient important pour la coagulation du sang pour le processus immunitaire. Les chercheurs ont constaté, par exemple, que manger des bactéries lactobacillus, généralement connu sous le nom acidophilus, naturel dans le yogourt et disponible dans les préparations commerciales pour le lait et d'autres produits, réduit la diarrhée infantile, réduit les risques d'effets secondaires intestinaux tout en prenant des antibiotiques et dissuade les infections à levures chez les femmes. Les probiotiques peuvent souvent lutter avec succès contre les infections, en particulier les infections des voies intestinales et respiratoires. Ceux-ci peuvent également réduire les doses nécessaires et le risque possible de vaccins de l'enfance. Dans de nombreux aliments fermentés traditionnellement, comme le fromage, le yogourt, le vinaigre, le vin, le tempeh, et la sauce de soja, les probiotiques sont naturellement. Ceux-ci peuvent également réduire les doses nécessaires et le risque possible de vaccins de l'enfance. Dans de nombreux aliments fermentés traditionnellement, comme le fromage, le yogourt, le vinaigre, le vin, le tempeh, et la sauce de soja, les probiotiques sont naturellement. Ceux-ci peuvent également réduire les doses nécessaires et le risque possible de vaccins de l'enfance. Dans de nombreux aliments fermentés traditionnellement, comme le fromage, le yogourt, le vinaigre, le vin, le tempeh, et la sauce de soja, les probiotiques sont naturellement.

Il est important de noter que votre corps est une machine puissante avec un système de guérison incroyable qui a besoin de la meilleure énergie à partir des sources les plus pures. Réparation et de réparation des tissus affaiblis besoin d'énergie, et l'énergie que vous utilisez comme un régime alimentaire aura un impact énorme sur votre santé et votre bien-être processus dans son ensemble.

Rappelez-vous de consommer des aliments sains et nutritifs qui sont propres et naturels, qui sont pleins de vitamines, minéraux, oligo-éléments, le liquide, et de protéines. Ces produits comprennent la plupart des fruits et légumes, grains entiers, les noix, les soupes, tisanes, jus de fruits et du vin. Ce sont aussi comestibles. Assurez-vous que votre alimentation comprend suffisamment de protéines, les légumes, les graisses et les huiles. Mangez des aliments naturels, qui représentent toutes les couleurs de l'arc en ciel, pour obtenir assez phytochimiques au moins une fois par semaine. Prenez votre temps pour préparer vos repas correctement, aliments régulièrement, sauter des collations malsaines et de mâcher vos aliments. Lorsque vous essayez de vous guérir d'une maladie invalidante ou condition, réduire ou éliminer la quantité de viande de chair dans votre alimentation. Retirer les aliments gras et denses sans poids. Soyez vigilant avec la consommation d'alcool et de caféine.

Il y a beaucoup de ressources alimentaires en circulation. En ce qui concerne l'alimentation de votre système de santé, le respect de votre individualité; garder votre esprit ouvert et ne pas être trop stricte ou fanatique de suivre un régime strict qui a réussi à d'autres personnes, mais peut-être pas pour vous. Restez informé et écoutez votre corps pendant que vous travaillez sur l'accomplissement de leurs en constante évolution des besoins nutritionnels.

Stratégies pour dormir mieux et plus longtemps

Le sommeil - nous avons tous besoin, donc vous ne pouvez pas se reposer autant que vous voulez que vous souffrez de dépression extrême ou un trouble anxieux. Vous pourriez avoir du mal à manger ou de l'exercice, en partie parce que vous n'avez pas à échapper à votre esprit agité et le corps lorsque vous détendre et éteins les lumières. C'est quand les inquiétudes et les angoisses se déplacent, ce qui en fait le tour et sauter la nuit. Vous pouvez vous garantir êtes pour une nuit difficile si vous commencez alors à être inquiet que vous ne dormez pas ou pas bien dormir.

Environ 30% des adultes souffrent à un moment donné dans leur vie avec l'insomnie (difficulté à dormir). Lorsque vous êtes des femmes ou un adulte plus âgé, le risque est plus élevé de l'insomnie, et quand mening et la ménopause commencer, vous avez un risque plus élevé chez les femmes de l'insomnie. Environ 40% des patients atteints d'insomnie ont des troubles de la dépression et de l'humeur. Vous avez probablement remarqué que vous vous sentez plus anxieux et inquiet pendant la journée pendant que vous dormez en mauvais état. Ce modèle de la dépression, la privation de sommeil, le stress et le sommeil est un processus dangereux dans beaucoup de personnes ayant des problèmes d'anxiété.

Beaucoup de gens de 7 à 8 heures par nuit de sommeil, et les gens à tirer le maximum d'au moins 6 heures de sommeil par nuit. Le corps sait la façon dont il veut dormir et, dans les premières heures de la nuit, il devient le plus long et le sommeil le plus essentiel pour que vous puissiez fonctionner correctement. Néanmoins, la quantité et la qualité de votre sommeil pourrait être influencée par différentes conditions médicales. Si vous ronflez, avoir sommeil crampes dans les jambes de la difficulté ou de l'expérience ou des picotements (possibles symptômes de l'apnée du sommeil), sensation d'inconfort gastro-intestinal, les mouvements réguliers de la jambe et de la douleur nocturne chronique qui vous empêche de dormir facilement, parlez à votre médecin ou un spécialiste du sommeil. Visitez www.sleepfoundation.org pour des informations à jour sur les études du sommeil et des questions connexes sur le site Web de la Fondation nationale du sommeil pour en savoir plus sur le sommeil.

Conseils pour passer une meilleure nuit

Plusieurs choses peuvent faire passer une bonne nuit compliqué pour vous. De nombreuses causes, comme trop de caféine ou trop tard dans la journée, peut-être perceptible. La quantité et la qualité de votre sommeil peut affecter aussi vos habitudes de sommeil. Voici quelques conseils d'experts du sommeil pour vous aider à dormir plus efficacement dans la nuit.

Laisser le sommeil venir naturellement. Lorsque vous êtes prêt, vous ne pas « aller dormir. » En d'autres termes, vous ne pouvez pas contrôler le sommeil et vous ne pouvez pas aller au lit, quelle que soit la façon dont vous essayez. Le sommeil se fait automatiquement, et le mieux que vous pouvez faire est de congé. Si vous avez peur de dormir, il pourrait être très difficile pour vous de sortir de la maison. Toutefois, si vous êtes prêt, il est l'attitude la plus bénéfique pour se reposer. Alors, que faites-vous pendant que vous attendez de dormir? Ne pas combattre si vous ne pouvez pas s'endormir en 30 minutes. Sortez du lit et d'essayer des tâches de détente comme le yoga, la lecture, le tricot et la peinture. Retour au lit si vous commencez à vous sentir somnolent. Chercher à faire la même chose que si vous êtes déjà dormir dans 30 minutes. Quoi qu'il en soit, ne permettent pas de dormir à venir à cause de ce que vous faites en attendant que le sommeil arrive.

Ne pas faire une sieste ou rattraper le week-end.la pression de sommeil est ce sentiment de somnolence pendant la journée ou à proximité de lit: le stress au sommeil. Le premier signe de sommeil étant sur la bonne voie est la pression de sommeil. le stress du sommeil est votre ami et rien de plus que de bricoler et d'essayer de rattraper le week-end interfère avec la pression du sommeil. la pression de lit est réduite par le plafonnement et le piégeage, veillant à ce que l'après-midi vous vous sentez moins de pression pour le lit.

Éliminer ou la consommation de caféine limite. La caféine ne se mélange pas avec le sommeil. L'utilisation abusive de boissons caféinées comme le thé, la caféine et les boissons gazeuses et certains ingrédients (par exemple le chocolat) et les produits médicaux peuvent faire dormir dur. Certaines personnes, cependant, sont plus sensibles que d'autres à la caféine. Vous pourriez être si fragile que même une petite tasse de café le matin fera le repos et le sommeil difficile pour vous. Ne buvez pas de boissons contenant de la caféine après-midi quand vous avez des problèmes avec votre sommeil. Même dans la soirée, vous pouvez réduire ou éliminer complètement la caféine. Ne pas utiliser la caféine, en particulier, pour vous stimuler si vous vous sentez fatigué. Ensuite, marcher autour du bloc pendant cinq minutes. Utilisez un peu d'exercice pour secouer la somnolence plutôt que de la caféine.

Exercice régulier.L'exercice régulier est l'un des traitements les plus sûrs pour le sommeil. séances d'entraînement forts aident les muscles à se détendre et se détendre votre inquiétude. L'exercice peut aider à soulager le stress de la journée et de réduire la propension de votre cerveau à revoir vos informations de journée bien remplie. L'exercice aérobie dure vingt minutes ou plus à déjeuner ou à l'après-midi. Même un début de soirée à 20 minutes pourrait aider. Néanmoins, arrêter une activité intense dans les 3 heures avant le coucher, car il peut trop stimuler l'esprit et le corps et le sommeil de rendre impossible.

Prenez un bain chaud avant le coucher. Comme la température du corps diminue, le sommeil a tendance à venir. Plus votre température baisse, le sommeil plus tôt vient-tout est bien le même. En se baignant dans un bain chaud juste avant l'heure du coucher, vous pouvez l'utiliser à votre avantage pour augmenter la température de votre peau. Une douche à froid ne fonctionne pas normalement, ainsi qu'un bain chaud car la température centrale du corps de l'eau est difficile d'obtenir suffisamment élevé. Vous savez comment l'augmentation de la température centrale du corps peut provoquer le sommeil si vous avez un bain à remous ou jacuzzi.

Définir une heure du coucher cohérente et réveiller le temps. Allez dormir tous les jours, même le week-end, et se lever en même temps. Dans la nuit, même si vous êtes endormi, à l'heure normale de sortir du lit et au moment moyen, aller dormir. Consistances en éveil et le sommeil temps maintient la pression de sommeil suffisant et empêche la tendance à dériver plus tard et plus tard dans la journée pour vos cycles de sommeil et de réveil. En fait, le corps et l'esprit préfèrent dormir et se réveiller souvent, essayez donc d'honorer cela.

Créer une transition calme. La literie est un moyen naturel de vent vers le bas et mettre en garde le cerveau que le sommeil est arrivé. Éteignez tous les appareils électroniques une à deux heures avant d'aller dormir parce que la lumière ambiante des écrans nuit à la capacité du cerveau à ralentir et se préparer à dormir. Restreindre les habitudes de sommeil de chambre et à toutes les autres » nuit stealers dans d'autres parties du ménage, telles que regarder la télévision, le travail, et parler de téléphone. Au contraire, écouter de la musique, se baignent ou tirer d'un livre ou un magazine. Essayez des exercices qui sont fermés à vos yeux comme la méditation, l'attention ou la saveur. La réflexion sur la journée et de le maintenir dans votre cœur tout en savourant. Aimez l'arôme de votre déjeuner dans la délicieuse pomme verte. Cherchez le son de la balle lors de votre jeu de tennis le jour où vous avez un contact étroit avec lui. Goût à quel point il se sentait quand ce projet a été terminé ou les sons des oiseaux errantes ce jour-là. Le goût est une bonne façon de terminer votre journée et laissez votre corps sait qu'il est temps pour le repos. Mais ne faites pas au lit, peu importe ce que vous ne-manger, écouter et méditer. Il ne fonctionne pas! Faites-le en prévision du sommeil.

Transformez votre environnement de sommeil. Une autre façon de montrer votre corps qu'il est temps de sommeil est un environnement de sommeil confortable. Restez entre 65 et 75 degrés Fahrenheit dans la température de votre chambre. Rappelez-vous, le sommeil arrive quand nos corps commencent à chaud, alors assurez-vous que votre lit est chaud et confortable. Le sommeil peut être interrompu dans un froid et maison étouffante. Insérez une nuance résistant à la lumière ou des rubans lourds, ce qui rend votre pièce sombre ou le port d'un masque pour les yeux. Enfin, utilisez un ventilateur pour masquer vos bruits ou des bouchons d'oreilles d'utilisation.

La nourriture est bonne, l'exercice modéré, et assez de sommeil permettra d'améliorer votre force physique et mentale et vous permettent de gérer au fil du temps votre anxiété. Bien qu'il soit peu probable que votre anxiété écrasante sera éliminé ou votre trouble d'anxiété guéri, des habitudes saines seront une partie importante de votre plan de relance. Seuls des changements mineurs dans la routine d'exercice peuvent réduire l'intensité et de vos symptômes d'anxiété fréquence afin que vous puissiez faire ce que vous avez déjà évité. En outre, le maintien de saines habitudes vous aidera à garder une trace une fois que vous récupérer de votre trouble anxieux.

Améliorer votre sommeil avec la méditation

Vous bénéficierez de la pleine conscience en tant que complément à votre vie quotidienne si vous êtes l'une des personnes dans le monde qui souffrent de dormir dans une mauvaise nuit. Vous poursuivez probablement un style de vie très occupé, travaillant de longues heures et la modification des horaires, avoir des enfants et une femme se soucier de et alors vous êtes vous-même, vous avez clairement aux besoins de rencontrer aussi, sinon vous ne serais pas en vie.

La vie sera toujours compliqué, et vous devrez agir rapidement avant que cette condition est bafouée, si vous remarquez que vous luttez pour maintenir une routine de sommeil approprié. Beaucoup de gens sont heureux de voir le médecin généraliste ou un fournisseur de prescription d'ordonnances ou tout autre type de drogue pour faire le travail, cependant, vous risquez d'obtenir accroché ou accro aux médicaments.

Pour fonctionner correctement, dans votre vie, vous devriez vous reposer bien, surtout si votre style de vie est trépidante ou si votre carrière implique beaucoup d'activité physique, l'athlétisme et la pratique. Les athlètes et les sportifs connaissent les risques de mauvais sommeil, l'énergie est récupérée lors de la phase de relaxation et de croissance a lieu avec assez d'heures. Il est donc juste de dire aussi bien mentalement que physiquement, ceux qui peu de sommeil ou ne manque pas le développement vital.

La méditation est le secret de la récupération, un cerveau saccadée tue la chance de sommeil que ce genre d'esprit devient difficile à contrôler, ce qui amène souvent beaucoup à des niveaux élevés d'anxiété et de l'insomnie. Le contraire est inexact si le cerveau est calme et le corps se détend toujours. Le corps est façonné par les pensées générées par la perception que nous formons dans notre esprit.

Le contrôle est nécessaire d'arrêter une vieille idée de tourner autour dans le cerveau, la pensée crée des actions, et si ces pensées ne sont pas gérées de la même absence de contrôle prévaut l'ensemble des activités, de sorte que lorsqu'une personne devient « hors de contrôle », réagit de manière monde agressif c'est un -Tous énorme prix à payer en raison du manque de sommeil. Mais il ne se termine pas, la maladie mentale peut être le résultat de longues périodes de sommeil, comme cela a été mentionné plus tôt où le sommeil semble impossible à atteindre, mais la capacité à vivre de manière coordonnée est perdue, la plupart des tâches de base sont abordés, la libido peut être une question du passé et des relations peut prendre le poids de tout comme vous.

La méditation est un moyen de routine de la vie à tirer profit. La méditation est un mode de vie. Quand il est pointu et en ligne, l'esprit peut réaliser beaucoup de choses. Le cerveau est le centre de la pensée et, par conséquent, il devrait bien fonctionner pour votre bénéfice. Une autre force de la méditation est qu'il va se calmer certaines zones de votre cerveau qui sont stressés, mal à l'aise, rempli de trop d'émotions, à méditer avant de se coucher chaque soir, et le réveil chaque matin (si vous avez pu dormir du tout), sera rompre les couches invisibles de la vie à payer tous les jours que vous vivez.

Le cinquième oeil est caché dans ces matériaux et nous avons besoin de l'œil céleste pour mieux comprendre la nature. Une fois que ces couches sont dépouillées, notre compréhension est renforcée, l'attention est donnée et la pensée des habitudes de l'ancien vernis.

Un calme, l'esprit concentré et paisible, qui est appropriée à l'aise, permettrait une bonne nuit de sommeil. Cela vous fait sentir que vous êtes un nouvel être humain, vous êtes prêt avec une méthode qui est toujours là, parce que la méditation ne change jamais la façon dont les gens le font, il ne déçoit jamais et vous permet d'être, la méditation est comme elle l'a toujours été; il est un mode de vie capable d'améliorer même les plus sages des esprits, et l'incomparable unique force. Méditez et d'acquérir une nouvelle vie grâce à la méditation quotidienne et de dévouement.

Documenter un petit changement dans votre vie en intégrant l'exercice tous les jours et tous les soirs et comparez les variations de votre attitude, trouver des changements dans votre comportement, rappelez-vous comment vous vous sentez avant de frapper le sac pour dormir une nuit et continuer à parler à vos expériences .

L'amitié se développera dans la forêt, les gens vont renforcer l'entreprise comme, alors, vous serez moins en difficulté et plus calme et plus heureux, capable de parler plutôt que de sembler peu satisfaisante en raison de la parfois la nuit vous êtes né, à cause des moutons de comptage et regardant le toit, les quatre parois, et la fenêtre.

Vous actualisez votre point de vue sur la vie, et de nouvelles pensées envahissent votre espace de pensée, de favoriser la croissance et le développement, la réalisation et la réalisation. Les pensées doivent se sentir qu'ils appartiennent à vous-parce qu'ils font, de nouvelles personnes intéressantes sont invités à se joindre, et vous pouvez tous se permettre de prendre le temps d'y parvenir parce que vos compétences en gestion du temps ont été récemment mis au point. L'existence peut être comme l'adversaire lorsque vous êtes épuisé et sans énergie, mais il est nous qui implorent nos adversaires par les esprits et les corps de ses besoins. Cette erreur est à tout prix à éviter si vous allez profiter de votre vie.

Chapitre 18

L'importance de la respiration droite

La respiration peut être tous les jours le comportement le plus normal pour la plupart des gens. Vous ne devez pas faire attention à la vie, la respiration se déplace. Même si il va sans surveillance, vous pouvez régler votre respiration d'une manière consciente, ce qui le rend tout à fait différent dans les fonctions de votre corps.

Sans aller trop loin dans l'anatomie humaine, il est important de noter que la respiration se produit en utilisant un grand muscle en forme de dôme, qui est appelé diaphragme, et de nombreux petits muscles appelés muscles intercostaux entre les côtes. Étant donné que ces muscles se contractent et se détendre, la cage thoracique et de la cavité interne peut ouvrir et compress, ce qui permet la contraction musculaire et de relaxation pour étendre ou réduire à son tour: soit naturellement ou activement. Votre coeur continue de battre, même lorsque vous digérer les aliments, à votre insu, et beaucoup des muscles à l'intérieur de votre fonction du système digestif spontanément. Vous pouvez régler vos mouvements à volonté à l'aide de vos muscles squelettiques.

Néanmoins, la respiration peut être conscient et inconscient. Vous pouvez intentionnellement inhale, respirer profondément, et « aspirer seulement un peu d'air dans » ou volontairement Expirez en douceur et rapidement aussi intensément et que vous pouvez peu profondément en réalité. Vous pouvez commencer immédiatement, sans un moment d'hésitation à moins que vous cesser de prêter attention à votre respiration.

Vous pouvez également contrôler les autres fonctions de la vie en réglant le souffle. Le ralentissement de votre respiration augmentera graduellement votre rythme cardiaque, et renforcer rapidement votre respiration. En d'autres termes, vous avez la possibilité de vous exciter quand vous respirez régulièrement et rapidement tout en respirant plus rapidement. La capacité de votre cerveau, le métabolisme, et pratiquement rien d'autre va également affecter votre vitesse de respiration, la longueur et le rythme et l'absorption d'oxygène différentes. L'oxygène que vous obtenez de chaque apport dépend du corps, et dans une certaine mesure, vous réguler la consommation d'oxygène.

En plus de votre capacité à contrôler votre respiration, votre pratique quotidienne de traitement serait également bénéfique à bien des façons différentes de son importance biologique et physiologique. La respiration est un point de départ exceptionnel de mise au point. La respiration est toujours là, facile à observer et peut rapidement devenir votre priorité.

Au cours de la pratique de la méditation, les techniques de respiration jouent un rôle important. De nombreux types de méditation comme la méditation Zen reposent presque exclusivement sur la respiration et de se concentrer sur la respiration, alors que toutes les autres formes de méditation seraient grandement bénéficier de la respiration de la bonne façon.

Il est des avantages évidents pour susciter une réaction apaisante souhaitable que vous pouvez changer votre fréquence cardiaque et de susciter ou vous rassurer que par le souffle. Même si au cours de certaines séances de méditation, vous ne pouvez pas régler votre corps, il vous aidera évidemment à calmer votre esprit.

Malheureusement, la plupart d'entre vous vivre votre vie sans jamais prendre soin de votre respiration, en partie parce que vous ne savez pas comment respirer parce que vous pensez respirer arrive juste. Pourtant, la respiration est bien plus qu'une caractéristique amusante du corps, car il peut contenir la clé de votre bien-être et d'intensifier vos pratiques de méditation.

Respire ont plusieurs avantages pour la santé grâce à une consommation accrue et plus efficace de l'oxygène et une meilleure utilisation de vos muscles abdominaux, même si elles sont pratiquées par eux-mêmes. La majeure partie des stratégies mentionnées dans ce livre utilisez la paroi abdominale intentionnellement. Non seulement cela servira à stimuler les muscles souvent atone de l'abdomen, aide à mieux et mieux, la position normale et soulager une grande partie de la pression de la colonne vertébrale, ce qui partiellement induit lombalgies, mais aussi les muscles profonds fonctionnera et devenir plus fort si l'abdomen est constamment vidé et activement utilisé avec d'autres muscles souvent actifs.

Techniques de respiration

Vous pouvez essayer de soulager les symptômes et commencer à se sentir mieux quand vous vous sentez à bout de souffle d'agonie. Prenons soin de plusieurs choses que vous pouvez faire à tout moment de la journée ou dessiner sur vous-même dans les temps longs.

1. Allongez Exhale

Vous ne pouvez pas toujours vous détendre tout simplement par l'inhalation. Une respiration profonde est en fait lié au système nerveux sympathique qui contrôle la réaction pour combattre et vol. Pourtant, exhalation est liée au système nerveux parasympathique qui inhibe la capacité de notre corps à calmer et à guérir.

Trop de respirations profondes peuvent vous amener à être hyperventilation. La quantité de sang riche en oxygène qui coule dans votre cerveau diminue par hyperventilation. Il est plus facile de respirer trop quand nous sommes anxieux ou stressés finir par hyperventilation - même si nous faisons la chose en face.

Essayez une exhalation approfondie avant de prendre une grande, respiration profonde. Conduire l'oxygène de votre corps et puis juste laisser vos poumons respirer de l'air pour leur travail. Tout d'abord, essayez d'exhaler un peu plus que vous expirez. Expirez pour six, par exemple, inspirez pendant 4 secondes. Environ deux à cinq minutes pour le faire. Il dispositif peut être utilisé en tout lieu, comme debout, assis ou couché, ce qui est pratique pour vous.

2. Abdomen respiration

La respiration du diaphragme (le muscle qui est sous votre poumon) peut aider à réduire le travail respiratoire du corps. Découvrez comment le diaphragme respire:

Enregistrement

- Allongez-vous sur un sol ou matelas sous votre tête et les genoux avec des oreillers pour la chaleur. Ou asseyez-vous et détendez-vous la tête, le cou et les épaules dans une chaise confortable et pliez vos genoux.

- Vous mettez votre main sous votre cage thoracique et votre coeur d'une main.

- Inspirez et expirez votre nez, se rendant compte comment ou si vous respirez et déplacez votre ventre et la poitrine.

- Si vous séparer le souffle pour que l'air est absorbé dans vos poumons? Et le contraire? Pourriez-vous respirer parce que votre cœur va à l'intérieur de votre ventre?

Enfin, plutôt que votre poitrine, vous voulez que votre estomac à se déplacer pendant que vous respirez.

la respiration du ventre de pratique

- Comme décrit ci-dessus, assis ou couché.

- Sur le cou, placez une main et l'autre sur le dessus de l'abdomen.

- Respirez votre par le nez et sentir votre montée du ventre. Votre poitrine restera assez encore.

- Pincez vos lèvres et expirez par la bouche. Essayez de pousser l'air à la fin de la respiration en utilisant vos muscles de l'estomac.

Vous devez pratiquer tous les jours pour faire ce type de respiration automatique. Essayez de pratiquer jusqu'à 10 minutes, trois ou quatre fois par jour. Vous pouvez vous sentir ennuyeux d'abord si vous ne l'avez pas utilisé votre diaphragme pour respirer. Cependant, la pratique sera plus facile.

3. Mise au point Breath

Il peut aider à réduire l'anxiété si la respiration profonde est concentré et lent. En position assise ou couchée dans un endroit calme et pratique, vous pouvez faire cette technique. Ensuite, les éléments suivants:

- Remarquez la sensation lorsque vous inspirez et expirez normalement. Scanner votre corps mentalement. Vous pouvez sentir la tension que vous ne l'avez jamais ressenti dans votre corps.

- Grâce à votre nez, prenez une grande respiration lente et profonde.

- Notez l'expansion de votre bas-ventre et le haut du corps.

- Expirez de quelque manière que ce qui est bon pour vous, soupirant si vous voulez.

- Prenez soin de la montée et la chute de l'estomac pendant quelques minutes.

- Choisissez un mot au cours de votre exhalation à se concentrer et vocaliser. Des termes tels que « sécurité » et « calme » peuvent travailler.

- Imaginez que vous regardez à l'air que vous inspirez comme une douce vague sur vous.

- Imaginez votre exhalation, qui enlève négatif, bouleversant la pensée et de l'énergie.

- Apportez votre attention sur votre respiration et vos mots doucement quand vous vous énervez.

Utilisez cette méthode, si possible, jusqu'à 20 minutes chaque jour.

4. La respiration égalité

Une autre forme de respiration provenant de l'ancienne pratique du yoga pranayama est égal souffle. Cela signifie que vous buvez de la même manière que vous respirez. Un atelier et couché posture vous aide à exercer la respiration juste. Quelle que soit votre position, assurez-vous que vous êtes à l'aise.

- Fermez vos yeux et faites attention combien de respirations vous normalement respirer.

- Comptez ensuite 1-2-3-4 lentement, comme vous respirez avec votre nez.

- Expirez pour le même nombre de quatre secondes.

- Soyez conscient des sensations de plénitude et de l'absence dans votre corps lorsque vous inspirez et expirez.

Lorsque vous continuez à pratiquer la respiration égale, le deuxième chef d'accusation peut différer. Gardez l'inhalation et l'exhalation de la même manière.

5. La respiration Resonant

la respiration résonant vous aidera à soulager votre peur et vous entrez dans une position détendue, souvent appelée la respiration cohérente. S'il vous plaît essayer vous-même:

- Allongez-vous et fermez les yeux.

- Respirez par le nez en laissant doucement la bouche fermée et comptez pendant six secondes.

- Ne surchargez pas l'air avec vos poumons.

- Expirez pendant six secondes, de sorte que l'air laisse lentement et doucement votre corps. Ne pas pousser.

- Continuez jusqu'à 10 minutes.

- Assurez-vous que vous êtes encore quelques minutes et se concentrer sur le sentiment de votre corps.

Souffle de 6. Lion

Le souffle du Lion signifie exhalation puissant. Pour rechercher le souffle d'un lion:

- Mettez-vous dans un endroit pour mettre à genoux, croisez vos genoux, et reposer vos jambes. Asseyez-vous les jambes croisées, si cette position n'est pas confortable.

- Tirez vos paumes, étendre vos jambes et les pieds à vos cuisses.

- Grâce à votre nez, prenez une grande respiration.

- Expirez par le nez, laissez-le dire « ha. »

- Ouvrez votre bouche aussi large que possible pendant expirez et tirez la langue à l'oreille, dans la mesure du possible.

- Concentrez-vous sur le centre de votre front (troisième œil) ou à la fin du nez pendant que vous respirez.

- Calme lorsque vous inspirez à nouveau, votre bouche.

- Répétez jusqu'à six fois, changer votre creuset de la cheville lorsque vous arrivez à la mi-chemin de la scène.

7. Autre respiration Narine

Asseyez-vous dans un endroit confortable pour essayer de répéter notre respiration du nez, étirer votre moelle épinière et ouvrez votre poitrine. Placez votre main gauche et levez la main droite. Puis se coucher sur le front entre les sourcils, avec le haut et le médius de la main droite. Fermez les yeux, le nez et expirez. Inspirez

- Utilisez votre pouce droit de fermer le nez droit et inspirez lentement avec le nez gauche.

- Pincez votre nez entre le pouce gauche et à droite et retenez votre respiration pendant une seconde.

- Utilisez votre doigt sur l'anneau droit de fermer et expirez votre nez gauche et attendez un moment avant inspirez à nouveau.

- Inspirez lentement le nez droit.

- Fermez les yeux à nouveau pour une seconde, arrêt.

- Ensuite, ouvrez et expirez sur le côté gauche et attendre jusqu'à ce que vous êtes de retour inhalent.

- Répétez ce processus inhalation et exhalaison jusqu'à 10 fois soit par le nez. Jusqu'à 40 secondes devraient être nécessaires pour chaque période.

8. Méditation guidée

Il utilise la méditation guidée à l'anxiété soulagent en brisant les schémas de pensée qui maintiennent la tension. Assis ou couché dans une ambiance chaleureuse, calme, reposant et paisible situation pourrait vous conduire dans la méditation guidée. Puis écouter des enregistrements apaisantes et détendre votre corps et de respirer. vidéos de méditation guidée vous permettent de voir plus calme et la réalité moins stressante. Il peut également vous aider à contrôler la pensée intrusive qui provoque l'anxiété.

Utilisez un ou plusieurs de ces techniques de respiration pour voir si elle peut soulager vos symptômes lorsque vous souffrez de dépression ou de panique Pour afin de discuter de vos problèmes et les traitements possibles, organiser une date avec votre psychiatre si votre dépression continue ou devient pire. Vous restaurer votre qualité de vie et contrôler votre dépression avec la bonne approche.

Conclusion

Le nerf pneumogastrique est responsable de la gestion de la fréquence cardiaque par impulsions électriques aux tissus musculaires spécialisés, tout le coeur est un stimulateur cardiaque naturel dans l'oreillette droite, dans lequel décharge acétylcholine retarde l'impulsion.

Cette impulsion est étroitement liée à la poitrine.

Lorsque vous calculez le temps entre vos pulsations cardiaques, après cela, les médecins peuvent déterminer votre variabilité de la fréquence cardiaque ou VRC.

Ces informations peuvent fournir des signes de coeur et de la résilience du nerf vague.

Si votre système nerveux sympathique toujours alerte tourne autour des réactions de combat ou vol en versant le cortisol et l'adrénaline dans votre corps, le nerf pneumogastrique dirige votre corps pour se détendre en libérant l'acétylcholine.

Les vrilles du nerf pneumogastrique s'étendent sur de nombreux organes, qui agissent comme des fils qui fournissent une orientation fibre optique pour faciliter les protéines et les enzymes telles que l'ocytocine, la vasopressine et la prolactine.

Les personnes ayant une réponse beaucoup plus forte pneumogastrique peut récupérer beaucoup plus rapidement après l'anxiété, les blessures et la maladie.

Si vous pouvez trembler, ou même emmêler en vue du sang, ou même prise en main, vous êtes forts. En réponse au stress, votre corps sur-stimule le nerf pneumogastrique et conduit à une baisse de la pression artérielle et la fréquence du pouls.

La circulation sanguine est limitée au cerveau pendant syncopes sévère, plus vous perdez conscience.

Mais la plupart du temps, vous devez vous asseoir ou même s'allonger pour diminuer les signes.

Neurochirurg Kevin Tracey a été le premier à démontrer que la revitalisation du nerf pneumogastrique pourrait diminuer de façon significative l'inflammation.

Les résultats pour les rats ont été un grand succès, et l'expérience des personnes avec des résultats étonnants a été répété.

La croissance de l'implant pour activer le nerf vague par l'intermédiaire d'implants électriques ont montré une réduction radicale et la rémission de la polyarthrite rhumatoïde, qui est inconnu et est normalement traité avec de prescriptions toxiques, choc hémorragique, et d'autres syndromes inflammatoires tout aussi importants.

Une zone émergente de l'étude de la santé connue sous le nom bioélectronique pourrait être le potentiel futur de la médecine, provoquée par les progrès de la stimulation du nerf vagal à l'épilepsie traiter et de l'inflammation.

En utilisant des implants qui fournissent des impulsions électriques dans diverses parties du corps, les chercheurs et les médecins attendent avec impatience le traitement des maladies avec moins de médicaments et moins d'effets secondaires indésirables.

CPSIA information can be obtained
at www.ICGtesting.com
Printed in the USA
BVHW011005150321
602551BV00007B/595